홀로코스트에 맞선 네 여성

홀로코스트에 맞선 네 여성: 에디트 슈타인, 시몬 베유, 안네 프랑크, 에티 힐레숨
지은이/ 레이첼 펠데이 브레너
옮긴이/ 김준우
펴낸이/ 김준우
초판 1쇄 펴낸날/ 2025년 9월 15일
펴낸곳/ 한국기독교연구소
등록번호/ 제8-195호 (1996년 9월 3일)
경기도 고양시 일산동구 고봉로 32-9, 331호 (우 10364)
전화 031-929-5731, 5732(Fax)
E-mail: honestjesus@hanmail.net
Homepage: http://www.historicaljesus.co.kr.
표지 디자인/ 디자인명작
인쇄처/ 조명문화사
제본/ 국일문화사

Writing as Resistance: Four Women Confronting the Holocaust:
Edith Stein, Simone Weil, Anne Frank, Etty Hillesum
Copyright ⓒ 1997 The Pennsylvania State University
All rights reserved. Korean Translation copyright ⓒ 2025 by Korean Institute of the Christian Studies. The Korean translation right arranged with The Pennsylvania State University. Printed in Seoul, Korea.

이 책의 한국어판 저작권은 The Pennsylvania State University와의 독점계약으로 한국어 판권을 한국기독교연구소가 소유합니다. 저작권법에 따라 국내에서 보호받는 저작물이므로 무단전재와 무단복제를 금합니다.

ISBN 979-11-93786-12-3 93230

값 17,000원

홀로코스트에 맞선 네 여성

에디트 슈타인
시몬 베유
안네 프랑크
에티 힐레숨

레이첼 펠데이 브레너 지음
김준우 옮김

한국기독교연구소

Writing as Resistance

Four Women Confronting the Holocaust:
Edith Stein, Simone Weil, Anne Frank, Etty Hillesum

by

Rachel Feldhay Brenner

University Park, PA: The Pennsylvania State University, 1997.

Korean Translation by Kim Joon Woo

이 책은 진수미 교수님의 출판비 후원으로 간행되었습니다.

Korean Institute of the Christian Studies

차례

감사의 말씀 / 7
서론: 저항의 의미 / 9

제1부 저항과 휴머니즘 윤리

1장. 계몽주의와 불/연속적 대화 __ 25
2장. 지속적인 자기 향상 __ 35
3장. 타인에 대한 초월론적 의식 __ 51

제2부 저항과 종교적 정체성

4장. 에큐메니즘과 반유대주의 사이에서 __ 87
5장. 슈타인과 베유: 유대교와 그리스도교에 대한 다른 반응 __ 97
6장. 슈타인과 베유: 자기 긍정과 자기 부정 사이에서 __ 127
7장. 프랑크와 힐레슘: 정체성과 하느님 찾기 __ 165

제3부 자전적 글쓰기의 저항 행동

8장. 예술과 자아가 만나는 지점 __ 201
9장. 슈타인과 베유: 추방된 자전적 자아 __ 207
10장. 프랑크와 힐레슘: 일기 쓰기를 통해 성장한 예술가 __ 217

제4부 저항과 여성성

11장. 공포 통치 속의 젠더 의식 __ 251
12장. 슈타인과 베유: 여성의 본성과 운명 __ 255
13장. 지적이며 정서적인 성숙을 향하여 __ 279

결론: 저항의 유산

참고문헌 / 309
옮긴이의 말 / 316
저자 소개 / 320

감사의 말씀

　이 책을 쓰는 과정은 오랫동안 외롭고 자주 고통스러웠습니다. 따라서 도움을 준 이들에 대한 나의 감사는 진심이며 진지합니다.
　우선 펜실베니아 주립대학교 출판사의 선임 편집자 필립 윈저에게 감사드립니다. 이 작업에 대한 그의 격려와 신뢰는 말로 표현할 수 없을 정도로 컸습니다. 그의 한결같은 헌신이 없었다면 이 책은 완성되지 못했을 것입니다. 그의 탁월한 지원에 깊이 감사합니다. 나는 특히 주디스 밴 헤릭 교수에게 감사하고 싶습니다. 그는 이 책의 원고를 두 차례 읽고 놀라운 논평과 제안을 해주어 이 책의 완성된 형태를 만들 수 있었습니다. 밴 헤릭 교수는 진정한 스승의 귀한 자질을 보여주었고, 학자로서의 나의 사고에 매우 중대한 영향을 끼쳤습니다. 나의 친구 존 호빈스에게 감사합니다. 그가 이 작업에 개입함으로써 이 책이 제시한 도전들을 직시하도록 도와주었습니다. 존이 이 원고를 꼼꼼하게 읽은 것은 사랑의 수고로서 내가 항상 감사하고 있습니다.
　나는 또 펜실베니아 주립대학교 출판부의 선임 원고 편집인 페기 후버 양의 놀라운 원고 편집 작업에 감사를 표하고 싶습니다. 또한 이 책에서 개진한 생각들 일부를 소개해준 허버트 리처드슨 교수에게 감사를 드립니다.
　나의 자녀들 셸리와 가이에게 감사합니다. 때때로 이해하기 어려운 엄마를 인내해 준 것이 고맙습니다. 그들의 존재가 이 책을 가능하게 만들었다는 걸 나는 알고 있습니다.

바르샤바 게토에서 사망한 나의 할머니와 할아버지

느하마와 모세,

그리고 트레블링카에서 사망한 외할머니와 외할아버지

레이철과 나단을

기억하며 이 책을 헌정합니다.

서론

저항의 의미

나는 나의 고난과 내가 서서히 죽어가는 것에 대한 이유를 찾기 위해 애썼다. 나는 나의 정신이 나를 둘러싼 암울함을 뚫고 들어가는 것을 느꼈다. 그것은 희망이 없고 의미가 없는 세상을 초월하는 것처럼 느껴졌고, 나는 내 존재의 궁극적 목적에 관한 나의 질문에 대해 어디로부터인가 "예스"라는 승리의 대답을 들었다.

—빅터 프랭클, 아우슈비츠의 경험에 관한 글에서

유럽의 유대인들을 몰살하려는 나치의 도저히 맞설 수 없는 계획에 대한 반응들은 저항의 의미를 재고할 수밖에 없게 만든다. "우리는 노래를 부르면서 수용소를 떠났다"고 에티 힐레숨은 1943년 9월 7일, 베스터보르크 수용소에서 아우슈비츠 수용소로 가는 기차 밖으로 내던진 카드에 썼다.[1] 이런 저항의 의미가 이 책의 핵심 초점인데, 그것은 1942년에 아우슈비츠의 가스실에서 죽은 에디트 슈타인(1891년 출생),

---

1) Etty Hillesum, *Letters from Westerbork*, trans. Arnold J. Pomerans (New York: Pantheon Books, 1986), 146.

1943년에 런던에서 굶어 죽은 시몬 베유(1909년 출생), 1945년 베르겐 벨젠에서 굶주림과 장티푸스로 죽은 안네 프랑크(1929년 출생), 그리고 1943년에 아우슈비츠에서 죽은 에티 힐레숨(1914년 출생)의 저항 유산에 근거한 것이다.

에밀 파켄하임은 홀로코스트가 (인류 역사상) 새로운 것(*novum*)이지만, 마찬가지로 "놀라운 사실"은 "나치의 [파괴] 논리가 저항할 수 없는 것이었지만, 그러나 저항했다"는 사실이라고 주장한다.[2] 철학자이며 신학자인 파켄하임은 홀로코스트의 희생자들이 그 비인간화와 파괴에서 살아남기로 결심한 데서 영적인 저항을 본다. 파켄하임은 아우슈비츠의 생존자 펠라기아 르윈스카 같은 사람의 증언을 통해 "철저하게 영원히 놀라고 있음"을 인정하는데, 그녀는 나치의 계획, 즉 자신을 비롯한 멸절 수용소 수감자들을 "우리 자신의 더러움 속에 빠져 죽고, 진흙탕 속에 빠져 죽고, 우리 자신의 배설물 속에 빠져 죽게 하려는" 계획에서 오히려 "삶의 동기를 찾는 원리를 파악한" 순간을 떠올리며, "인간으로서 … 살아야 할 명령 아래에 있음을 느꼈다"고 말한다.[3]

르윈스카의 생존 사례를 저항으로 보는 것은 결코 독특한 것이 아니다. 또 다른 생존자는 강제이송 열차 안에서 남동생이 자신의 팔에 안긴 채 죽은 순간을, 파멸의 세력에 맞서 투쟁하기로 결심한 순간으로 기억한다. "'나는 살아남을 거다.' 나는 히틀러에 도전하기로 결심했다. 나는 항복하지 않을 거다. 그는 내가 죽기를 바라기 때문에 나는 살아남을 거다. 이것이 우리가 되받아치는 길이다."[4]

---

2) Emil L. Fackenheim, *To Mend the World: Foundations of Future Jewish Thought* (New York: Schocken Books, 1982), 248.
3) Pelagia Lewinska, in ibid., 217에서 재인용.
4) Testimony 58, Helen K., in Fortunoff Video Archiv for Holocaust Testimonies, Yale University. Shoshana Felman and Dori Laub, *Testimony: Crises of Witnessing*

이런 증언들은 그 희생자들 가운데 살아남아, 파괴의 폭군에 대한 자신의 승리 이야기를 들려준 사람들의 증언들이다. 한 생존자가 인정한 것처럼, "세상은 내가 죽도록 운명지웠다. 내가 글을 쓰는 이유는 나의 책을 통해 나의 존재에 대해 증언하기 때문이다."5) 이런 희생자들은 최종 해결책(Final Solution)의 잔혹함에도 불구하고 살아남았다. 전쟁이 끝난 후에 그들은 영웅적인 생존 이야기들을 들려주었다.

그러나 홀로코스트에서 살아남지 못한 작가들, 즉 일기를 쓰거나, 연대기를 썼지만, 나중에 뒤돌아보며 회상할 수 없게 된 작가들은 어쩔 것인가? 조프리 하트만은 나치의 테러에 저항하기로 결심한 사람들은 전혀 앞날을 예상할 수 없는 상태에서 그렇게 결심했다고 말한다. 즉 "사건들의 의미를 파악할 수 없었고, … 과거에 배운 것들과 지금 자신이 봉착한 것을 연결할 수 없던"6) 상태였다. 도리 롭(Dori Laub)은 하트만의 관찰을 뒷받침하면서, 역설적으로 들릴 수 있지만, 홀로코스트에 대한 증언 행위는 그 사건 이후에 발생했다고 주장한다. 홀로코스트가 진행되는 동안에 증언할 수 없었던 이유는 "증언하려면, … 사람들이 알고 있는 모든 생각의 틀과는 철저히 **다르고**, … 인간이 이해하고, 전달하고, 또는 상상할 수 있는 능력(과 자발성)의 한계를 뛰어넘는 사건들에 대한 탁월한 인식과 파악이 어느 정도 요구되었기" 때문이다. 따라서 **"실제 사건이 발생하는 동안에"** 일기, 연대기, 사진, 기타 문서들을 통해 증언하려고 시도하는 것은 "실패할 수밖에 없었다."7)

---

in Literature, Psychoanalysis, and History (New York: Routledge, 1992), 44.에서 재인용.

5) Mendel Mann, Sidra Ezrahi, *By Words Alone: The Holocaust in Literature* (Chicago: University of Chicago Press, 1980), 21.에서 재인용.

6) Geoffrey Hartman, "The Book of Destruction," in *Probing the Limits of Representation: Nazism and the "Final Solution,"* ed. Saul Friedlander (Cambridge: Harvard University Press, 1992), 324.

이처럼 홀로코스트 **당시에는** 앞날을 예상하지 못했고, 그 사건에 대한 인식과 파악이 불가능했다는 주장들은 에디트 슈타인, 시몬 베유, 안네 프랑크, 에티 힐레숨이 남긴 글들에는 해당되지 않는 것처럼 보인다. 그들이 남긴 유산은 결론적으로 그들이 그 재앙의 "철저한 다름"을 정확히 간파했으며, 또한 의식적으로 테러에 도전했음을 보여준다. 이 네 명의 여성 작가가 저항할 **당시에** 그 사건을 인식하고, 파악했으며, 앞날을 예상했다는 사실은 감탄하지 않을 수 없다.

이들 네 사람은 글쓰기를 통해 히틀러의 폭정에 저항했다. 테러와 파괴가 진행되는 것에 대한 증언으로서 그들의 글쓰기는 그 사건을 목격한 희생자가 최종 해결책의 의미를 이해할 수 없었다는 주장에 도전한다. 그들이 남긴 글은 그들이 당시 상황을 정확히 보았고, 그 상황이 자신의 정체성과 도덕에 끼친 영향을 분명히 파악했음을 보여준다.

이 여성들이 점차 상황을 파악하게 된 것 때문에, 그 재앙이 전개되는 것을 증언할 수밖에 없었다. 그 상황이 (인류가 경험한 비극들과) "철저히 다르다"는 인식은 자신들이 그 희생자라는 정체성과 또한 고통당하는 다른 사람들과 연결되어 있음을 의식하게 만들었다. 위기에 봉착한 세상에 대한 휴머니스트의 반응을 통한 그들의 저항은 이 여성들이 "그 사건에 대한 인식과 파악"에서 정확히 꿰뚫고 있음을 입증한다.

내면을 성찰하는 것(self-introspection)을 하나의 저항 방식으로 주목하게 만드는 것은 특히 이들 네 여성의 자전적 글(자서전, 일기, 편지―옮긴이)들이다. 그들을 비인간화하는 테러의 통치 아래에서 쓴 삶의 이야기는 그들의 개성과 인격을 보여준다. 이들 네 여성의 자전적 작품들은, 나치의 박해에 대한 대응을 다룬 이 책의 중심을 차지한다.

그들의 자전적 작품들은 그들이 죽은 지 한참 후에 출판되었다. 슈

---

7) Felman and Laub, *Testimony*, 81, 84 (강조는 원문에).

타인의 자서전 ≪유대인 가족의 삶≫(Life in a Jewish Family)은 1965년에, 베유의 "영적 자서전"(Spiritual Autobiography)과 편지는 1950년대에, 프랑크의 ≪일기≫(Diary)는 1953년에, 힐레숨의 ≪베스터보르크의 일기와 편지들≫(Diary and Letters from Westerbork)는 1980년대에 출판되었다. 이들의 삶의 이야기는 죽은 이들의 목소리와 함께 말한다. 홀로코스트에서 생존한 작가들이 죽음의 수용소의 극한적 상황으로부터 살아남아 승리한 것을 증언한 것과는 대조적으로, 이들 네 작가의 비극적 운명은 나치의 파괴체제의 효율성을 직시하게 만든다.

홀로코스트에서 죽은 이들의 목소리를 듣는 일은 우리를 매우 혼란스럽게 만든다. 그 목소리는 최종 해결책의 잔혹성을 불러일으키며, 이루 말로 표현할 수 없는 고통스러운 현실을 다시 생각하도록 만든다. 실제로, 그 네 여성이 죽은 후에 발표된 자전적 작품들을 신성하게 다루는 것은 전쟁 후에 그 끔찍함을 완화하려는 경향을 보여준다. 즉 슈타인은 카르멜 수녀회 소속으로서 순교자로 미화되었고, 안네 프랑크는 희생된 아이들의 보편적 아이콘이 되었고, 베유와 힐레숨은 성인다운 이타주의자들의 만신전(pantheon)에 들어갔다.

최종 해결책의 희생자들(베유 역시 그녀의 부인에도 불구하고 나치의 배제와 제거 정책의 희생자였다)을 그렇게 미화한 것은 홀로코스트에서 유대인들이 박해를 받은 특수성을 일반화하는 경향이 있다. 더군다나 그런 표현은 결국 정의가 승리한다는 것을 암시한다.

그 여성들의 마지막 순간에 대한 증언을 우상처럼 떠받드는 것은 홀로코스트의 고난을 다루기 쉽게 만들려는 홀로코스트 이후의 증상을 보여준다. 목격자들은 에디트 슈타인이 언니 로사와 함께 에흐트(네덜란드)의 수녀원에서 비밀경찰에게 체포될 때 침착한 용기를 보여주었다고 기억한다. 안네 프랑크와 함께 있던 수감자들은 그녀를 비롯한 아이들이 가스실로 갈 때 모두 울었다고 기억한다. 에티 힐레숨의 친구들은 그녀와 여러 수감자가 강제 이송되던 순간에 힐레숨이 어떻게 위로해 주었는지를 들려준다. 전기 작가들은 시몬 베유가 스스로 음식을 끊은 것은 독일이 점령한 당시 프랑스인들과의 연대감의 상징이라고 추켜세운다. 그 개인들에 대한 이런 존경심은 그들을 특별한 존재로 만들어 다른 많은 희생자로부터 분리시킨다. 그런 태도는 희생자들이 겪은 고통, 수난, 절망을 희석시킨다.

각 사람의 죽음이 그가 진행하던 지적인 집필 작업을 중단시켰다는 사실을 인식하면, 중단된 삶의 비극을 더욱 절실하게 느끼게 된다. 슈타인은 1940년에 자서전 집필을 끝마쳤고, 강제 이송될 당시에 십자가의 성 요한의 신비주의에 대한 책을 쓰고 있었는데, 그 책은 나중에 ≪십자가 학문≫(*Science of the Cross*, 윤주현 옮김, 기쁜소식, 2014)으로 출판되었다. 시몬 베유는 1943년에 죽기 직전에 ≪뿌리내림: 인간에 대한 의무 선언의 서곡≫(이세진 옮김, 이제이북스, 2013)을 탈고했는데, 이 책에서 베유는 프랑스의 사회정치적 미래를 요약했다. 죽기 직전까지 베유는 가족과 친구들에게 편지를 통해 자기 생각을 나누었다. 안네 프랑크는 글자 그대로 그의 일기와 이야기로부터 떼어졌다. 그리고 힐레숨은 강제 이송됨으로써 더 이상 일기를 쓸 수 없었을 뿐 아니라 암스테르담의 비유대인 친구들과 편지를 쓸 수도 없게 되었다.

이 책은 네 여성의 문학 활동, 특히 자전적 글쓰기를 저항으로 검토한다. 히틀러의 잔혹 행위 당시에 그런 형태의 지적인 저항을 한 것은 그 동기를 부여한 힘, 의도, 중요성을 묻게 한다. 이런 질문들에 대답하기 위해, 우리는 특히 내면을 성찰하는 글쓰기로 대응하도록 했던 역사적, 문화적, 철학적 태도를 탐구할 필요가 있다. 자전적 글쓰기는 내적인 발전 과정을 기록한다는 점에서, 나는 각 저자의 자기표현이 성숙 과정, 변하는 자기 이해, 바뀌는 세계관을 어느 정도까지 반영하는지를 검토할 것이다.

우리는 이 네 여성이 당시의 테러에 대해 자전적 글쓰기로 대응한 것의 특수한 성격을 우선 이해하기 위해, 홀로코스트 당시에 다른 방식으로 자기를 표현한 글쓰기 맥락에서 그들의 작업을 살펴볼 것이다. 가장 탁월한 사례는 바르샤바 게토에서 일기를 쓴 하임 캐플란(Chaim Kaplan, d. 1943년 1월)과 에마누엘 링겔블룸(Emmanuel Ringelblum, d. 1944년 3월 7일)이다. 홀로코스트 당시에 희생자들은 그 사태를 파악할 수 없었다는 하트만과 롭의 주장과는 반대로, 이들 일기 작가들은 당시 상황을 완전히 인식하고 파악했음을 보여준다.

캐플란과 링겔블룸 모두 나치가 폴란드 유대인들을 육체적으로 또한 영적으로 전멸시키고 있음을 목격하고 있다고 확신하고, 그 파괴의 역사가 전개되는 것을 문서로 기록할 수밖에 없다고 느꼈다. 캐플란은 자기가 "예언자 이사야의 손자"라고 이해했으며, 글을 쓸 수밖에 없다고 느꼈다. 그는 일기에서 반복적으로 자신이 기록할 "역사적 사명"을 받았음을 천명했다. 링겔블룸은 그 파괴를 기록할 역사가의 소명을 인식했다. 그의 글쓰기는 사실을 기록하고, 사건들을 간략하게 사실적으로 또한 객관적으로 기록하려고 의도했다.[8]

바르샤바의 일기들은 게토 파괴에 대한 이야기들로서 사실상 나치의 야만성뿐 아니라 폴란드 사람들의 배신에 대한 고발장을 제시한다. 매우 끔찍한 상황에서 작성된 저항의 일기들은 알빈 로젠펠트가 지적한 것처럼, "죽음의 목전에서 존엄성과 심지어 고귀함을 주장한 것으로서 다름 아닌 영웅적 행위인 것"[9]이다.

---

[8] Alvin H. Rosenfeld, *A Double Dying: Reflections on Holocaust Literature* (Bloomington: Indiana University Press, 1980), 42-46을 보라.

아우슈비츠에서 생존한 빅터 프랭클은 "삶은 어떤 조건에서도, 심지어 가장 비참한 조건에서도 잠재적으로 의미가 있을 수 있고," 심지어 가장 끔찍한 상황에서도 우리는 "피할 수 없는 고난에 대해 우리가 취하는 태도를 통해" 삶의 의미를 발견할 수 있다고 주장한다.10) 캐플란과 링겔블룸의 일기는 심지어 고난 속에서 삶의 의미를 찾을 수 있다는 프랭클의 주장에 대한 놀라운 사례를 보여준다. 그 두 사람이 파괴의 역사가 되기로 결심한 것은 절망적 상황 속에 의미를 부여했다. 유대인 멸절의 역사를 증언하겠다는 책임감은 그들의 존재 이유가 되었다. 그들은 유대인들로서 자기 민족에 대한 의무와 사명을 느꼈는데, 그로 인해 그들은 우울, 계속적인 굶주림, 궁핍에도 불구하고 지적인 작업을 계속하도록 힘을 얻었다. 민족사에 대한 캐플란의 "헌신하는 정신"11)은 이스라엘의 운명과 동일시하는 입장을 뒷받침했다. 민족의 생존에 대한 그의 깊은 관심은 개인적 고난의 고통을 대체했다. 게토의 일기가 보여주듯이, 유대인의 운명에 대해 그들이 전적으로 개입한 것은 나치의 테러에 대한 그들의 저항을 형성했다.

홀로코스트의 증언들에 대한 그의 논의에서 제임스 영은 "각각의 희생자들이 자신의 역경을 서로 다르게 '보았다.' 즉 서로 다르게 이해하고 **또한** 증언했는데, 그것은 희생자 자신의 역사적 과거, 종교적 패러다임, 이념적 설명에 따라 달랐다"12)고 주장한다. 제임스 영에 따르면, 홀로코스트에 대한 증언은 그 증언자의 이념적, 문화적, 종교적 배경을

---

9) Ibid., 42.

10) Viktor Frankl, *Man in Search of Meaning*, trans. Ilse Lasch (1946; reprint, New York: Washington Swuare Press, 1984), 176, 133. 이시형 옮김, ≪삶의 의미를 찾아서≫(청아출판사, 2005).

11) Roselfeld, *A Double Dying*, 43.

12) James Young, *Writing and Rewriting the Holocaust: Narratives and the Consequences of Interpretation* (Bloomington: Indiana University Press, 1988), 26.

유념하고 읽어야만 한다. 증언은 개인적 관점에 대한 표현으로서, 증언의 의도는 그 증언자의 특수한 상황과 입장이라는 맥락에서 논의할 필요가 있다. 그들이 당시 상황이 "완전히 다른" 상황이었음을 의식하고 있었던 만큼, 그 재앙에 대한 그들의 반응은 그들의 세계관을 형성한 역사적, 윤리적, 문화적 맥락에서 생겨난 것이다.

그러나 그들이 바르샤바 게토의 재앙에 맞서 일기를 쓰도록 동기를 부여한 데 영향을 끼친 것은 슈타인, 베유, 프랑크, 힐레숨의 글쓰기에 영향을 끼친 현실과 태도와 **대조적이다**. 바르샤바에서 일기를 쓴 사람들의 결심은 유대인의 정체성과 유대인 공동체와의 연대감이라는 분명한 의식의 영향을 받았음이 명백하다. 유대인이라는 자의식을 지닌 그들은 자기 민족에게 자행되는 잔혹행위에 대해 역사적 기록을 남길 수밖에 없었다.

그러나 서방세계의 유대인들—독일의 슈타인과 프랑크, 프랑스의 베유, 그리고 네덜란드의 힐레숨—의 경우에, 나치의 테러에 대응하기로 결심한 것은, 폴란드에서 태어났지만 뿌리깊은 유대인이었던 캐플란과 링겔블룸의 경우처럼, 유대인들의 세계와 비유대인들의 세계를 명확히 구분한 때문이 아니었다. 바르샤바 게토의 일기를 쓴 사람들은 유대인이라는 자각을 고수했지만, 이들 서유럽의 여성들은 유대인 부모의 딸들이었지만 일반 사회에 깊이 통합되었고, 또한 진정한 유대인이라는 자의식은 별로 없었다. 부유하고 교육 수준이 높은 가족들로서 서방세계의 자유주의와 진심으로 동일시했던 이 유대인 여성들은 자신이 물려받은 유대인의 유산에 관해 별로 알지 못했다.

특출하게 지적이었던 그들은 유럽의 최고 학교에서 교육을 받았다. 에드문트 후설 밑에서 현상학에 관한 박사학위를 받은 슈타인은 괴팅겐대학교와 프라이부르크대학교에서 공부했다. 베유는 파리의 유명한 리

세 앙리 4세 학교와 에콜 노르말 쉬페리외르에서 공부했다. 힐레숨은 암스테르담대학교에서 법학과 슬라브어를 공부했다. 프랑크는 전쟁 이전에 비유대인 학교에서 공부했으며, 숨어지내는 동안 읽은 도서 목록이 보여주는 것처럼, 지적인 관심이 유럽의 문학과 역사에 맞추어져 있었다.

네 여성 가운데 아무도 유대교와 긴밀한 유대를 가질 필요성이나 욕구를 느끼지 않았다. 그와는 반대로, 네 사람 모두 이방인 사회를 자신이 타고난 환경으로 인식했다. 모든 인간의 형제애와 자유와 평등에 대한 모든 인간의 절대적 권리가 그들의 세계관을 형성하는 데 큰 영향을 끼쳤다. 그들은 유대인들의 종교 전통에 대해 알지도 못했고 관심도 없었지만, 네 사람이 각자 그리스도교에 대해 강한 매력을 보여주었는데, 그들은 그리스도교를 보편주의와 진보의 종교로 인식했다.

그들의 문화적 배경과 종교적 애착에서 볼 때, 유대인들에 대한 나치의 테러 현실은 네 여성에게 단순히 육체적 박해, 멸절의 위협만이 아니라 이념적이며 영적인 성격의 근본적 역경을 뜻했다. 최종 해결책은 휴머니즘의 이상들의 총체적 붕괴를 뜻했다. 동시에 그것은 희생자들에게 자신의 인종-종교적 뿌리와 직면하게 했는데, 네 여성은 그런 뿌리를 느끼지 못했다. 최종 해결책은 사해동포주의적인(cosmopolitan) 서유럽 유대인들에게서 계몽주의 이후 시대의 이념적 받침대를 빼앗았으며, 또한 그들이 단순히 무시했거나 효과적으로 억눌렀던 정체성(유대인)에 근거해서 사형을 선고했다.

이처럼 네 여성의 지적인 창조성은 복잡한 저항 사례를 보여준다. 하임 캐플란을 비롯한 게토의 일기 작가들은 유대인들의 파멸에 대해 증언할 책임을 지고 있다고 주장했다. 자기 민족에게 자행된 범죄에 대해 그들이 정의와 복수를 요구하게 만든 것은 연대감이었다. 그와 대조적으로, 네 여성 가운데는 아무도 유대 민족에 대한 친근감을 주장하지 않았다. 그들이 글쓰기를 통해 저항하기로 결심한 것은 매우 다른 역사적 자기인식을 보여준다.

이들 네 여성의 글쓰기의 중심 목적은 고발하거나 비난하기 위한 것이 아니었다. 문서로 고발장을 남김으로써 누군가 복수하기를 희망해서 글을 쓴 것이 아니었다. 오히려 그들의 글쓰기를 인도한 것은 뚜렷하게 휴머니즘의 이상적 윤리에 대한 끈질긴 믿음이었다. 나치의 비인간화 정치에 맞서서 그들이 자기주장을 하는 데 상당히 큰 역할을 한 것은 계몽주의라는 이념적이며 문화적 유산이었던 것처럼 보인다. 계몽주의라는 문화적 환경에서 성장한 사해동포주의자들로서 그들은 세상에 대한 휴머니즘적이며 인간적 미래를 믿었으며, 그것은 인류에 대한 개인의 도덕적 의무를 뜻했다. 보편주의적 휴머니즘의 정신 가운데 성장한 지성인들로서 그들은 세계대전과 대량학살의 상황 속에서 인간의 친교라는 이상을 재확인하는 일에 초점을 맞추었다. 역설적으로 보이지만, 죽을 운명이었던 네 유대인 여성의 자전적 글쓰기는, 철저하지만 맹목적으로 순진하지는 않은, 휴머니즘의 신조가 세상에 대한 도덕적 속량/구원(moral redemption)의 안내자라고 믿었다.

네 여성이 자신들을 파멸로 몰아가는 세상의 도덕적 조건에 사로잡혀 있었다는 사실은 전체 인류의 운명에 대한 특별한 책임감을 보여준다. 그러나 세상에 대한 그들의 이타주의적 관심은 그들 각각이 직면할 수밖에 없었던 정체성 문제와 따로 떼어 생각할 수 없다. 네 여성이 모두 알고 있던 사실(비록 베유는 결코 공개적으로 인정하지는 않았다)은 자신의 출신 인종 때문에 나치 테러의 일차적 희생자가 될 것이라는 점이었다. (사회-문화적으로) 동화되었지만 유대인으로 선언된 이들 네 여성은 자기가 알지 못했던 정체성과 싸웠을 뿐 아니라 그 정체성이 함축하는 피할 수 없고 끔찍한 현실과도 싸웠다. 그들이 전혀 예상하지 못했다가 갑자기 사회적으로 배제된 것은 그들이 유대인이었다는 사실과 직결된 것으로서, 단지 그 사실 때문에 그들은 죽게 될 운명이었다.

그들은 휴머니즘의 이상에 집착함으로써 모든 인간의 자유와 평등을 지지하는 입장이었는데, 이것은 그들이 법의 보호를 받지 못하는 유대인이라는 강요된 정체성을 어떤 식으로든 감수할 필요가 있었다. 이런 난관이 더욱 복잡하게 된 것은 그들이 명백하게 그리스도교에 친화적 입장을 취했다는 사실 때문이며, 이로 인해 그들의 정체성 위기는 더욱 복잡하게 되었다. 앞에서 말한 것처럼, 그들의 이념적 특징에 깊은 영향을 준 것은 그리스도교가 보편적인 휴머니즘적 재탄생의 종교라는 점이었다. 슈타인은 가톨릭으로 개종했고 결국 카르멜 수녀회에서 종신서원을 했다. 베유는 열렬한 그리스도교 신비주의자가 되었으며, 또한 고대 근동 신학들의 열성적 대변자가 되었다. 힐레숨은 복음서들을 읽었고 또한 성 아우구스티누스의 가르침을 찬성했다. 네 여성 가운데 가장 덜 "그리스도교적"이었던 프랑크는 기도를 통해 평화와 자비의 범신론적 하느님에게로 돌아섰다.

따라서 이 여성들이 저항한 상황은 강력한 신학적 토대를 보여준다. 최종 해결책이라는 현실에서, 그들은 나치의 비인간화에 대한 휴머니즘의 대응 문제와 싸웠을 뿐 아니라 그런 대응의 종교적 방향과도 싸웠다. 그들이 최종 해결책에 도전한 것은 그리스도교적 휴머니스트로서였는가, 아니면 유대인 희생자로서였는가? 그들이 자신의 고난과 고통 가운데 추구한 것은 그리스도교의 하느님인가, 아니면 유대인의 하느님인가? 그리스도인으로서의 입장과 유대인 출신임을 화해하는 것이 가능한가? 이런 질문들은 그리스도교 휴머니즘의 전제들에 입각해서 성장한 이 네 명의 유대인의 인종-종교적 정체성 위기를 보여준다.

이들 네 여성 각자를 형성한 여러 사회-역사적 요인들을 이해하고 그들의 글쓰기를 저항의 방식으로 이해하기 위해서 우리는, 제임스 영의 표현을 사용하자면, 그들이 역사를 어떻게 "보고, 이해했고 또한 증언했는지"를 결정한 철학적, 신학적, 문화적 배경을 탐구할 필요가 있다. 동시에 우리는 그들이 알고 있던 세상이 도덕적으로 붕괴한 것이 필연적으로 그들의 이런 입장을 재평가하도록 만든다는 점을 인식해야만 한다.

매우 실질적 의미에서, 그들의 글쓰기는 세상의 도덕적 속량/구원을 위한 지적이며 영적인 탐구를 의미했다. 이처럼 과거에 변할 수 없는 이상과 신념처럼 보였던 것들이 완전히 붕괴된 상황에서 글쓰기는 이 여성들에게 어느 정도의 통제력을 허락해주었다. 우리가 앞으로 볼 테지만, 비인간화하는 테러에 대한 지적인 저항은 인간성이 사라진 세상에서 영적이며 윤리적 가치들을 유지하려는 내적인 투쟁을 형성했고 또한 나타냈다.

빅터 프랭클이 말한 것처럼, 가장 끔찍한 상황에서도 삶의 의미를 찾을 수 있다는 생각을 받아들이고, 나는 이 여성들의 삶에 의미를 부여한 것은 바로 믿음이 사라진 세상 현실에서 믿음을 지키고, 사랑이 없는 세상에도 불구하고 계속해서 세상을 사랑하려는 투쟁이었다고 믿는다. 글쓰기라는 도전적 행동에서 얻게 된 어느 정도의 지적 자유는 그처럼 전대미문의 상황에서 방향감각을 제공했다. 문학적 자기표현의 예술적 활동은 운명에 대한 어느 정도의 통제력을 보여주며, 적어도 어느 정도까지는 절망의 그림자를 몰아내기 위한 자신만의 독특함을 드러낸다.

여성이라는 의식이 히틀러의 테러에 대해 네 여성이 도전한 것의 밑받침이었으며 또한 그 도전을 강화했다는 사실을 주목하는 것이 중요하다. 가장 비인간적인 상황에서 휴머니즘의 가치들을 확증한 것은 여성의 고유한 능력과 특수한 운명에 대한 인식과 합쳐졌다(심지어 앞으로 볼 테지만, 베유의 문제적인 경우에도 그렇다). 네 작가 모두가 가진 여성관은 세상의 도덕적 속량/구원을 위한 그들의 희망과 계획과 영원히 연결되었다. 유대인들로서 그들은 고립, 고난, 죽을 운명이었지만, 여성으로서 계속해서 스스로 세상을 향한 의무가 있다고 인식했다.

그들의 글쓰기에서 드러난 역사-철학적, 신학적, 예술적, 페미니즘적 측면은 우리가 이 여성들의 저항의 뿌리와 성격을 탐구하는 데 안내자 역할을 한다. 동시에, 당시의 재앙이 펼쳐지던 시대에 종교적, 윤리적, 영적 가치들에 대한 그들의 평가는 홀로코스트 이후의 미래의 관점에서 중요하다. 인류의 궁극적 악이 구체화되는 것을 목격한 세상에서의 인간관계와 인간 행동의 문제는 전쟁 이후 윤리 사상가들, 신학자들, 페미니스트 철학자들을 사로잡았다. 많은 측면에서 슈타인, 베유, 프랑크, 힐레숨의 저항은 홀로코스트 이후의 아렌트, 레비나스, 파켄하임, 틸리히, 길리건, 나딩스의 견해를 예상하게 만든다. 휴머니즘의 이상을 지키려는 네 여성의 투쟁은 전후 사회의 윤리적 곤경에 대한 놀라운 예상을 보여준다. 그들의 저항은 무의미한 잔인성, 상상할 수 없는 증오, 잔혹한 죽임의 현실 속에서 삶의 의미를 찾기 위한 복잡한 유산을 우리에게 물려준다.

제1부

저항과 휴머니즘 윤리

1장

계몽주의와의 불/연속적 대화

심지어 우리가 세상으로부터 추방되거나 세상으로부터 은둔했을 때조차, 우리는 어느 정도까지 세상에 대한 의무를 갖고 있는가?

—한나 아렌트

    에디트 슈타인, 시몬 베유, 안네 프랑크, 에티 힐레숨의 글쓰기 작업은 한나 아렌트의 통렬한 질문, 즉 "심지어 우리가 세상으로부터 추방되거나 세상으로부터 은둔했을 때조차, 우리는 어느 정도까지 세상에 대한 의무를 갖고 있는가?"[1]라는 질문에 대한 복잡하지만 분명한 대답을 제공한다. 그들의 작품을 통해 전달된, 이 세상에 대한 그들의 의무감은 가장 고통스러운 상황에서도 중단되지 않았다. 슈타인은 독일에서 '깨어진 유리의 밤'(*Kristallnacht*) 이후 네덜란드로 탈출했고, 베유는 프랑스를 탈출해 카사블랑카로 갔다가 다시 1942년에 뉴욕으로 갔다. 프랑크는 다락에 갇혀 있었고, 힐레숨은 베스터보르크 수용소에 머물면서

---

[1] Hannah Arendt, *Men in Dark Times* (New York: Harcout, Brace & World, 1968), 22. 홍원표 역, ≪어두운 시대의 사람들≫(한길사, 2019).

유대인들의 강제이송과 죽을 운명이 어느 정도였는지를 목격했다. 그럼에도 불구하고 네 명의 여성 모두 인류의 도덕적 상태에 대한 당혹스러움을 부르짖었으며, 미래의 영적 회복에 대한 근심스러운 희망을 표현했다. 이처럼 추방당하고 위험에 직면한 순간에도 세상에 대한 관심을 표현한 것은 네 여성의 윤리적 확고부동함을 엿보게 해준다.

1939년 전쟁이 시작되기 직전에, 이미 망명상태에 있던 슈타인은 세상에 필요한 영적 갱신을 위해 자신을 희생할 준비가 되어 있음을 선언했다. 네덜란드 에흐트의 수녀원에 숨어 있던 슈타인은 수녀원장에게 편지를 통해 간청했다. "이미 막바지에 이르렀기 때문에 … 가능하다면 또 다른 전쟁 없이 … 새로운 질서가 확립될 수 있도록 … 참된 평화를 위해 희생적 속죄물로 [자신을] 예수의 성심에 바칠 것을 허락해 주실 것"2)을 간청했다.

베유는 카사블랑카에서 도피 생활을 하던 중이던 1942년, 그의 가톨릭 스승인 조셉 마리 페랭 신부에게 쓴 편지에서 세상의 도덕적 병폐에 대해 말하며, 그 병은 치유되어야 한다고 했다. 그녀는 이렇게 썼다. "우리는 지금까지 유례가 없는 시대를 살고 있습니다. 오늘날 … 우리는 지금 이 순간이 요구하는 성스러움을 지녀야 합니다. 그 성스러움 자체도 유례가 없는 것입니다." 마치 알베르 카뮈의 ≪페스트≫를 예견이라도 한 듯, 베유는 이렇게 주장했다. "마치 페스트에 시달리는 도시에 의사가 필요하듯이, 세상에는 천재적인 성인들이 필요합니다."3)

힐레숨 역시 병든 세상을 치유할 결심을 굳혔다. 그는 ≪일기≫에서 "새로운 질서"를 준비하기 시작하겠다는 의지를 밝혔는데, 물론 그

---

2) Waltraut J. Stein, "Reflections on Edith Stein's Secret," *Spiritual Life* 34 (Fall 1988), 131에서 재인용.

3) Simone Weil, *Waiting for God*, trans. Emma Craufurd (New York: G. P. Putnam's Sons, 1951), 99. 이창실 역, ≪신을 기다리며≫(복있는사람, 2025).

자신이 살아서 그 '새로운 질서'를 보지는 못할 것을 잘 알고 있었다. "그들[게슈타포]은 … 우리의 완전한 파괴를 노리고 있다"는 것을 알고 있었음에도 불구하고, 힐레숨은 "악을 치유하는 데 [자신의] 삶을 바치겠다"고 약속했다. "그래서 나 이후에 오는 사람들은 다시 처음부터 시작할 필요 없이, 똑같은 어려움을 겪지 않아도 되도록" 말이다.4)

프랑크는 자신의 ≪일기≫에서 "우리 내면에서 솟아오르는 이상, 꿈, 그리고 소중한 희망이 끔찍한 진실과 마주하며 산산이 부서지는 절망"을 고백했다.5) 그러나 프랑크는 일기와 동시에 쓰고 있던 이야기들 속에서, 슈타인, 베유, 힐레숨처럼 세상을 치유할 방법을 모색하고 있었다. 프랑크는 이렇게 썼다. "세상을 변화시키기 위해 아무도 더 이상 기다릴 필요가 없다고 생각하면 정말 아름다워요. 우리는 지금 세상을 변화시키는 일을 바로 시작할 수 있어요." 모두에게 친절을 베푸는 것으로 세상을 변화시킬 수 있다는 것이다. 그리고 "유럽과 온 세상이 사람들은 본래 친절하며, 결국 이 세계의 모든 사람은 평등하고 다른 모든 것은 결국 일시적인 것이란 사실을 깨닫게 되는 순간"이 올 것이다.6)

이렇게 발췌한 인용문들이 보여주는 것처럼, 네 여성은 세상의 도덕적 붕괴가 극한적인 상태라는 것을 인식하고 있었지만, 아무도 도덕적 회복에 대한 기대를 포기하지 않았다. 사실상 우리는 그들이 점차

---

4) Etty Hillesum, *Etty: A Diary, 1941-1943*, trans. Arnold J. Pomerans (London: Jonathan Cape, 1983), 130-31 (앞으로는 Hillesum, *Diary*로 표기한다.)

5) Anne Frank, *The Diary of Anne Frank: The Critical Edition*, ed. David Barnouw and Gerrold van der Stroom, trans. Arnold J. Pomerans and B. M. Mooyaart-Doubleday (New York: Doubleday, 1989), 694. (앞으로는 Frank, *Diary*로 표기한다.)

6) Anne Frank, *Tales from the House Behind: Fables, Personal Reminiscences, and Short Stories*, trans. H. H. Mosberg and Michel Mok (Kingswood: The World's Work, 1960), 130. (앞으로는 Frank, *Tales*로 표기한다.)

절망적인 상황에도 불구하고 희망을 유지하기 위해 계속 애쓰고 있음을 볼 수 있다. 그들은 당시의 위기를 분명하게 이해하고 있었으며, 동시에 그 해결책을 일관되게 찾고 있었다는 사실은 그들이 세상의 도덕적인 복지에 강력하게 개입하고 있었음을 보여준다.

알베르 카뮈의 ≪페스트≫와 명백히 일치했다는 사실은 네 여성이 책임 윤리를 어느 정도까지 찬동했는지를 밝혀준다. 힐레숨이 베스터보르크 수용소에서 자원봉사를 한 것은 아마도 ≪페스트≫의 병든 세계라는 은유를 유대인 집단학살이라는 현실로 가장 잘 옮긴 것일 수 있다. 힐레숨이 자신을 전혀 돌보지 않은 채, 나치의 "페스트" 희생자들에 대해 헌신한 것은 그 소설의 주제, 즉 타인을 돌보는 것이 치명적 테러에 맞서는 유일한 보호 수단이라는 주제를 실현한 것이다. 카뮈의 주인공과는 달리, 힐레숨은 살아남지 못했다. 힐레숨이 희생자들과 함께 하기로 선택한 것은 아우슈비츠에서의 죽임을 강요했다. 카뮈의 소설과 또 하나 일치하는 것은 프랑크의 순진하게 보이는 희망, 즉 모든 도덕적 가치가 붕괴한 때에도 속량/구원을 향한 희망에서 드러난다. 결과적으로 프랑크가 인간의 친절함을 속량/구원의 특징으로 믿은 것은 카뮈의 주인공이 병든 인류와 연대하는 윤리와 조화를 이룬다. 예를 들어, 카뮈의 소설에 등장하는 주요 인물 중 한 사람인 랑베르(신문기자)는 자신이 있을 곳이 페스트의 희생자들과 함께 하는 것임을 뒤늦게 깨닫게 되는데, 그 이유는 그가 페스트와 관련해서 "이 일은 모든 사람의 일"[7]이라고 말한 것에서 알 수 있다. 즉 책임감이 인간을 서로 묶어준다는 점이다. 랑베르가 인류의 책임적이며 돌보는 사람으로 자기를 인식한 것은 프랑크의 확신, 즉 사람들 사이에 돌보는 관계가 세상의 도덕적 회복의

---

[7] Albert Camus, *The Plague*, trans. Stuart Gilbert (New York: Random House, 1972), 174. 김화영 옮김, ≪페스트≫(민음사, 2011).

선행조건이라는 확신을 보여준다.

비유대인이었던 카뮈의 상황과는 비교할 수 없을 정도로 훨씬 더 위협적이며 갑갑한 상황에서, 나치라는 "페스트"의 희생자들이 된 이들 네 여성은 휴머니즘의 이상인 공감과 연대가 실패했음을 직접 경험했다. 그러나 카뮈처럼, 네 여성은 계속해서 병든 세상을 치유하는 힘이 휴머니즘이라고 믿었다. 인종에 대한 혐오와 생명을 위협하는 상황에서 그처럼 희망적인 태도를 유지했다는 것은 매우 놀라운 일이다. 이처럼 그 희생자들이 임박한 죽음의 위험에도 불구하고 더 나은 세상의 미래를 바라보게 했던 세계관은 과연 무엇이었는가?

그 질문에 대한 부분적 해답은 유대인 해방(프랑스 혁명 이후 서유럽에서 유대인들이 시민권을 획득한 것-옮긴이) 이후 서유럽 유대인들의 역사-문화적 시대정신(*Zeitgeist*)에서 찾을 수 있다. 해방 이후 서유럽에 동화된 유대인들은 이방인 시민들과 친밀한 협조 관계를 통해 자신의 사회적 입지를 구축하려 했다. 프랑스 혁명의 자유, 평등, 형제애라는 이상에 힘입어 이 유대인들은 자유주의가 초래한 보편적 휴머니즘의 가치들을 옹호하는 사람들로 스스로를 인식했다.

특히 유대인-독일인 관계를 가리켜 조지 모세는 유대인들이 이방인들의 세계와 긴밀한 관계를 맺으려 했던 욕구는 "종교와 국적을 넘어 개인의 정체성을 찾았던 것"으로서, 독일의 유대인들이 "쓰라린 막장을 겪을 때까지 애착을 가졌던" 정체성을 반영한다고 주장한다.[8] 이처럼 이방인들과 관계를 맺어 자신의 정체성을 정의하려 했던 것은 독일 안의 유대인들만 그랬던 것이 아님을 지적하는 것이 중요하다. 지그문트 바우만은 "독일 안의 유대인들 [사회-문화적 동화] 이야기는 서방세계

---

8) George Mosse, *Germany Beyond Judaism* (Bloomington: Indiana University Press, 1985), 2.

의 유대인 역사에서 중심적 위치를 차지하며, 많은 점에서 전형적 위치를 차지한다"고 지적한다.9)

따라서 독일에 살던 유대인들의 상황은 나머지 서유럽의 동화 과정을 대표하는 것이었다. 이런 점에서 독일에 살던 유대인이었던 슈타인과 프랑크의 문화적 동화의 배경은 베유와 힐레숨이 프랑스와 네덜란드에서 경험한 문화적 동화 분위기와 서로 크게 다르지 않았다.

일반적으로 해방 이후 서유럽의 모든 국가에서 유대인들은 겉보기에는 안전한 사회적 지위를 누렸다. 네덜란드에서는 1796년에 유대인들에게 평등권이 주어졌다. 19세기와 20세기 동안에 그들은 그 나라에서 경제생활과 정치생활의 거의 모든 영역에 효과적으로 파고들었다.10) 프랑스에서는 1846년에 유대인들에게 평등권이 주어졌고, 그들은 빠르게 지식인과 전문직 중산계급으로서 매우 눈에 잘 띄는 위치에 도달했다. 폴라 하이먼이 지적한 것처럼, 프랑스 유대인들은 "혁명의 자유주의적 원리들을 선택적으로 수용했지만," 반면에 "반유대주의가 점차 눈에 띄는 것"을 무시했다.11) 심지어 드레퓌스 재판조차 역설적으로 해방 과정이 진척되는 증거로 해석되었다.

독일에서도 상황은 비슷했다. 비록 공식적으로는 유대인들이 바이마르 공화국 시대(1919-1933년)에만 해방을 얻었지만, 제1차 세계대전 이전의 독일 유대인들은 끈질긴 정치적 반유대주의에도 불구하고 자신들이 독일 사회 안에 완전히 받아들여졌다고 느꼈다.12)

---

9) Zygmund Baumann, *Modernity and Ambivalence* (Ithaca: Cornell University Press, 1991), 108.

10) 예를 들어, Lawrence Baron, "The Dynamics of Decency: Dutch Rescuers of the Jews During the Holocaust," in *The Nazi Holocaust*, ed. Michael R. Marrus, vol. 5 (Westport, Conn.: Mecklermedia, 1989)를 보라.

11) Paula Hyman, *From Dreyfus to Vichy: The Remaking of French Jewry, 1906-1939* (New York: Columbia University Press), 8-9.

해방 이후 세계에서 법적인 평등과 사회적 수용을 누리게 된 것이 요구한 것은 무엇보다 유대인들이 자기 공동체와의 종교적 연결과 민족적 연결을 포기하고 주류 문화에 가담하는 일이었다. 프랑스의 정치가 클레르몽 토네르의 유명한 선언문, 즉 "개인으로서의 유대인들에게는 모든 것을 허용하되, 민족으로서의 유대인들에게는 아무것도 허용하지 않는다"13)는 것은 해방 이후 유대인들에게 정체성의 변화를 기대했음을 시사한다. 유대인들에게 시민권을 부여한 것은 그들이 자신의 민족적 정체성을 기꺼이 버리고 일반 사회에 완전히 통합되는 것을 전제로 했다. 따라서 유대인들, "특히 가장 부유하고 가장 교육을 많이 받은" 유대인들이 기쁘게 받아들인 생각은, 일단 "문화적 특이성이 지워지고 다양성이 획일적인 국가 문화 속에 용해되면, 무차별적으로 [유대인의] **인간의** 얼굴이 드러날 것이며 또한 그렇게 인식될 것"14)이라는 생각이었다.

따라서 나치의 테러가 본격화하자, 네 여성은 전혀 뜻밖에 위기에 처하게 되었다. 즉 그들이 신뢰했고 안전하다고 생각했던 세상은 자신들의 유대인 종족을 차별하고 비인간화하며 전멸시키고 있었다. 그러나 이런 트라우마를 초래하는 격변에 대한 그들의 반응은 보복적인 저주가 아니었으며, 세상을 거부하거나 세상으로부터 은둔할 마음을 표현하지도 않았다. 오히려 앞에서 지적한 것처럼, 그들의 반응은 도덕적 회복 과정을 시작할 열망을 표현했다.

인간에 대한 계몽된 입장에 입각해 행동할 수 없음을 증명한 세상

---

12) Donald L. Niewyk. *The Jews in Weimar Germany* (Baton Rouge: Louisiana State University Press, 1980), 9.

13) Jacob B. Agus, *Jewish Identity in an Age of Ideologies* (New York: Frederick Unger Publishing Company, 1978), 84.

14) Bauman, *Modernity and Ambivalence*, 112.

에 대한 네 여성의 반응은 그들이 그런 세상을 구할 의무감을 느꼈음을 보여준다. 이런 인식은 비록 휴머니즘의 진보에 대한 약속이 철저하게 실패했지만, 그 약속의 토대, 즉 모든 인간은 자유롭고 평등하다는 토대는 여전히 타당하다는 확신을 전해준다. 따라서 폭정과 테러에 직면해서, 우호적 상호작용—프랑크와 힐레숨이 강조한 것처럼—이라는 "새로운 질서"를 재확인할 필요가 있다. 또는 베유와 슈타인이 본 것처럼, 세상의 도덕적 탈선을 치유하기 위해서는 자기를 돌보지 않는 "성스러움"이 요구된다. 실패한 계몽주의의 희생자가 된 이 네 여성은 체념을 고백하지 않았다. 그들은 휴머니즘 사상을 다시 시작하는 데서 계몽된 세상의 도덕적 회복을 예상했다.

이처럼 휴머니즘의 유산이 폐기되었음에도 네 여성이 그 유산에 충성하는 것은 불합리하며 명백히 어울리지 않는 것처럼 보이지만, 그것을 보다 잘 이해하기 위해서는 한나 아렌트가 1959년에 함부르크에서 행한 연설을 살펴볼 필요가 있다. 아렌트 자신이 나치 체제로부터 도피한 사람으로서, 계몽주의의 핵심 주창자 가운데 한 사람인 고트홀트 레싱에게 존경을 표하고, 또한 그의 휴머니즘 입장을 재확증했다. 아렌트는 레싱이 자유와 관용을 실현할 수 있는 유일한 길이 바로 우호적인 대화(friendly discourse)라고 보았다고 지적했다. 아렌트가 주장한 것은 레싱이 "끊임없고 계속적인 대화를 통해 세상을 인간화하는 데 관심을 가졌다. … 그는 진리가 존재할 수 있는 곳은 대화를 통해 진리가 인간화되는 곳뿐이라고 주장했다. … 이 영역 바깥의 모든 진리는 … 문자 그대로 비인간적이다"[15]라는 점이었다. 홀로코스트에서 계몽주의가 실패했음에도 불구하고, 아렌트는 레싱의 입장을 다시 주장하면서, 심지어 홀로코스트 이후 시대에도 평등한 사람들 사이의 개방적인 대화에

---

15) Arendt, *Men in Dark Times*, 30, 31.

근거한 관계가 인류의 인도주의적 미래를 보장하는 유일한 것이라고 확신했다.

레싱의 사례는 우리가 홀로코스트 현실에서 휴머니스트로 사고한 것을 탐구하는 데 역사적으로 연관성이 있다. 레싱은 계몽된 우정 관계라는 그의 생각을 설교했을 뿐 아니라 실현했다. 서유럽의 유대인들에게 레싱은 유대인들과 우호적 관계를 맺은 것, 그리고 그가 모세 멘델스존과의 우정을 축하한 것은 해방, 관용, 형제애의 상징적 표상이 되었다. 조지 모세가 주장한 것처럼, 우정이라는 이상은 그리스도인들과 유대인들 사이의 대화 가능성과 "그리스도인들과 유대인들을 연결해주는 확고하며 튼튼한 사슬"16)임을 시사했다.

해방의 관점에서 보면, 네 여성이 붕괴된 이상을 수리하는 데 관심을 기울인 것은 대화 전통을 살아있게 하려고 한 것이었다. 사형선고가 임박했음에도 불구하고 그들은 대화를 통해 세상을 인간화하는 비전을 따랐다. 따라서 대화를 계속하려 했던 그들의 노력은 해방적인 대화에 대한 계속적 신뢰를 함축하는데, 이런 이상은 아렌트가 보여주었듯이, 계속해서 전후 세계에서도 휴머니스트 세계를 형성했다. 더 나아가 그들이 인간의 도덕적 필요성을 다루는 대화를 주장한 것은 네 여성의 세상에 대한 지속적 의무감을 전해준다.

그러나 최종 해결책이라는 현실에서 사람들을 대화로 다시 연결함으로써 세상을 구하려는 이런 노력은 적합하지 않았다는 점에서 계속 탐구할 필요가 있다. 네 여성은 유대인으로서 죽임을 당했고 해외로 추방되었다. 그들은 인류의 적으로 목표물이 되었고, 박해와 멸절의 운명이었다. 이런 점에서 그들은 자신들과 모든 의사소통을 단절시킨 세상에 대해 말하고 있었으며, 또한 결과적으로 그 사형선고가 집행되기 전

---

16) Mosse, *German Jews Beyond Judaism*, 11.

부터 침묵을 강요당했다.

네 여성은 유대인 시민들에 대한 헌신을 배반한 계몽주의 세상에 끝까지 헌신했다. 이처럼 명백하게 비대칭적인 관계가 시사하는 것은 서유럽의 해방 과정이 창조한 대화라는 것이 기껏해야 일방통행적이었으며, 따라서 전혀 계몽적인 대화가 아니었다는 말이다. 이런 대화는 사실상 독백이었는데, 이를 보다 잘 이해하려면, 우리는 사회윤리적 측면에 주의를 기울이는 것에서부터 "자기 자신과의 관계의 윤리"라고 부를 수 있는 측면으로 주의를 돌릴 필요가 있다.

이제까지 나치의 테러에 대한 네 여성의 도전에 관한 나의 논의는 그들이 계몽된 시민으로서 느꼈던 세상에 대한 의무감과 모든 시민이 세상에 대해 책임이 있다는 그들의 감정에 초점을 맞추었다. 사회의 책임적 시민이라는 이런 자기인식은 책임적 자아라는 견해에 뿌리박고 있는 것인데, 이것은 다시 말해서 개인이 사회에 지고 있는 특수한 의무감이다. 우리는 이제부터 슈타인, 베유, 프랑크, 힐레숨의 강력한 믿음, 즉 자신을 향상시키는 것을 개인의 사회적 책임으로 믿었던 신념을 살펴볼 것이다.

2장

지속적인 자기 향상

사실상 모든 집단이 저주한다고 해도, 개인의 행동은 여전히 도덕적일 수 있다.

—지그문트 바우만

자신의 목숨을 직접 위협하는 세상에 대해 네 여성이 쏟은 관심은 특별히 강한 윤리적 확신을 지닌 개성을 보여준다. 그들의 한결같은 관심은 계몽주의의 표어에 나타난 서유럽 유대인들의 순진한 신뢰라기보다 비인간화하는 테러에 항복하지 않으려는 원칙적 결심을 보여주는 세계관을 가리킨다. 네 여성은 끔찍한 최종 해결책에 맞서서 가능한 한 단지 육체적 생존을 위한 투쟁에만 머물지 않으려고 애를 썼다. 그들의 글쓰기는 압도적인 테러에 직면하여 끝까지 자신을 통제하려는 모습을 일관되게 증명한다. 그들의 글쓰기는 영적이며 지적인 자유의 활동으로서 존엄성과 자존감을 유지하려는 일차적 욕구를 드러낸다.

세상의 야만적인 비인간성과 도덕적 암흑에 직면해서 그들이 계속해서 계몽된 인간으로 남으려고 작정한 것은 윤리적 자기 계발 형태를 취했다. 그들의 자전적 글쓰기는 네 여성이 모두 역사가 몰아넣은 불안을 내적 성장의 기회로 생각했음을 보여준다. 즉 그들은 점차 위협적인 상황에서 존엄성과 자존감을 유지하려는 노력을 자신들의 윤리적 기백과 영적 기질의 시험으로 보았다. 불안, 소외, 추방, 감금, 그리고 가장 나쁜 절망에 맞서는 용기를 통해, 그들은 불굴의 정신적 용기에 대한 자신들의 이상을 충족하게 되기를 기대했다.

이런 태도는 그들이 최고의 윤리적 가치들을 실천하는 데서 의미 있는 삶을 파악했음을 보여준다. 역설적으로 들릴 수 있지만, 그들이 육체적 파멸의 공포를 씻어내려고 한 것은 더 훌륭한 인간이 되려는 한결같은 노력으로 나타났다. 안네 프랑크, 에티 힐레숨, 시몬 베유의 자서전적인 글들은, 그들이 독자적이며 도덕적으로 책임 있는 개인으로서 어느 정도까지 자기 교육에 주의를 기울였는지를 보여준다.

안네 프랑크는 1944년 7월 15일, 추방되기 직전에 쓴 일기에서, 자기 함양을 자기가 계속 몰두했던 과정으로 고백한다. 그녀는 자기의 감정과 지적 발전에 대해 완전히 책임지는 단계에 도달했다고 느꼈다. "부모들은 [자녀들에게] 단지 좋은 충고나 올바른 방향을 제시할 수 있을 뿐이지만, 개인의 성품의 최종적 형태는 그 자신의 손에 달려 있다"고 프랑크는 주장한다. 그녀는 자기의 독립성과 책임성을 주장하지만, 성장 과정이라는 것이 얼마나 어렵고 많은 것을 요구하는 것일 수 있다는 점도 인정한다. 프랑크는 "스스로 나의 행동에서 잘못된 것을 보고, 그것을 내 눈앞에 간직함으로써"[1] 자기의 약점을 극복하기 위해 노력했다고 고백한다. 그런 엄격한 자기성찰 과정이 프랑크를 성숙하고 책임적인 사람이 되도록 이끌었다.

프랑크처럼 에티 힐레숨도 자신의 내적 발전에 몰두했으며, 성숙

---

1) Frank, *Diary*, 690.

의 과정이란 치열하고 고독한 싸움임을 깨달았다. 힐레숨은 1941년 말에 쓴 일기에서, 개인이 독립적이며 자립적 인간이 되는 책임을 아무도 덜어줄 수 없다고 주장한다. "참된 내적 자유를 추구하는 과정은 더디고 고통스러운 과정이다. 도움을 받을 수도 없고 남들에게서 피난처를 찾을 수 없다는 것을 점점 더 분명히 깨닫게 되면서, 나는 나 자신에 대한 확신을 갖게 되었으며, 혼자서 해결해야 한다는 걸 확신하게 되었다. 우리가 갖고 있는 유일한 척도는 우리 자신이다."[2] 힐레숨이 깨달은 것처럼, 자신의 기준을 충족하는 것은 매우 어려운 일이다. 개인은 타인들에게 의존하지 않을 만큼 충분히 확신이 있어야 하지만, 자신의 윤리적 기준을 스스로 결정하고 그 기준에 맞게 살도록 애써야 한다. 독립적이며 성숙한 인간이 되었다는 인식만이 타인들에게 정서적으로 의존하는 것에서부터 해방되었다는 내적인 깨달음을 준다.

시몬 베유가 정서적 독립을 위해 애쓴 것은 약간 다른 상황에서였다. 베유는 1942년 5월에 카사블랑카로 떠나면서 페랭 신부에게 보낸 "영적 자서전"에서, 자신이 의미 있는 존재가 되기 위한 평생의 내적 투쟁의 궤적을 요약한 것을 트라우마적인 경험과 연결지었다. 베유는 열네 살 때 "끝없는 절망의 구렁텅이에 빠져" 죽을 생각을 했다고 말한다. 자신의 오빠가 수학의 천재였던 것과 비교해서 자신의 평범함을 깨달았을 때, "오직 진정으로 위대한 사람들만이 들어갈 수 있으며 또한 진리가 지속되는 초월적 왕국으로부터 배제되었다"고 느꼈다. 베유는 "누구든 진리를 갈망하고 그것을 얻기 위해 지속적으로 모든 주의를 집중한다면, … 진리의 왕국에 뚫고 들어갈 수 있다"는 것을 깨달았을 때 빛을 찾았다고 말한다. 그 "진리의 왕국"은 "아름다움, 덕목, 모든 종류의 선함"이라는 가치들로 이루어져 있을 뿐 아니라 "우리가 빵에 굶주

---

2) Hillesum, *Diary*, 46.

릴 때 돌덩이를 받지 않는다는 확신"3) 속에 있다. 이처럼 프랑크와 거의 같은 나이에, 베유는 자신의 자기 교육 패턴을 의식적으로 요약했다. 베유가 자신의 "천재성"을 실현하기로 결심한 것은, 아름다움, 선함, 그리고 정의 안에서 진리를 추구하는 일념으로 자신의 삶의 의미를 이해했음을 보여준다. 또한 프랑크처럼 베유 역시 자기 가족과의 관계에서 독립적 개인임을 주장할 필요를 느꼈다는 사실을 주목하는 것 역시 흥미로운 일이다. 그것은 단지 형제자매 사이의 경쟁으로부터 자신을 해방하려는 변덕스러운 마음이 아니었다. 베유가 특별히 망명 생활의 트라우마적인 순간에 자신의 "영적 자서전"을 쓰기로 결정한 것은 자신의 목표를 달성하려고 작정한 것을 보여준다. 사랑하던 조국 프랑스가 죽음의 덫으로 둔갑함으로써 강제로 뿌리가 뽑힌 고통스러운 순간에, 베유는 치열하게 자기의 영혼을 찾고 있었으며, 또한 열네 살 나이에 시작했던 삶의 길을 재확인하고 있었다.

이런 자서전적 고백이 보여주듯이, 프랑크, 힐레숨, 그리고 베유는 삶의 의미를 윤리적인 자기실현에서 찾았다. 그들 각자는 더 훌륭하고 보다 독립적인 인간이 되려는 목표에 도달하기 위한 독자적이며 외로운 진전에 관해 말했다. 네 여성 모두 공통적으로 자기 비판적이었으며, 이상적인 자아에 대한 각자의 비전에 도달하기 위해 부단히 노력했다. 각자는 자신의 부족함에 솔직하게 맞섰다. 프랑크는 함께 숨어지내는 사람들에 대한 자신의 참을성 없음과 짜증을 극복하기 위해 애를 썼다. 보다 더 자기를 통제하고 자신의 원칙을 유지하기를 원했다. 힐레숨은 자기가 사랑하는 율리우스 스피어에 의존하며 또한 그를 소유하고 싶은 마음에서 벗어나기 위해 애를 썼다. 보다 성숙하고 자기 충족적이 되어, 고난과 공포에도 불구하고 세상과 인간의 아름다움에 대해 자신이 개방

---

3) Weil, "Spiritual Autobiography," *Waiting for God*, 64.

적인 존재가 되기를 원했다. 베유는 완전무결함을 위해 애를 썼는데, 이것은 "[지적인 정직성에서] 실패하는 것," 즉 자신의 원칙을 타협함으로써 진실, 사랑, 덕목이라는 가치들로부터 벗어나게 되는 것을 두려워했기 때문이다.[4]

이처럼 자기 비판적인 특성을 갖게 된 역사적 상황은 이 여성들이 얼마나 자기비판에 엄격했는지에 대해 주목하게 만든다. 그들의 글은 그들이 자기 발전에 항상 불만족했음을 보여준다. 그들의 불만족은 결코 그들의 수고의 끝을 시사하는 것이 아니라, 그와 반대로 더욱 지치지 않고 자기 계발에 매진하도록 만들었다. 동시에 당시의 역사적 상황은 긴박감을 갖고 이런 윤리적 자기실현을 추구하도록 촉구했다. 죽음이 다가오고 있다는 예감이 더욱 강해지면서 도덕적이며 영적 성숙의 과정을 서두르도록 압박했던 것이다.

최종 해결책의 현실이 눈앞에 어른거리는 상황에서 그와 같은 윤리적 입장은 참으로 난감한 것이다. 폭력과 죽음이 냉혹하게 다가오는 상황에서조차 그처럼 정서적 성숙, 도덕적 책임감, 지적인 정직성에 몰두하게 만든 뿌리는 과연 무엇이었는가? 도덕적 모습이라곤 찾아볼 수 없는 세상에서 죽을 운명이었던 여성들이 그처럼 자기 내면을 향해 도덕적 기준을 요구한 것을 우리는 어떻게 설명할 수 있겠는가?

이런 질문들은 그처럼 한결같은 윤리적 입장의 개념적 틀이 무엇이었는지를 묻게 만든다. 에디트 슈타인이 박사학위 논문 "공감의 문제"(1916년에 완성)에서 개진한 개인에 대한 현상학적 개념은 그처럼 특수한 역사적 시기에서조차 도덕적 자기실현에 몰두했던 네 여성의 철학적 기초를 이해하는 데 도움을 준다. 슈타인의 철학 논문이 윤리적 자아의 현상학 문제 자체를 다루고 있다는 점은 의미심장하다.

---

4) Ibid., 66.

슈타인은 제1차 세계대전 중에 박사학위 논문을 쓰고 있었다. 앞에서 설명한 것처럼, 독일 유대인들의 동화주의적 경향에 비추어 볼 때, 여기서 슈타인이 독일에 충성했음을 언급하는 것은 흥미로운 점이다. 슈타인은 독일의 대의와 연대한다는 순전히 애국심 때문에, 오스트리아 바이스키르헨의 한 병원에서 간호보조원으로 봉사할 것을 자원했다. 슈타인이 자서전 ≪유대인 가족의 삶≫에서 설명한 것처럼, "나의 모든 학생 친구들은 군복무에 나갔고, 도대체 왜 내가 그들보다 더 나은 처지에 있어야 하는지를 이해할 수 없었다."5)

제1차 세계대전 후 거의 20년이 지났음에도 불구하고, 슈타인은 1933년에 쓰기 시작한 자서전에서, 그 병원과 의료진에 대해, 특히 병들고 상처받은 이들에 대해 생생하고 자세하게 묘사한다. 트라우마적인 전쟁 경험은 슈타인의 연구 주제를 선택하는 데 상당한 영향을 끼쳤다. 몇 달 동안의 자원봉사 경험은, 인간 인격의 현상학과 그 사회적 의미에 대한 그녀의 학문적 관심을 형성한 것처럼 보인다. 실제로 슈타인은 자서전에서 자기의 박사학위 논문을 설명하면서, "'공감' 행동을 특수한 인지 행동으로 검토한" 후에 자신이 "개인적으로 나의 가슴에 와 닿고 또한 나중의 모든 연구에서 계속 새롭게 나를 사로잡은 연구 주제인 인격의 구성 문제로 나아갔다"6)는 점을 인정한다. 따라서 슈타인이 인간의 인격에 몰두한 것은 순전히 이론적인 것만이 아니었다는 점을 주목할 필요가 있다. 오히려 그녀의 철학적-현상학적 사상은 전쟁이라는 고통스러운 상황에서 사람들의 행동에 대한 개인적 관찰에서 비롯된 것이다.

---

5) Edith Stein, *Edith Stein: Life in a Jewish Family, 1891-1916*, trans. Josephine Koeppel (Washington, D.C.: ICS Publications, 1986), 348. (앞으로는 Stein, *Life in a Jewish Family*로 표기한다.)

6) Ibid., 397.

슈타인은 인간 인격에 대한 현상학적 분석에서 "핵심"(kernel)이라는 개념에 초점을 맞추는데, 그것은 개인의 "가치 세계"(value world)를 대표하는 변하지 않는 "인격의 참된 내용"이라고 주장한다. 영적인 가치들, 또는 육체적 속성들, 예를 들어, "선함, 희생하려는 준비성, 나의 행동들에서 내가 경험하는 에너지는 … 인과적 질서 바깥에서 그 특수한 입장을 드러낸다." 슈타인에 따르면, 그 핵심, 또는 개인의 특수한 잠재성은 변하지 않는 상수로 주어진 것이다. 잠재성은 역사적 상황과 같은 외적인 요인들에 의해 영향을 받을 수 없으며, 잠재성을 계발하는 일은 외적인 상황들에 의해 향상되거나 박탈될 수 있다. 따라서 잠재성은 항상 완벽하게 펼쳐지는 것이 아니며, 불리한 상황은 잠재성의 완전한 실현을 가로막을 수 있다.

슈타인에 따르면, 자아의 전개 과정이 "삶의 의미"[7]인데, 이것은 우리의 논의의 틀 안에서 본질적인 점이다. 다시 말해서, 개인이 "인격의 참된 내용," 또는 "가치 세계"를 실현하는 방향으로 나아가는 것은 인간 존재의 목적이라고 정의할 수 있다. 놀라운 정도까지 프랑크의 발전하는 자기인식은 슈타인이 말한 삶의 의미로서의 "핵심"의 전개 이론을 확인해주는 것처럼 보인다. 프랑크는 자기의 인격이 발전하고 있음을 인식했지만, 자기의 인격 가운데 당시까지 의심하지 않았던 특질들도 발전하고 있다는 점도 주목했다. 프랑크가 부모에게 퍼붓곤 했던 모진 비판을 다시 읽으면서, 그녀는 "나의 머리를 물 밑에 처박았던 짜증들, 그리고 사태를 주관적으로만 보게 했던 것들"에 대해 자신을 꾸짖었다. 참으로 놀라운 자기 통찰을 통해 프랑크는 "내가 스스로를 나 자신 안에 숨기고 있었다"[8]는 점을 깨닫는다.

---

[7] Edith Stein, *On the Problem of Empathy*, 3rd ed., trans. Waltraut Stein (Washington, D.C.: ICS Publications, 1989), 109-11ff.

프랑크의 혹독한 자기평가는 여러 차원에서 의미심장하다. 그녀의 성숙 과정의 관점에서 보면, 프랑크는 부모와의 관계를 새롭게 이해할 수 있었으며, 자기의 잘못된 판단을 공개적으로 인정할 수 있었다. 개념적인 차원에서 프랑크는 아직 발달하지 않은 자기인식의 약점들을 평가할 수 있었다. 따라서 프랑크의 말은 "숨어 있던" 자아, 즉 그녀의 참된 "핵심"을 이해하게 됨으로써 자기와 타인들을 보다 객관적으로 이해할 수 있게 되었음을 시사한다.

발전하는 자기의식은 프랑크에게 자신의 약점들과 맞설 수 있게 했으며, 결과적으로 더 관용적이며 나은 사람이 될 수 있게 이끌었다. 프랑크는 자기의 고통스러운 성장 과정을 분명한 통찰력을 갖고 추적했다. 일기에서, 자기가 둘째 딸로서 상상력이 풍부하고 재주가 있고 인기가 많아 부모와 친척들의 응석받이로서, "선생님들이 예뻐해 주고, 머리 끝부터 발끝까지 엄마와 아빠에 의해 버릇이 없어진 귀여운 아이"라고 말한다. 그러나 은신처로 옮겨감으로써, 그런 사랑과 돌봄의 분위기는 갑자기 변했다. "좌절과 말다툼"에 직면하자 프랑크는 "전혀 예상치 못한 충격"을 받았다. 행복했던 삶의 방식이 산산이 부서진 후에 이어진 것은 부모와의 신경질적인 관계로서 "자주 울고 극도의 외로움"이었다.9) 프랑크는 정서적 강인함과 도덕적 자기 발전을 위해 더욱 노력했다는 점도 설명한다. 예의를 지키고 보호받던 세상이 사라진 것에 대한 프랑크의 일차적인 고통에 뒤따른 것은 윤리적 및 영적 발전의 단계들이었다고 말한다. 되돌아보면서 프랑크는 "내가 어떻게 나의 모든 결점을 보기 시작했는지 … 나는 혼자서 나 자신을 변화시키는 힘든 과제를 직시해야 했다. … 얼마간 시간이 지나 나는 조용해졌고, 나는 아름답고

---

8) Frank, *Diary*, 438.
9) Ibid., 517-18.

선한 모든 것을 한없이 열망하고 있음을 발견했다."10)

프랑크가 삶에서 아름다운 것들과 선한 것들을 열망하는 열정이 깨어난 것은 베유가 아름다움과 선함의 진리에만 관심을 집중하기를 바랐던 욕망을 떠올려준다. 똑같이 중요한 것은 슈타인의 이론과 프랑크의 실천 사이의 뚜렷한 유사성이다. 프랑크가 일기에서 내적 성장 과정을 점차 강조한 것은 슈타인의 이론에 나오는 인격의 전개를 잘 드러내는 사례다.

슈타인과 프랑크 모두 자기실현을 강조한 공통점은 두 여성의 성장 과정에서 나타난 자서전적인 유사성에 주목하게 만든다. 슈타인은 자서전 ≪유대인 가족의 삶≫에서 자신의 어린 시절에 관해 프랑크의 어린 시절과 매우 비슷하게 말한다. 슈타인은 "매우 쾌활"했으며, 조숙했고 고집이 셌다. 총명한 학생으로서 상상력이 풍부한 소녀였으며 공상에 빠지곤 했다. 대가족의 막내 아이로서 슈타인은 친척들의 사랑을 받는 응석받이였으며, 특히 어머니와 깊은 유대를 맺었다.11)

슈타인의 어린 시절은 탁월한 학교 교육으로 이어졌고, 그리스도교로 개종하고, 1933년 나치가 권력을 장악하기까지 가톨릭 페미니스트 교육자의 경력을 쌓았는데, 이처럼 정상적인 성장 과정이었다는 점은 만일 역사적 상황이 변하지 않았다면, 프랑크 역시 누렸을 상당한 자유를 누리게 했다. 프랑크의 소녀 시절은 은신처로 옮기기 이전부터 파탄을 맞았다. 나치가 권력을 장악할 것에 위협을 느낀 프랑크의 가족은 독일에서 네덜란드로 이주했다. 그러나 나치가 네덜란드를 점령하자 유대인 아이들은 분리된 학교로 가야 했고, 그밖에 다른 제한 조치와 금지 명령이 내려짐으로써 점차 모든 자유를 억압받게 되었다.

---

10) Ibid., 518.
11) Stein, *Life in a Jewish Family*, 73-79.

슈타인과 프랑크의 어린 시절 이야기가 비슷하다는 점은 프랑크가 겪어야 했던 박탈감을 보다 잘 이해하도록 도와준다. 동시에 프랑크의 독특한 상황을 고려하면, 그녀의 "핵심"의 놀라운 잠재력을 드러낸다. 우리는 프랑크가 자신의 발전에 대해 빈틈없이 관찰했음을 살펴보았다. 프랑크의 말에서 드러나는 진지함과 강렬함은 그녀가 윤리적 자기 성취를 얼마나 중요하게 생각했는지를 보여준다. 또한 책임적이며 성숙한 인간이 되기 위한 자기실현 과정을 면밀하게 지켜본 것을 기초로 해서 프랑크뿐 아니라 다른 여성들도 자기 정체성을 확립한 것처럼 보인다. 이것은 "인격의 내용"을 펼쳐가는 것을 "삶의 의미"로 보았던 슈타인의 관점을 확인해준다.

이처럼 자기 향상 과정을 삶의 의미로 이해한 것은 네 여성 각자가 점점 악화되는 역경에 대해 존엄성과 정직함으로 맞서려고 결심한 것이 얼마나 의미심장한 것인지를 밝혀준다. 그런 결심은 저항을 의미한다. 선함, 영적인 아름다움, 덕목을 위해 수고하는 데서 삶의 의미를 찾는 세계관은 테러에 대한 저항이 **된다**. 이 여성들은 자신을 허약하게 만드는 공포와 절망적 상황을 자신의 내면적 힘에 대한 도전으로 받아들임으로써 극복하려고 했으며, 이런 노력은 상당히 성공했다.

프랑크는 자기가 나중에 재판을 받게 될 것에 대한 두려움을 암시하면서, "나는 처음에 [내가 용기 있고 강하다고] 깨달았을 때는 기뻤다. 나는 모든 사람에게 부득이 닥칠 타격 앞에 쉽게 허리를 굽히지는 않을 거라고 생각했기 때문이다"12)라고 말한다. 프랑크가 생각했던 "타격"이 추방을 뜻하는 것이었다고 추측하는 것은 틀린 추측이 아닐 것이다.

힐레숨은 당시의 상황이 자기의 감정과 윤리적 발전에 끼친 영향에 관해 훨씬 직설적이다. 삶의 조건이 계속 악화되고 또한 포로가 될

---

12) Frank, *Diary*, 690.

위협을 느끼면서 힐레숨은 이렇게 말한다. "우발적 삶을 살아가는 대신에, 너는 마음 깊은 곳에서 너의 '운명'을 받아들일 정도로 충분히 성숙했다." 힐레숨은 자기가 사랑하는 사람이 암스테르담에서 추방될 가능성에 직면하자, 그 불가피한 고난을 다룰 수 있는 자신의 강인함에 관해 이렇게 말한다. "나는 갑자기 기이하게 심각하고 성숙했으며 확신을 갖고 있다고 느꼈다. … 지난 몇 달 동안 내 안에서는 무엇인가가 성숙해졌다. … 무엇인가 신선한 것이 나타났고 또한 내가 해야 할 일은 … 그것을 내가 짊어지고 앞으로 나아가 그것이 번창하게 하는 일이다."13)

    베유에게는 위험에서부터 도피하기로 결정하는 것이 받아들일 수 없는 결점을 뜻한다. 자신이 카사블랑카로 도피하는 것이 비겁한 행동으로 간주될 수 있지 않을까 하는 의심 때문에 그녀는 몹시 괴로워했다. 카사블랑카로 떠나면서 페랭 신부에게 쓴 편지에서 베유는 이렇게 말한다. "저로서는 이것이 고난과 위험으로부터 도피하는 것이라는 점에는 의문의 여지가 없습니다. 저의 고민은 저 자신에도 불구하고 무심코 제가 가장 하고 싶지 않은 것, 다시 말해서 도망가는 짓을 하고 있다는 두려움에서 비롯됩니다."14) 얼마 지나지 않아 베유는 뉴욕으로부터 유럽으로 되돌아올 길을 필사적으로 찾으면서, "나는 탈주 행위를 저질렀다는 느낌이다. 이런 생각은 견딜 수가 없다"15)고 썼다. 베유가 있을 곳은 고통당하는 사람들과 함께 하는 곳이다. 다른 곳으로 도망가는 것은 그 희생자들뿐 아니라 자신의 도덕적 자아를 배반하는 일이다. 실제로 멀리 벗어날 수 없었던 베유는 뉴욕에서 런던으로 돌아와 자유 프랑스 전선과 함께 일했다.

---

13) Hillesum, *Diary*, 110-11.
14) Weil, *Waiting for God*, 60.
15) Simone Weil, *Seventy Letters*, trans. Richard Rees (London: Oxford University Press, 1965), 144.

이런 저항 방식은, 이 장의 맨 앞에 인용한 지그문트 바우만의 글이 상기시켜주듯이, 심지어 한 집단의 저주에도 불구하고, 개인의 도덕적 행위를 유지할 의무를 수행하는 것이 신체적 안전을 포함해서 네 여성의 다른 고려 사항들보다 훨씬 더 중요했음을 보여준다. 이처럼 윤리적 의무감이 지배한 것의 뿌리에는 크게 보아서 그들이 청소년기에 경험한 문화적 분위기, 즉 개인의 자기실현을 자신과 사회에 대한 가장 마땅한 의무로 보는 분위기가 있었던 것처럼 보인다.

네 여성이 선택한 자기 교육의 윤리는 계몽주의의 중요한 측면인 "인격 형성"(Bildung) 개념과 밀접하게 연관된다. 자유주의 이념인 계몽주의, 특히 그 해방적 취지의 지원을 받아, 네 여성은 미래의 평등주의적 사회를 모든 인간의 친교를 향해 진보하는 관점에서 파악했다. "인격 형성" 개념은 계몽된 사회 안에서 계몽된 인간을 형성하는 데 초점을 맞추었다. 그것은 개인의 입장과 의무를 인간의 진보와 비교해서 다루었다.

모든 인간이 평등하다는 전제에 근거해서 "인격 형성"은 모든 인간의 인격이 자기 향상을 위한 잠재력을 지니고 있다는 인식을 촉진시켰다. 칸트와 그의 비판적 이성에 대한 강조를 따라서 "인격 형성"은 이런 잠재력이 합리성, 자기 규율, 자기 교육을 통해 실현될 수 있다고 주장했다. 조지 모세가 말한 것처럼, "자기 형성"이 전제로 삼은 것은 "자기의 이성을 기꺼이 사용하고 발전시키려는 사람은 누구나" 지적, 도덕적, 심미적인 것을 결합하는 "[그] 이상(ideal)에 도달할 수 있다"[16]는 것이었다. 해방적 과정의 현실 속에서 진화한 "인격 형성" 개념은 서유럽 유대인들이 전적으로 지지했던 것이다. 조지 모세에 따르면, 해방된 유대인들은 평등과 자기 향상을 강조한 "인격 형성"을 자신들의

---

16) Mosse, *German Jews Beyond Judaism*, 6.

자유주의적 이상을 실현하는 방식으로 이해했고, 또한 그것을 "새로운 신앙으로" 받아들였다.17)

"인격 형성"이라는 "새로운 신앙"은 종교와 국적의 장벽을 초월할 것을 약속했으며, 또한 인간의 사유와 책임적 행위에 대한 확신도 전파했다. 이성의 지도를 받는 개인은 동시에 감정, 비합리적 충동, 본능적 경향성도 통제할 수 있으며, 따라서 합리적인 자기 교육의 책임을 완수할 수 있다.

본능의 힘을 극복하기 위해 이성을 계발하는 것의 중요성은 프로이트의 에고(Ego)와 이드(Id) 개념과 평행한다.18) 앞으로 보게 되겠지만, 비록 프로이트 자신은 나중에 통제하는 차원으로서의 이성의 효율성을 의심했지만, 그의 초기 정신분석학 이론은 정신의 본능적 힘을 합리적인 자기 검토 과정에서 얻어지는 지식을 통해 억제할 수 있다고 주장함으로써 "인격 형성" 개념을 나타낼 뿐 아니라 강화한다.

강력한 본능과 이성의 힘 사이의 갈등은 진화하는 도덕적 잠재력을 나타내지만, 고립된 정신의 깊숙이 갇힌 틈바구니에서는 이런 진화가 일어날 수 없다. 도덕적 자아의 진화는 외부 세계에 대한 의식과 더불어 생겨난다. 바우만이 상기시켜주는 것처럼, "도덕적 행위는 공존의 상황에서만 생각할 수 있다."19) 도덕적 자아의 성장은 개인이 타인들과의 상호작용을 통해서만 측정할 수 있으며, 또한 다른 인간들과의 관계 속에서 수행하는 행동들을 통해서만 개인의 도덕적 잠재력이 계속해서 성장할 수 있다.

따라서 개인의 도덕적 자기 교육이라는 "인격 형성"의 이상은 사

---

17) Ibid., 4.

18) Ibid., 48.

19) Zygmund Bauman, *Modernity and the Holocaust* (Ithaca: Cornell University Press, 1989), 179. 정일준 옮김, ≪현대성과 홀로코스트≫(새물결, 2013).

회적 환경과 분리되어서는 실현될 수 없다. 그와 반대로, 자기 발전에 헌신하는 개인들 사이의 상호작용이 인간의 친교라는 자유주의적 이상을 실현할 것이다. 유대인 소수자의 관점에서 보면, "인격 형성"은 유대인들과 이방인들 사이의 긴밀한 상호관계를 촉진할 것을 약속했다. 역사적으로 해방 이후 유럽의 현실, 또는 적어도 그 해방이 초래한 희망은 유대인들이 "인격 형성"을 지지할 수 있게 만들었다. 일반 사회에서 평등한 파트너십이라는 목표에 대한 약속을 철저히 믿었던 것은 부분적으로는 이상주의적이었으며, 또한 공리주의적이었다.

네 여성의 세계관에 "인격 형성"이 끼친 영향을 이해하는 일은 어렵지 않다. 그들은 특별히 유대인 개인으로서 계몽된 세상 안에 통합되는 것을 의무로 생각하도록 양육되었다. 그러나 최종 해결책은 유럽의 유대인들을 속수무책으로 만들었고 또한 종족학살을 명령함으로써, 그런 현실에서 "내적 성장"을 입장권으로 삼아 이방인 사회에 진입한다는 것은 더 이상 무의미했다. 이처럼 자유주의적 이상이 완전히 실패한 것은 "내적 성장"의 실패를 드러냈으며, 또한 사회적 맥락에서 도덕적 자기 발전의 가능성을 완전히 차단했다. 이처럼 네 여성의 자기표현에서 우리가 관찰한 것처럼, 도덕적 세상과 도덕적 자아에 강렬하게 몰두한 것은 그들의 주도면밀한 의무감의 합리성에 관해 의문을 제기한다.

도대체 왜 그 여성들은 당시에 자기의 이익에 확실히 도움이 되지 않는 가치들을 계속 품었으며, 또한 그 이상들을 실천하려 했는가? 훨씬 더 현실주의적 방법을 택했다면, 그들은 자신의 안녕에만 집중했을 것이다. 그러나 슈타인은 언니가 팔레스타인으로 갈 영국의 증명서가 거절되었기 때문에, 자신은 그 증명서를 통해 팔레스타인으로 갈 수 있었지만, 그걸 거부했다. 베유는 뉴욕에서부터 자주 공습을 당하던 런던으로 되돌아와 프랑스에서의 싸움을 도울 계획을 세웠다. 힐레숨은 숨는 것을 거부하고 대신에 베스터보르크 수용소에서 사회사업가로 봉사하기로 선택했다. 상황은 달랐지만 마찬가지로 통렬했던 상황에서 프랑크는 피터(함께 숨어서 지내던 세 살 위의 남자 친구–옮긴이)의 도덕적 허약함을 깨닫고 자신의 이상과 원칙을 타협하는 대신, 그와의 관계를 끝냈다.

이처럼 타협을 거부하고 자신에게 극도의 도덕적 요구를 선택한 것은 모든 공리주의적 고려를 초월한다. 사실상 이런 결정의 이타적인 성격은 그들이 자기중심적 고려를 무시하는 경향이었음을 보여준다. 비록 해방은 평등을 약속하고, "인격 형성"은 도덕적으로 더 훌륭한 인간의 창조를 약속했지만, 결국에는 완전히 무용지물이었던 것으로 판명된 상황에서도 이들 네 여성의 도덕적 입장은 흔들리지 않았다. 오히려 점차 위협적인 상황은 그들의 한결같은 믿음을 더욱 강렬하게 만들었다. 그것은 삶의 의미가 도덕적 가치들을 함께 펼치고 나누는 데 있다는 믿음이었다. 사실상 그처럼 깊어가는 위기 때문에 그들은 모든 논리에 맞서서 도덕적 가치들에 대한 믿음을 주장하게 되었던 것처럼 보인다.

빅터 프랭클의 전제는 "삶을 의미 있고 목적이 있게 만드는 것은 아무도 빼앗아갈 수 없는 영적인 자유다"[20]라는 것이다. 의심의 여지도 없이 분명한 사실은 네 여성이 세상으로부터 은둔하는 대신에 세상과 더불어 존재하기로 선택한 것은 자유의 행동이었다는 사실이다. 우리가 이미 살펴본 것처럼, 모든 윤리적인 사회적 관계가 붕괴된 당시에, 자기의 친척들을 향해(슈타인), 자기 나라를 향해(베유), 자기 공동체를 향해(힐레숨), 자신을 향해(프랑크) 책임적 행동을 강조한 것은 그들의 삶의 의미와 목적을 결정했다. 동시에 그들은 그처럼 자유를 선택하는 것이 얼마나 끔찍한 결과를 초래할 것인지 분명히 인식하고 있었다는 사실을

---

20) Frankl, *Man in Search of Meaning*, 87.

잊지 말아야 한다. 그들이 자유를 행사할 수밖에 없도록 만든 윤리적 명령에 강한 빛을 비춰주는 것은 바로 그런 위험에 대한 인식이었다.

그렇다면 파켄하임이 말한 "저항할 수 없는 파괴의 논리"에 맞서는 "비논리적" 저항을 할 수밖에 없도록 동기를 부여한 것은 과연 무엇이었는가? 그런 동기 부여가 어떤 방식으로 기쁨을 약속했기에 생존에 대한 관심을 능가했는가? 나는 네 여성의 저항에서 결정적이었던 것은 개인 사이의 관계가 핵심이었다고 본다. 네 여성의 생각과 실천에서 드러난 것처럼, 그들이 자신의 삶의 이야기에 등장하는 타인에게 부여한 기능은, 파괴의 현실에 직면해서 그들이 영적인 자유를 주장한 것에 대한 중요한 통찰력을 제공한다. 이제 우리는 그들의 윤리적 사고의 이런 측면에 초점을 맞출 것이다.

3장

타인에 대한 초월론적 의식

적극적이며 순수한 동료애(fellow-feeling)는 … 자기를 넘어 참되게 파악하는 것이며, 또한 타인과 타인의 상황 속에 들어가는 것으로서 참되며 실제적인 자기 자신의 초월이다.

—막스 셸러

인간의 상호관계에 대한 에디트 슈타인과 시몬 베유의 입장을 논의하면서, 그들이 사회적 상호작용의 성격에 관한 막스 셸러의 관점과 연결시킨 방법으로 시작하는 것이 적절하겠다. 에드문트 후설의 조수이며 슈타인의 동료였던 셸러는 개인의 가치 구조에 대한 현상학뿐 아니라 개인과 사회의 관계에서 그 가치들이 수행하는 역할을 탐구하는 일에 몰두했다. 다시 말해서, 셸러는 인간의 인격이 사회적 상호작용을 가능하게 만드는 본질적 요소들을 탐구했다. 그의 사상은 자아와 타인 사이의 대칭적(상호적, reciprocal) 관계에서부터 타인과의 비대칭적(수용적, receptive) 관계로 발전했는데, 이것은 인간의 상호작용에 대한 슈타인과 베유의 개념을 이해하는 유용한 틀을 제공해준다.

"나"와 "당신"의 상호적 관계

막스 셸러가 본 것처럼, "타인"은 한 사람의 개인적 영역 안에 이미 선험적으로 존재한다. 타인의 존재는 타인이 부재한 상황에서도 분명할 것이다. 셸러의 잘 알려진 사례를 보면, 로빈슨 크루소는 타인의 부재(현재에는 없는 현존)를 경험하곤 했는데, 동무가 없다는 것은 고립감과 외로움이라는 감정을 통해 전해지곤 하기 때문이다.[1] 따라서 셸러에 의하면, 타인은 (1) 인간 인격의 명백한 측면이며, (2) 개인의 행복감에 절대로 필요하다.

이런 전제들에 근거해서, 셸러는 각 사람 안에는 개인 이외에 집단적인 사람도 있다고 주장한다. 사람의 이런 측면은 "사람과 세상을 구성하는 구체적인 전체의 필수적이며 본질적인 측면"이다. 셸러는 "인간 의식의 **본질적** 성격이 그렇기 때문에 공동체는 어떤 의미에서 모든 개인 안에 내재하며, 인간은 사회의 한 부분일 뿐 아니라, 사회와 사회적 유대는 인간 자신의 본질적 부분이다"라고 전제한다. 이런 구성은 모든 개인의 "사회적 연결"(social nexus)의 존재를 전제하는데, 셸러에 따르면, 이런 구성이 "도덕적으로 연관된 모든 행동"의 원천이다.[2]

이 이론에 비추어 볼 때, 네 여성이 계속해서 세상에 개입한 것은 개인의 인격 안에 타고난 "총체인격"(collective person)이라는 셸러의 관념을 드러내 보여준다. 이 여성들의 "도덕적으로 연관된 행동들"—그들

---

1) Michael D. Barber, *Guardian of Dialogue: Max Scheler's Phenomenology, Sociology of Knowledge, and Philosophy of Love* (Lewisburg, Pa.: Bucknell Universityu Press, 1993), 124에서 재인용.

2) Ron Perrin, *Max Scheler's Concept of the Person: An Ethics of Humanism* (New York: St. Martin's Press, 1991), 87-89, 99에서 재인용.

의 지속적인 자기 교육, 그리고 세상에 관한 그들의 도덕적 입장—은 인간 인격의 "사회적 연결"이라는 근본적 요소를 확인해준다.

그러나 셸러의 관점에서, "도덕적으로 연관된 행동들"—타인과 관계를 맺고 개입하는 상황에서 생겨나는 행동들—은 실제로 어떻게 생겨나는가? 여기서 셸러는 그의 연민(sympathy) 이론의 "기본 법칙들"을 설정한다. 그는 우리의 이해(Verstehen), 또는 상호주관적 이해는 직관으로 주어진다고 주장한다. 우리가 타인과 상호작용할 수 있는 이유는 우리가 "동료애"를 느낄 수 있기 때문이다. 이런 능력은 사람이 타인에게 행위자처럼 반응할 수 있게 한다. 즉 "한 사람에게 동료애를 느끼면서도 그의 독자성"3)을 충분히 이해한 채 반응하는 것이다. 다시 말해서, 그 사람은 타인과 구별됨을 인지하면서 동시에 그의 직관적 이해를 통해 그 타인의 경험에 연민을 느끼면서 참여할 수 있다.

셸러의 "동료애"(fellow feeling) 개념은 슈타인의 공감(empathy) 이론과 중요하게 일치함을 보여준다. 셸러처럼 슈타인도 개인이 타인들과 상호작용할 수 있는 능력을 인격의 근본적 요소로 간주한다. 그러나 슈타인은 셸러처럼 개인의 영역에서, 외로움이나 부족함에 대한 감각을 통해 전해지는, 타인의 선험적 존재를 주장하지는 않는다. 두 이론 사이의 불일치가 중요한 이유는 슈타인의 관점, 즉 타인의 존재를 자아의 "사회적 연결"의 명백한 증거로 간주하는 관점이 그녀의 자기 발전과 책임성 윤리의 중심이기 때문이다.

타인의 존재에 대한 슈타인의 증거는 살아있는 몸으로 존재하는 "나"에 대한 그녀의 현상학적 전제로부터 논리적으로 나온다. 나의 살아있는 몸은 "느끼며, 생각하며, 의지를 가진다." 그 몸은 외부 세상과 연결하며, 또한 "나"를 각자의 외부 세상과 연결해준다. 살아있는 몸은

---

3) Barber, *Guardian of Dialogue*, 49, 116.

"이 세상을 직면하며 나와 소통한다."4) 살아있는 몸은 "내"가 경험할 수 있게 하며, 그런 점에서 "나"와 살아있는 몸은 분리할 수 없다.

경험한다는 것은 상상하고 기억하고 공상하는 것이 가능하다는 뜻이다. 경험하는 주체로서 "나"는 내가 경험한 것을 기억하며, 기억된 "나"를 객체로 삼는다. 기억하는 행동은 현재의 "나"와 과거의 "나"를 연결한다. 내가 기억하는 "나"(기억되는 "나")와 기억하는 "나"는 똑같지 않다. 이처럼 자신을 똑같이 또 동시에 다르게 경험할 수 있는 "나"의 능력 때문에 나를 "안으로부터" 살아있는 몸으로 느낄 수 있으며, 또한 동시에 "바깥으로부터" 자신을 바라보고 있다고 상상할 수 있다.5)

따라서 "나"는 나의 몸이 독립적으로 행동하는 것을, 마치 또 다른 "나"인 것처럼, 바라볼 수 있다. 이처럼 자신을 관찰자와 관찰 대상으로 분리할 수 있는 "나"의 능력은 공감의 본질에 대한 통찰력을 제공하는데, 이것은 "나"와 타인을 연결해주는 가치다. 내가 자신을 "바깥으로부터" "살아있는 몸"으로 상상할 수 있기 때문에, 나는 내 바깥에 있는 타인도 살아있는 몸으로 볼 수 있다. 타인은 내가 아니지만, 나와 비슷하다. 타인의 경험은 결코 나의 경험이 될 수 없지만, 나의 경험과 비슷할 수 있다. 이처럼 유형적으로 친숙한 또 다른 "나"의 경험을 인지하는 것이 공감을 만들어낸다.

이처럼 같으면서 동시에 구분되는 패러다임이 개인적 관계에 대한 슈타인의 견해에서 핵심적이며, 실제로 사회적 상호작용을 개인의 자기 발전의 본질적 요소로 보는 슈타인의 개념에서 핵심이다. "나"와 "당신" 사이를 구분하는 것은 정체성 융합(identity fusion) 개념을 제거한다. 타인이 "내"가 아닌 이유는 "타인이 '나'와는 다른 방식으로 나에게 주어지

---

4) Stein, *On the Problem of Empathy*, 6.
5) Ibid., 43-44.

기 때문이다. 따라서 그것은 '당신'이다. 그러나 내가 나 자신을 경험하듯이 당신도 당신 자신을 경험하기 때문에, '당신'은 또 다른 '나'다."[6]

공감의 반응은 상호주체적 경험에 근거하는데, 그 경험을 통해서 인간은 같음과 서로 구분됨을 인지한다. 슈타인의 철학적 해설은 모든 인간의 평등성이라는 타고난 가치를 입증한다. 즉 내가 자신을 경험하는 것처럼, 다른 살아있는 몸도 자체를 경험하는 것을 볼 수 있기 때문에, 나는 살아있는 몸으로서 우리가 모두 동일한 반응과 능력에 의해 묶여 있다는 사실을 인정해야 한다. 동시에 타인에 대한 나의 공감 경험은 나의 세계상을 풍부하게 만들며,[7] 나의 관점을 확장시켜 주며, 또한 나 자신과 타인에 대해 가르쳐준다. 나의 "나"를 유지할 수 있는 나의 능력은 나에 비추어 타인을 평가할 수 있게 해주며, 그의 도덕성을 나 자신의 도덕성과 대조할 수 있게 해준다. "셸러가 우리에게 보여준 것처럼, 내면적 인식은 그 안에 속임수(deception)의 가능성을 포함한다"고 슈타인은 인정한다. 그러나 슈타인은 "공감은 … 자체적으로 그런 속임수에 대한 교정(corrective)을 제공한다"[8]고 주장한다.

그 교정은 공감을 통한 자기평가의 능력 안에 있다. 자기평가 개념은 앞에서 논의한 "핵심"(kernel) 개념을 불러일으킨다. 실제로 슈타인의 견해에서는 "인격의 참된 내용"이 펼쳐지는 것은 다른 사람들과의 공감적인 상호작용에 근거한다. 한편으로 공감은 우리가 타인의 "핵심"을 평가하도록 도와준다. 다른 한편으로는 내가 낯선 경험과 공감할 수 있는 능력이 타인의 공감적 경험을 이해하도록 해주며, 또한 "타인이 나에 대해 갖고 있는 '이미지'를 파악하고, … 나 자신이 그에게 비친 모습을

---

6) Ibid., 38.
7) Ibid., 62-63.
8) Ibid., 89.

파악하게"9) 해준다. 그런 "조건반사적 연민"(reflexive sympathy)10)의 경험을 통해 나는 자신을 더 잘 이해하게 된다. 이처럼 새로운 자기인식은 자기 속임수에 대한 교정을 제공하며, 또한 나의 윤리적 잠재력을 발전시키게 해준다.

　슈타인의 상호작용 안에서 자아를 파악하는 철학 이론은 그녀의 "핵심" 이론을 보완한다. 그것은 역사적 위기에 대한 여성들의 반응을 우리가 이해하는 것을 확장시켜 준다. 상호주체성을 공감적 현상으로 파악하는 슈타인의 입장은 네 여성이 자신들을 직접적으로 위협하는 테러에 도전한 것을 설명해준다. 슈타인이 이해한 것처럼, 사람들 사이의 연결은 인간 본성의 타고난 속성의 기능이다. 이런 점에서, 모든 인간이 평등하다는 관념은 개인이 살아있는 "나"로서 타인을 비교할 수 있는 "당신"으로 동일시할 수 있는 능력에서 생겨난다. 이처럼 타인을 평등한 존재로 인식하는 것은, 상황적이며 변할 수 있는 요인들, 즉 정치적, 이념적, 역사적으로 바뀌는 조건들로서 끊임없이 인간관계에 영향을 미치고 변화시키는 요인들에 앞서는 동시에 그 요인들을 초월한다.

　인간 상호관계에 대한 슈타인의 현상학은 자아와 타인의 윤리적 상호의존성을 자기 교육의 관점에서 강조한다. 이런 상호의존성은 펼쳐지는 인격으로서의 자기를 이해하는 데 불가결한 요소다. 오직 타인과의 공감적 만남을 통해서만, 나는 나 자신을 떨어진 관점에서 볼 수 있으며, 또한 나의 "핵심"을 실현하는 데서 진보할 수 있다.

　안네 프랑크는 일기에서 슈타인이 말한, 공감적 상호작용의 상호주체성을 통한 자기 발전 개념을 특별히 잘 보여준다. 프랑크는 마지막에 쓴 일기 가운데 하나에서, 심각한 자기 분석을 시작하는데, 그것은

---

9) Ibid., 82.
10) Ibid., 83.

남자 친구 피터와 언니 마가렛과의 토론에서 비롯된 자기 탐구였다. 그 두 사람은 자신들의 연약함을 변명하면서, 프랑크의 강함을 부러워했다. 프랑크는 그들이 자기에게 한 말을 인용하면서, "그래, 만일 내가 너처럼 강하고 용기가 있다면, … 만일 내가 그렇게 끈질긴 에너지가 있다면 …"이라고 썼다.

그 토론 후에 뒤따른 자기 분석에서, 프랑크는 "쉬운" 선택을 거부하는데, 그녀에게 쉬운 선택이란 도덕적 패배를 뜻했다. 프랑크는 "자신의 양심"을 따르기로 결정하는데, 이것은 자신의 연약함을 적극적으로 극복하도록 격려한다. 프랑크는 놀라면서, "어떻게 '나는 약해!'라고 말할 수 있고 그냥 그 상태를 유지할 수 있는지 나는 상상할 수가 없다. 만일 그걸 안다면, 도대체 왜 싸우지 않고, 너의 성격을 단련시키려 하지 않는 거야?"라고 말한다. 그녀는 "며칠 동안 '쉬운'이라는 끔찍한 말에 대해 반박하고, 단번에 영원히 해결할 훌륭한 논리를 찾으려 했다"11)고 고백한다.

이 에피소드는 슈타인의 공감적 상호작용 이론의 실천 사례를 보여준다. 프랑크는 남들이 자기를 어떻게 보는지를 깨달았고, 이런 깨달음은 그녀가 자기를 재평가하는 동기가 되었다. 그러나 조건반사적으로 반응하는 요소는 그녀가 타인들을 재평가하도록 만들었다. 프랑크의 인격에 대한 타인들의 인식은 그들의 사고방식을 드러냈기 때문이다. 그 결과, 프랑크는 비교적인 관점을 갖게 되어, 자신의 인격과 상대방에 대해 더 잘 이해하게 되었으며, 결과적으로 자신의 의견을 재평가하고, 자신의 "핵심"을 펼치는 방식을 재평가하고, 글쓰기에서 자신의 사고 과정을 해명하게 되었다.

프랑크의 이런 결정이 또래들과의 사회적 관계의 끝장을 시사한

---

11) Frank, *Diary*, 683.

것은 아니라는 점을 주목하는 것 역시 중요하다. 우리는 레싱의 "끊임없고 지속적인 대화" 과정에서 각자가 "자신이 진리라고 생각하는 것을 말하는 것"12)에 대한 아렌트의 관점을 떠올릴 수 있을 것이다. 프랑크가 "훌륭한 논리"를 진지하게 찾은 것은 레싱의 계속적인 논쟁 개념과 어울린다. 프랑크가 훌륭한 논리를 진지하게 찾은 것은 그녀가 대화 상대자의 생각을 수용하지는 않았지만, 그 생각을 얼마나 중요하게 생각했는지를 보여준다. 이런 공감적 만남과 그 지적인 여파는 프랑크의 윤리적 성장에서 한 단계를 보여준다.

프랑크의 인격이 지닌 윤리적 내용은 대화 상대자들 덕분에 분명하게 펼쳐진다. 동등한 당사자들(프랑크, 피터, 마가렛) 사이에 생각을 교환함으로써, 프랑크는 의미 있는 삶의 방식에 대한 자신의 인식을 명확하게 깨달을 수 있었고, 그녀는 그 깨달음을 따를 작정이었다. 따라서 프랑크의 자기 발전은 상호주체성 개념에 근거한 것이다. 슈타인이 철학적 사유를 통해 추론한 것처럼, 그리고 프랑크가 실제로 경험한 것처럼, 자기 발전은 상호적 관계라는 대칭적 상황에서 일어난다.

공감적 자아들 사이의 대화를 통한 상호적 인간관계에 대한 슈타인의 견해는 대체로 셸러의 "동료애" 개념과 일치한다. 셸러와 슈타인은 각각 인간의 육체적 존재와 타인과의 상호작용 사이를 분리할 수 없다고 전제한다. 이런 연결성이 존재하는 이유는 셸러의 용어로 연민(sympathy)의 가치 때문이며, 슈타인의 용어로는 사람들 사이의 의미 있는 의사소통을 가능하게 만드는 공감(empathy)의 가치 때문이다. 동시에, 의사소통의 통로—슈타인의 직관적인 "동료애"와 슈타인의 "같음"(sameness)이라는 유형론적 인식—는 서로 의사소통하는 사람들을 평등하며 독립적 개인들로서 대칭적인 상호적 관계에 있는 것으로 자리매

---

12) Arendt, *Men in Dark Times*, 30.

김한다.

"나"와 "당신"의 수용적 관계

개인과 사회에 대한 셸러의 발전하는 견해는 그 관계가 상호성과는 다른 원리에 근거해서 존재한다고 주장한다. 그 관계는 사랑이라는 가치에 의해 지배받는다. 셸러에 따르면, 사랑은 직관적인 "동료애"에 근거해서, 서로 대화하는 상호적 관계를 초월한다. 사랑은 타인을 변화시키거나 교육하거나 지배할 욕구를 포기하는 것을 뜻한다. 타인에게 자기의 의지를 부과하려는 욕망은, 심지어 최선의 의도를 갖고 있더라도, 사랑이 아니라 자기를 가두는 일(self-imprisonment)로서, **"자신의 생각, 감정, 이해관계를 위해 자신의 성향으로부터 벗어나지 못하는 무능력**[13])이다. 셸러에 따르면, "한 사람을 향한 진정하고 순수한 사랑"의 경험에서 우리는 "우리의 개인적 가치 세계에서 동시에 존재하며 감정적으로 느끼는 가치의 층들, 특히 우리의 감각과 삶의 느낌들에 여전히 묶여 있는 가치의 층들로부터"[14] 우리 자신을 분리한다.

셸러에게는 사랑이 절대적 가치이며, 사랑은 궁극적으로 다른 모든 가치를 초월한다. 타인에 대한 진정한 사랑은 타인을 무조건 수용하는 것을 의미한다. 따라서 사랑하는 관계는 상호성보다는 수용성에서 비롯된다. 그런 관계가 비대칭적인 이유는 타인에 대한 나의 관심이 일차적 관심이며, 나 자신의 이해관계를 능가하기 때문이다.

어떤 점에서는 셸러가 사랑을 본능적인 권력 의지와 지배 의지로부터의 해방으로 보았는데, 이런 본능은 흔히 상호관계라는 모습 아래

---

13) Scheler, Barber, *Guardian of Dialogue*, 119에서 재인용.
14) Scheler, ibid., 158에서 재인용.

감추어져 있다. 타인과의 이기적 관계와 이타적 관계를 셸러가 구분한 것은 인간 상호작용에 관한 베유의 개념을 소개하는 데 유용한 도움을 준다. 인간관계에 대한 베유의 개념은 전적인 수용성에 초점을 맞추는 데, 이것은 자기중심적이며 소유하려는 자기를 전적으로 제거할 것을 요구한다.

슈타인과 마찬가지로 베유 역시 인간 인격의 본질에 관해 숙고한다. 베유에게는 선과 정의라는 가치가 인간 존재의 근본적 요소들이다. 우리는 베유가 자서전에서 말한 기본 진리, 즉 "사람이 빵에 굶주렸을 때 돌을 받지 않는다"는 진리를 기억할 수 있다. 베유는 중요한 논문인 "인간의 인격"에서 이 진리를 다시 언급하면서, "모든 인간의 가슴 밑바닥에는 완강하게 기대하는 것이 있는데, … 범죄가 자행되어 고통을 겪고 목격하는 경험에서 자신에게 악이 아니라 선이 드러나기를 기대하는 것이다"라고 주장한다. 그래서 베유는 "인간의 가슴 깊은 곳에서 아이처럼 '내가 왜 상처를 받는가?'라고 외칠 때는 언제나 확실하게 불의가 자행되고 있다"15)고 주장한다.

고난을 받으면서 경험하는 고통은 도덕적 인간으로서 외면해서는 안 되는 불의다. 그러나 인간성의 본질 때문에, 우리는 고난과 고통을 직시할 수 없다. 우리는 어느 순간이든 "소멸되고 또 가장 더럽고 멸시받는 것으로 대체될 수 있다"16)는 점을 알고 있다. 고통을 겪는 사람들처럼, 우리는 지금 소유하고 있는 모든 것을 잃을 수도 있고, 빈털터리가 될 수도 있다. 그러나 그런 고통을 겪는 사람들과 동일시하는 대신에 우리는 그들의 불행을 거절한다. 궁핍한 상태로 전락하는 것은 우리가

---

15) Somon Weil, "Human Personality," in *The Simone Weil Reader*, ed. George A. Panichas (New York: David McKay Company, 1977). (앞으로는 *Simone Weil Reader*로 표기한다.)

16) Ibid., 332.

상상하는 것조차 감당할 수 없는 무엇이다. 그러나 그런 일이 우리에게 일어날 수 있다는 것을 정확히 알기 때문에, 우리는 그것을 외면한다.

슈타인이 타인과의 공감적 만남을 "조건반사적 연민"의 촉진제로 본 것을 기억하자. 베유 역시 타인과의 만남—베유의 경우에는 항상 고통당하는 타인과의 만남이었다—을 우리 존재의 핵심을 드러내는 경험으로 보았다. 슈타인은 인간의 같음(sameness)의 윤리적 측면을 강조했지만, 그와 대조적으로 베유는 그런 같음에 대한 인식이 비도덕성과 불의를 초래하는 것으로 보았다. 베유에 따르면, 같음을 받아들이지 못하는 무능력은 고통에 대한 공포를 가리킨다. 그런 공포는 고통받는 사람들에 대한 개방성을 방해하며, 그것은 비도덕적 행위에서 드러난다.

베유는 인간의 같음이라는 관념이 비슷한 운명의 가능성을 불러일으키는 것으로 느꼈다. 만일 타인이 나와 같다면, 그가 당하는 고통과 비슷한 것을 나도 당할 수 있다. 고난과 고통의 보편성을 인식하면, 고통받는 사람들과의 유사성을 인정할 수도 있다. 그러나 그런 유사성을 생각할 능력이 우리에게 없는 이유는 그런 고통에 대한 우리의 공포 탓에 그들과 거리를 두게 만들거나, 더욱 나쁘게는 그 희생자를 이용하거나 지배하려 하기 때문이다. 그런 태도가 비도덕적인 이유는 그것이 모든 인간의 선과 정의에 대한 근본적 신뢰를 파기하기 때문이다.

베유가 이해한 것처럼, 불의에 대해 의미 있게 대응하는 방법은 그런 상상할 수 없는 것을 직시하고, 실제로 타인의 고난, 고통, 상실을 떠맡는 방법이다. 사랑과 친밀감을 통해 우리는 우리의 개별성을 제쳐두고, 타인의 고통을 우리의 영혼 속에 받아들여야 한다. 사랑을 무조건적이라고 이해한 셸러가 타인의 가치 세계를 수용하는 것과 자신을 분리했다는 점을 기억하라. 베유는 고통받는 이들을 받아들이는 데서 표현된 사랑을, 인간의 책임성이 궁극적으로 드러나는 것으로 파악했다.

이런 점에서 셸러와 베유 모두 사랑을 타인에 대한 관심으로, 즉 모든 개인적이며 자기중심적인 고려를 능가하는 관심으로 보았다.

그러나 베유의 급진적 입장은, 이타적인 사랑에 대한 셸러의 입장을 넘어선다. 베유의 입장에서는, 타인에 대한 책임성 개념이 전적인 자기 포기(total self-renunciation)에까지 이른다. 베유는 고통받는 사람들에 대한 사랑이 자기에 대한 절대적 포기를 요구하는데, 이 과정은 인간의 자연적인 성향과 정반대되기 때문에, 기적과 같은 것에 이른다. 그래서 베유는 "오직 초자연적 은총에 의해서만, 영혼은 자기 소멸을 통과하여, 오직 그곳에서만 진리와 고통에 관심을 기울일 수 있는 장소에 이를 수 있다. … 이처럼 강렬하고 순수하며 사심이 없고, 아무런 보상도 바라지 않고 넉넉한 관심을 일컫는 말이 사랑이다"17)라고 말한다.

베유의 자기중심적인 "나"는 타인과 동일시하기 위해 은총이라는 기적이 필요하다. 그래서 슈타인의 공감하는 "나"의 개념과 상당히 다르다. 슈타인에 따르면, 공감은 우리의 잠재적 핵심을 실현하는 데 도움을 주며, 동시에 타인의 유형론적 같음을 확인하게 해준다. 이런 평등성은 "당신"이 또 다른 "나"임을 인식하게 함으로써 타인의 경험에 대해 공감을 갖고 이해하도록 해준다.

슈타인은 발전하는 "나"가 "당신"과 같음을 인식함으로써 강화된다고 본다. 이와 대조적으로 베유는 고통받는 타인과 같음을 인식하는 것이 "나"의 파괴 경험을 수반한다. 슈타인은 공감 능력의 근거가 모든 인간의 구별된 정체성에 있다고 본다. 베유는 타인을 향해 느낄 수 있는 능력이 정체성이 용해되는 데에 있다고 본다. 오직 정체성의 상실만이 타인을 전적으로 수용할 수 있게 한다. 지배하며 통제하는 자율적 자아가 제거되어야만 상처받은 사람의 목소리를 들을 수 있게 된다. 연민과

---

17) Ibid., 333.

측은한 느낌은 자신의 에고가 소멸될 때("자신을 **투명하게** 만들 때"—옮긴이) 가능하다. 베유는 "자비심과 겸손은 연결되어 있다. … 자비심이 인간에게 자연스럽게 되는 것은 '나'에 대한 느낌의 장벽이 제거될 때다"[18]라고 말한다. 그 이유는 "우리의 인격이 잘못과 죄에 속하는 우리의 일부분"[19]이기 때문이라고 주장한다.

따라서 베유가 자기 포기를 권고한 것은 슈타인이 자기 성취를 주장한 것과 정반대된다. 슈타인은 윤리적 자기실현이 자기의식의 성장, 즉 사회에 참여하는 우연한 과정과 타인을 공감적으로 인지하는 과정에서 가능하다고 주장한다. 그러나 베유에게는 윤리적 자기실현이 고통받는 사람들을 전적으로 배려하는 익명성 속에서 성취된다.

사랑하는 마음의 친절에서부터 배려하는 사랑으로

네 여성 모두를 사로잡은 문제는 불의, 타인에 대한 배려, 세상의 도덕적 상황이다. 안네 프랑크와 에티 힐레숨은 개인의 책임에 관심을 기울였고, 또한 슈타인과 베유의 윤리 사상과 매우 비슷한 사상적 진화를 보여준다. 프랑크와 힐레숨 모두 고난에 대해 점차 몰두하였으며, 더 중요한 것은 고난에 대한 적절한 윤리적 태도에 몰두했다는 점이다. 프랑크는 나이가 어렸고 숨어 지내는 갑갑한 상황이었지만, 타인들의 곤경에 극히 예민했다. 궁핍한 사람들에 대한 프랑크의 공감, 사회적 불의에 대한 의식, 그리고 사악함을 시정할 방법을 제시한 것은 모두 상호적 인간관계의 대칭적 패러다임을 보여준다.

---

18) Simone Weil, *First and Last Notebooks*, trans. Richard Rees (London: Oxford University Press, 1970), 210.
19) Weil, "Human Personality." in *Simone Weil Reader*, 318.

궁핍한 사람들에 대한 프랑크의 대응은 슈타인의 상호성 입장을 보여주지만, 힐레숨이 고통받는 사람들과 맺은 관계는 베유의 사랑 안에서의 수용성 입장을 보여주는 것처럼 보인다. 힐레숨은 베유의 배려하는 사랑을 놀라운 방법으로 실천에 옮겼다. 고통받는 사람들을 향한 힐레숨의 태도는 이타적인 사랑을 통해 타인을 무조건적으로 받아들인 놀라운 사례를 보여준다. 프랑크와 힐레숨의 "내어줌"에 대한 생각이 특이한 것은 고통받는 타인에 대해 함께 아파하지만 서로 다른 위치에 있음을 요약해서 보여준다.

프랑크는 1944년 3월에 쓴 짧은 글 "내어주기"에서 궁핍의 문제를 다룬다. 그녀는 독자들에게 궁핍한 이들을 위한 물질적 지원과 영적으로 지지하는 관대함을 호소한다. 프랑크는 슈타인의 공감 개념과 베유의 배려 개념 모두를 불러일으키는 질문으로 시작한다. "나는 따뜻하고 안락한 집에 사는 사람들이 거지와 같은 신세가 되는 것이 무슨 뜻인지 이해할 수 있을지 의문이다"라고 말하고, 이어서 "우리는 모두 똑같이 태어났다"라는 평등성을 주장한다. 그다음에 프랑크는 모든 사람이 선과 정의에 대한 권리를 갖고 있음을 재확인한다. 프랑크는 누구나 "우호적인 말을 들을 권리가 있다"고 말한다. 가난한 사람들에게 필요한 것은 단순히 돈만이 아니라, 더욱 중요한 것은 친절과 "자신들도 인간이라는 느낌"이다.[20]

프랑크에 따르면, 관대함은 정의의 세계에서 핵심 요소다. "줄 수 있는 만큼 너 자신을 내어주어라. 그러면 세상에는 훨씬 더 많은 정의가 있을 것이다." 프랑크의 세계관에서 관대함은 큰 보상을 받는다는 점을 주목하는 게 중요하다. "우리가 주면 받을 것인데, 우리가 가능할 거라고 생각했던 것보다 훨씬 더 많이 받을 것이다."[21]

---

[20] Anne Frank, "Give," in *Tales*, 127-29ff.

따라서 관대함은 이타적인 것이 아니다. 주는 사람은 보상받을 것임을 확신할 수 있기 때문이다. 보상은 관대한 행동 안에 포함되어서, 주는 행동은 각각 그 주는 사람과 인류의 미래에 공헌한다. 프랑크의 주장은 개인적이며 공동의 이익에 조화롭게 보상한다는 견해에 근거해 있다.

실제로 프랑크는 사람들의 타고난 선한 성격에 대한 확고한 믿음을 강조한다. "모든 사람은 그 안에 상당한 선함을 갖고 태어난다." 동시에 프랑크는 서로 내어준다는 논리를 주장한다. "아무도 내어주어서 가난해진 사람은 없다."22) 궁핍한 사람들에게 공감을 갖고 반응하는 것은 세상의 부도덕함과 불의를 시정한다. 그러나 공감은 또한 그 개인이 타고난 선함의 잠재성을 실현하는 일을 돕는다. 내어주는 행동을 통해서 개인은 가난한 사람을 자신과 평등한 사람으로 인식하는데, 그 이유는 주는 행동, 즉 나누는 행동을 통해서 그 주는 사람이 함축하는 것은 "만일 가난한 거지의 아이가 [내가 가진 것을] 받는다면, 우리 사이에는 아무런 차이가 없게 될 것이기 때문이다."23) 프랑크는 또 "베푸는 사람은 보통 더러운 손을 만지는 걸 매우 싫어한다"24)는 걸 관찰하고, 비참함을 인정하기를 꺼리는 문제도 지적한다. 이런 점에서 프랑크는 고통에 대한 인간의 혐오감에 대한 베유의 입장에 다가간다. 그러나 베유와는 대조적으로, 프랑크는 내어주는 위치에 있는 사람들은 자신의 꺼리는 마음을 극복하고 고통받는 사람들과 평등하다는 것을 인정하는 것이

---

21) 첫 구절은 루가 6:38에서 거의 직접 인용한 것이며, 프랑크의 윤리적 입장에 그리스도교 사상이 끼친 영향을 시사한다. 이 연결에 주목하도록 이끌어준 John Hobbins에게 감사한다. Frank, "Give," in *Tales*, 130.

22) Ibid., 129, 130.

23) Ibid., 128.

24) Ibid., 127-28.

자신들에게 유익한 줄 안다고 생각한다.

프랑크는 특출한 방법으로 내어주는 책임을 감당하려고 시도했다. 자신이 숨어지내야 하는 고통스럽고 위험한 상황에도 불구하고, 프랑크는 자신의 운명을 한탄하지 않고, 가장 궁핍하다고 생각된 사람들에게 주의를 기울였다. 1943년 1월 13일에 쓴 일기에서 프랑크는 집이 없는 네덜란드 아이들의 궁핍에 관해 썼다. "아이들이 단지 얇은 블라우스만 입은 채 나막신을 신고 뛰어다니는데 … 아무도 그들을 도와주지 않는다. … 전쟁이 초래한 고난에 관해서는 몇 시간 동안 계속 쓸 수 있을 거다." 프랑크는 자신이 유대인 아이로서 네덜란드 아이들보다 더 불행한 운명이었지만 자신의 운명에 초점을 맞추는 대신, 이기적인 자신을 호되게 꾸짖는다. "우리는 '전쟁 이후'에 관해 말할 정도로 자기중심적이다. 새 옷과 새 신발을 갖게 될 생각에 밝아지지만, 우리는 정말로 푼돈을 아껴야만 다른 사람들을 도울 수 있고, 전쟁 이후 잔해에서 남은 것들을 구할 수 있다."25)

이처럼 우리는 프랑크에게서 전쟁 이전의 계몽주의적 세계관을 유지하려는 욕망을 찾아볼 수 있다. 프랑크는 아이다운 방식으로, 개인의 이해관계와 공동선이 서로 보완한다는 자유주의적 휴머니스트의 생각을 정확히 표현한다. 궁핍한 사람들을 돌보는 것은 모든 사람에게 평등한 행복과 정의를 가져오며, 내어주는 사람에게도 유익하다.

이와 대조적으로 힐레숨은 과거 자유주의적 휴머니즘의 낡은 관념은 세상을 향한 책임성이라는 새로운 비전으로 대체될 필요가 있다는 발전적 이해를 보여준다. 프랑크처럼 힐레숨도 세상에게 "내어주는" 행동을 강조한다. 그러나 힐레숨의 방식은 고통받는 사람들에게 절대적이며 무조건적인 "자기의 주어짐"(self-givenness)의 경향을 드러낸다.

---

25) Frank, *Diary*, 332.

힐레숨은 친구들이 도피하라고 간청했지만 듣지 않았다. 힐레숨은 "줄 것이 너무 많아" 우선 도피해야 한다는 친구들의 주장을 거절하면서, "내가 타인들에게 무엇을 주어야 하든 간에, 나는 내가 어디에 있든 간에 줄 수 있다. 지금처럼 친구들과 함께 있거나 아니면 집단수용소에서나 마찬가지다"라고 주장한다. 따라서 힐레숨은 타인들과 다른 대우를 받을 권리가 없다고 주장한다.[26]

힐레숨은 "주는 것"이 자기를 완전히 무시한 채 고난받는 인류에게 봉사하는 것을 뜻하는 것으로 본다. 프랑크처럼 힐레숨의 친구들도 부당하게 고통받는 사람들과 나눌 도덕적 책임성이 있다고 믿었지만, 힐레숨이 정의한 도덕적 책임성은 고통받는 사람들에게 자신을 일방적으로 내어주는 행동이다. 따라서 힐레숨의 "내어준다"는 개념은 프랑크의 "내어준다"는 개념과 비슷한 동시에 그것을 초월한다. 프랑크처럼 힐레숨도 불행한 사람들을 돕는 절대적 책임을 주장했다. 그러나 힐레숨에게는 내어주는 것이 나눔을 통한 감정적 만족이라는 보상을 수반하지 않았으며, 더 나은 세상에 공헌한다는 의식을 함축하지도 않았다.

확실히 프랑크와 힐레숨 모두 사랑과 선행이 더 나은 미래에 공헌한다는 희망을 표현했는데, 힐레숨은 "언젠가 우리는 전적으로 새로운 세상을 건설하게 될 것이다"[27]라고 예상했다. 그러나 힐레숨이 베스터보르크 수용소에서 수감자들과 연대 의식을 갖게 된 것은 미래에 대한 희망이 아니었으며, 또한 그 수용소에서 자원봉사를 하게 된 동기 역시 상호성과 보상의 약속이 아니었다. 그와는 반대로, 힐레숨이 베스터보르크 수용소에 더 오래 머물수록, 자신의 강제이송이 불가피하다는 것

---

26) Hillesum, *Diary*, 150.
27) Etty Hillesum, *Letters from Westerbork*, trans. Arnold J. Pomerans (New York: Pantheon Books, 1986), 77. (앞으로는 Hillesum, *Letters*로 표기한다).

을 더 분명하게 인식하게 되었다. 탈출할 기회들이 있었지만, 힐레숨은 완강하게 그 수용소에 남기로 했다. 그녀의 결심은 고난받는 희생자들을 도와야 한다는 강박적인 욕구를 드러냈다.

힐레숨이 일기와 편지들에서 개진한 고난받는 인류에 관한 입장은 베유의 배려의 철학과 통한다. 더 나아가 힐레숨이 베스터보르크의 수감자들의 운명을 감당할 준비를 한 것에서, 힐레숨은 결과적으로 고난받는 사람들을 사랑으로 배려한다는 베유의 사상을 실천했다.

따라서 힐레숨은 궁핍한 사람들에게 "자기를 내어주는" 저항의 특별한 사례를 보여준다. 그런 저항 방식의 이유는 과연 무엇인가? 이런 저항이 전해주는 세계관은 무엇인가?

이런 문제들과 함께 고난에 대한 베유의 입장을 검토하면, 최종 해결책의 상황에 대해 힐레숨이 대응한 방식의 개념적 틀을 이해하는 데 도움을 얻을 것이다. 특히 베유가 배려와 익명성 사이를 연결한 것은 희생자들에 관한 힐레숨의 자기 소멸(self-effacement)에 빛을 비춰주는데, 힐레숨은 완전히 무기력한 현실에서 희생자들에 관한 자기 소멸을 자기 스스로 힘을 불어넣는 자유를 향한 전진으로 파악한다.

베유와 힐레숨이 악에 대해 비슷한 태도를 취한 것은 고난에 대한 그들의 이해에서 공통적 근거를 설정해준다. 자유주의자들의 세계, 그 계몽된 세계관은 악, 불의, 고난을 제거하는 것을 목표로 삼았지만, 베유와 힐레숨은 사람들에게 상처를 주는 "악"을 인간 존재의 뺄 수 없는 부분으로 이해한다. "쾌락과 고통은 분리할 수 없는 동무들"이라고 베유는 주장한다. "우리가 충만한 기쁨을 더 잘 생각할수록, 우리의 고난과 타인들에 대한 우리의 자비심은 더욱 순수하고 강렬해진다."[28]

---

28) Simone Weil, *Gravity and Grace*, trans. Arthur Wills (New York: G. P. Putnam's Sons, 1952), 134-36. 윤진 옮김, ≪중력과 은총≫(문학과 지성사, 2021).

베스터보르크 수용소의 끔찍함을 목격하면서 힐레숨은 "어디에서나 사태는 배우 선한 동시에 매우 악하다. 선과 악은 어디에서나 항상 균형을 이룬다"29)고 주장함으로써, 배유의 입장을 반영하는 것처럼 보인다. 탈선은 계몽된 휴머니즘의 이상들이 실현될 세상에서는 사라질 것이지만, 탈선과 달리 인간의 악은 주어진 존재로 받아들여야만 한다. 만일 악의 존재를 없앨 수 없는 것이라면, 인간들이 끼친 고난은 삶의 경험과 분리되지 않는다. 우리는 고난이 불가피하다는 것을 완전히 이해하고 세상에서 행동해야만 한다. 만일 고난이 인간의 조건에 불가결한 것이라면, 그 기능을 무시할 수 없다. 고난에 대한 의식과 경험은 세상에 대한 우리의 이해에 영향을 끼치며, 우리의 성격을 형성하며, 우리와 타인의 관계의 구조가 된다.

고난이 불가피하다는 생각은 홀로코스트 상황에서 확인되었으며, 빅터 프랭클의 고난에 대한 이해를 불러일으킨다. 프랭클은 아우슈비츠의 수감자였다. 그는 전쟁이 끝난 후 죽음의 수용소 경험에 대한 정신분석학 연구에서 "만일 삶에 의미라는 것이 있다면, 고난에도 의미가 있어야 한다. 고난은 심지어 운명과 죽음에서처럼, 삶에서 제거할 수 없는 부분이다"30)라고 주장했다. 고난을 피할 수 없는 상황—최종 해결책이 유대인들에게 끼친 고난이 그런 것이었다—에서 프랭클은 "심지어 고난에도 불구하고 의미는 가능하다"31)고 주장한다. 다시 말해서, 심지어 고난으로 가득 찬 것처럼 보이는 세상에서, 오직 고난만 있는 세상에서도, 의미를 찾는 것은 가능하다.

따라서 프랭클은 고난을 피할 수 없는 상황에서 의미를 찾는 것은

---

29) Hillesum, *Letters*, 112.
30) Frankl, *Man in Search of Meaning*, 88.
31) Ibid., 136.

우리가 절망해서 모든 것을 포기하고 싶은 마음에 저항할 수 있는 유일한 길이라고 주장한다. 우리를 압도하는 고통과 불안의 상황, 심지어 말로 표현할 수 없는 붕괴와 궁핍의 시대에도 살아야 할 가치가 있는 것들이 있다는 태도는 그런 고난을 의미 있게 만든다. 프랭클은 우리가 고난의 경험 속에서 의미를 찾아야만 하는 이유는 고난 속에 내재한 절망의 세력이 우리를 파괴하지 못하게 만들기 위해서라고 가르친다. 심지어 또는 정확히 홀로코스트의 고난에 의미를 부여해야만 한다는 프랭클의 인식은 힐레숨이 자신의 시련 속에서 발견한 의미에 대한 질문을 불러일으킨다.

말로 표현할 수 없는 악을 여실히 보여주는 세상에서 힐레숨은 도대체 어떻게 선의 존재를 선언할 수 있었는가? 무슨 이유로 힐레숨은 "삶이란 결국 좋은 것이며, … 지금, 심지어 내가 가족 전체와 함께 폴란드[아우슈비츠]로 끌려갈 참인 지금도 그렇게 생각한다"[32]고 주장하는가? 상황이 더욱 악화되어 힐레숨이 "인간의 고난이 … 박해와 억압과 폭정과 무기력한 분노와 끔찍한 가학성이 갈수록 차고 넘친다"라고 묘사할 정도로 악화되었음에도 불구하고, "생명의 벌거벗은 가슴에 기대고 누워서 그녀의 팔이 나를 … 그토록 부드럽고 보호하듯 … 감싸고 있다[고 느낀다]"[33]라고 말한 이유는 도대체 무엇인가?

베스터보르크 수용소의 비참함 한복판에서 힐레숨이 생명을 축하할 수 있게 만든 것은 자신의 성장에 대한 인식이었던 것으로 보인다. 힐레숨은 고난과 죽음의 현실에 맞서서 자신의 자기 발전에서 의미를 찾았다. 새로 태어난 것과 같은 성숙함을 기뻐했는데, 이것은 자기중심주의와 소유욕에서 해방되었음을 뜻했다. 앞에서 지적한 것처럼, 힐레

---

32) Hillesum, *Letters*, 63.
33) Hillesum, *Diary*, 115.

숨은 타인들, 특히 자신의 연인들을 "소유"하려는 성향과 싸우고 있었다.34) 새롭게 이런 내적인 자유를 경험함으로써 힐레숨은 자신의 독립을 주장할 수 있었으며, 또한 인류에 대한 무조건적인 사랑에서 타인들에게 자신을 내어줄 능력을 발전시킬 수 있었다.

힐레숨이 정확히 파악한 것처럼, 타인을 통제하려는 욕구는 그녀 자신의 미성숙과 의존성을 반영했다. 힐레숨이 베스터보르크 수용소에서 자신의 욕구보다 다른 수감자들의 욕구를 앞세울 수 있었던 능력은 타인들을 지배하려는 야심 때문에 내면에서 괴롭고 마음이 찢겨진 인격에서부터, 타인들에게 자신을 거저 내어줄 수 있는 이타적이며 관대한 인격으로 변화되었음을 보여준다. 자기중심적 소유욕을 충족시키려는 욕망으로부터 고난받는 인류의 욕구를 충족시키려는 욕망으로 삶의 의미의 중심이 바뀐 것이다.

이처럼 힐레숨이 이타주의적 태도로 바뀐 것의 의미를 밝혀주는 것은 베유의 익명성 개념이다. 베유는 "완전은 비인격적이다. … 진리와 아름다움은 비인격적이며 익명적인 차원에 존재한다"35)고 주장한다. 베유는 우리가 진리와 아름다움을 얻기 위해서는 우리의 자기중심적 성향을 제거할 필요가 있다고 주장한다. 힐레숨이 타인을 소유하려는 자신의 욕망을 "제거"해야 하며, 또한 "절대성에 대한 갈망이 내 안에서 으깨어져야 한다"고 주장할 때, 힐레숨은 베유의 자기중심적 "나"의 "소멸"을 확증해준다. 힐레숨은 삶이란 불안정하며 불확실하며 모호한 것임을 받아들여야만 한다고 느낀다. "절대가 존재하지 않는 이유는 인생과 인간관계가 미묘한 것들로 가득하기 때문"36)이라고 선언한다. 힐

---

34) 힐레숨은 과거의 연인 Max를 향한 소유욕 감정을 분석하고, 그의 마지막 연인이었던 정신치료사 Julius Spier에 대한 의존을 극복하려고 애썼다.

35) *Simone Weil Reader*, 318.

36) Hillesum, *Diary*, 48. 참조. Weil, *Gravity and Grace*, 180, 181.

레숨이 일단 타인을 "소유"하려는 자기중심적 욕망을 극복한 후에는, 모든 것을 품어 안고, 언제나 흐르는 생명의 흐름(flow of life)에 자신이 "소유되도록" 허락할 자유를 느꼈다.

힐레숨은 자기의 연인들과의 관계에서 얻은 독립성을 통해, 모든 자기중심적 관심 너머의 공간인 비인격적 "우주 공간"(cosmic space)[37]의 "아름다움과 진리"에 도달할 수 있었다. 고통과 쾌락, 고난과 기쁨, 아름다움과 추함을 함께 받아들이는 능력과 함께, 생명의 보편적인 진리와 하나가 되었음을 인식할 수 있었다. 힐레숨은 자아를 통제하는 자기 충족적 개인이 됨으로써 비로소 개인적인 "모든 선입견, 모든 구호"의 덫에서 풀려나 "모든 것을 지나가도록 내려놓을 용기를 발견할"[38] 수 있었다.

이처럼 힐레숨은 베유가 익명성의 완전함이라고 부른 것을 얻었다. 힐레숨은 비인격성에 대한 인식을 통해서 자기사랑과 자기 몰입에 의해 움직이던 "옛" 인격의 자기중심적 야심과 갈망으로부터 벗어나게 된다.

비인격적인 것의 익명성은 인생 자체를 그 불확실성과 모호함을 지닌 전체의 관점에서 받아들이게 한다. 인생을 받아들이는 이런 능력을 통해 힐레숨은 자기 이익을 포기하고 타인을 자신의 중심적 관심으로 선언하게 된다. 힐레숨이 일기에서 놀랍게 표현한 구절을 통해 지적한 것처럼, 고난에 대해 배려하는 사랑으로 완전히 하나가 된 마음 상태에 도달한다.

"삶이 아름답다는 생각은 여전하다. 그리고 나는 하느님을 믿는다. 나는 그 깊음 가운데 있으면서도 여전히 삶은 아름답다고 말하고

---

[37] Hillesum, *Diary*, 106.
[38] Ibid., 144.

싶다." 때때로 나는 누군가의 옆에 앉아 어깨에 팔을 두르고 말을 거의 하지 않은 채 그 눈만 바라보았을 것이다. 아무것도 나에게 낯설지 않았고, 인간의 슬픔에 대해 한마디도 하지 않았다. 나는 고난을 정면으로 보는 것이 두렵지 않다. 매일 끝날 때마다 항상 드는 느낌은 내가 사람들을 매우 사랑한다는 것이다. 그들에게 닥친 일에 대한 비통함은 없다. 비록 그 무거운 짐을 감당하도록 준비시킨 것은 아무것도 없었지만, 그 짐을 감당할 줄 알았던 사람들에 대한 사랑의 마음을 항상 느낀다.39)

베스터보르크 수용소의 고난받는 수감자들에 대해 이렇게 반응한 것은 상당한 정도로 베유의 배려 이론의 본보기를 보여준다. "고난받는 사람에 대해 배려할 수 있는 능력"이 생겨나는 때는 "영혼이 그 자체의 모든 내용물을 비워냄으로써, 지금 바라보는 사람을 있는 그대로, 그 모든 진실 가운데 자체 안으로 받아들일"40) 때라고 베유는 주장한다.

힐레숨이 베유의 이론을 살아낸 것은 힐레숨이 수용소에서 희생자들의 눈을 들여다보면서 두려움 없이 고난을 받아들였다고 묘사한 것을 통해 알 수 있다. 그 고난이 자신의 고난이 될 것이라는 이기적 두려움은 사라지고, 자기사랑 대신에 타인의 고난 경험에 대해 이타적으로 함께 아파하는 마음으로 동화되는 사랑이 자리를 잡는다.

힐레숨이 자신에 대한 관심을 완전히 무시한 것은 베유의 배려 개념을 실천한 것인데, 특히 힐레숨이 자신의 삶의 목적을 고난받는 이들에 대해 아무리 적은 것이라도 봉사하는 것이라고 정의할 때였다. "우리는 모든 개인적 욕망을 보류하고 완전히 항복하는 걸 배워야 한다. 항복

---

39) Ibid., 192.
40) Ibid., 51.

한다는 것은 슬픔으로 기가 꺾이는 게 아니라, 하느님이 원하시는 곳이면 어디에서나 작은 도움이나마 봉헌하는 것이다."41)

베유가 타인을 위해 자기를 "비우는" 과정을 배려라고 설명한 것은 평등과 상호성의 윤리(슈타인과 프랑크)와 구분되는 수용성과 포용(힐레숨)의 윤리를 보여준다.

나치의 저항할 수 없는 파괴 논리에 맞서 힐레숨이 저항한 것은 정상적인 상황에서라면 고난받는 타인에 대해 이타적인 연민으로 반응하는 비논리적 반응으로 간주될 것이었다. 힐레숨의 논리는 이렇다. "나는 왜 가시철조망 뒤에 있는 사람들의 박탈에 함께 하려고 그렇게 서두르는가? 내 두개골을 철로 된 띠가 감싸고 있고, 온 도시의 잔해가 내 머리를 짓누르고 있다. 나는 공동체의 줄기에서 떨어져 나간 병들고 마른 잎새는 정말로 되고 싶지 않다."42) 힐레숨이 베스터보르크 수용소에서 면제받기를 거부한 이유는 자신이 고난받는 사람들로부터 멀리 떨어질 수도 없고 떨어지지도 않을 것이기 때문이다. 그들에 대한 애정과 책임감이 "우리 자신과 세상의 진짜 고난을 감당하는 데"43) 필요한 힘을 주었다.

힐레숨이 그 절망적 상황을 견디게 해준 것은 완전히 헌신한다는 감정이었다. 역설적으로 힐레숨은 절망을 받아들이고 또한 견디는 능력에서 희망과 힘을 발견했다. "나의 가슴은 결코 끝나지 않는 비참함의 조수를 위한 수문"(floodgate for a never-ending tide of misery)44)이라고 은유적으로 자기를 표현한 말은, 고난 속에서 의미를 찾은 빅터 프랭클의

---

41) Hillesum, *Diary*, 142.
42) Ibid., 191.
43) Ibid., 187.
44) Ibid., 176.

전제를 구체화한 것처럼 보인다. 힐레숨은 자기의 관심을 타인에게로 돌림으로써 삶의 의미를 찾았다.

이처럼 힐레숨이 타인의 욕구에 "자기를 내어줌" 안에서 자유를 찾은 것은 공포의 시대에 힘을 불어넣는 원천이 되었다. 통제를 포기함으로써 통제하고 있다는 인식을 통해서 힐레숨은 절망에 맞서는 보호 방패를 세울 힘을 얻었다. 힐레숨이 베스터보르크 수용소의 고난받는 수감자들에게만 주의를 기울이고 헌신한 것은 그 자신을 해방시킨 존재 이유가 되었다.

"자기-주어짐"과 자기-내어줌 사이에서

우리는 고난에 대한 힐레숨의 반응에서 베유의 윤리 이론이 표현된 것을 보았지만, 베유가 고난에 대한 의미 있는 태도라고 믿은 것을 기꺼이 실천하지 않았다는 인상에 머물러서는 안 된다. 사실상 베유는 고난받는 사람들을 위한 희생적 행동을 허락해 줄 것을 (하느님에게) 계속해서 요청했다. (베유는 그리스도의 자기희생을 모델로 하는 자기 비움은 단순히 자기 의지로 하는 것이 아니라 항상 하느님의 동의가 필요하다고 믿었다.—옮긴이). 그러나 베스터보르크 수용소의 수감자들에게 봉사한 힐레숨과는 대조적으로, 베유는 나치 박해의 희생자들의 상황을 (직접적으로) 경험한 적이 한 번도 없었다.

힐레숨은 동료 수감자들의 육체적 및 정신적 곤경을 완화시키려는 구체적 행동에서 의미를 찾았지만, 베유는 자기를 내어주는 놀라운 행동에서 의미를 찾으려 했다. 베유가 전적인 자기희생을 위해 애쓴 것은 어떤 점에서 그 자신의 가르침을 능가했다. 고난받는 사람들을 완전히 수용하는 데서 에고의 소멸을 믿었던 베유는 육체적 소멸을 위한 열정을 궁극적 고난이며 동시에 속량의 상징으로 새롭게 이해하게 되었다.

베유는 자기 계획을 수행하려고 (교회와 자유 프랑스) 당국자들과 씨름했음에도 불구하고, 고난받는 세상을 위해 자신을 희생하는 것을 허락받지 못했다. 베유가 외롭게 굶어 죽은 것은 비록 나치 점령 치하의 프랑스인들과 연대하려는 것이었다고 간주되지만, 그 자신의 자기희생에 대한 열정이 얼마나 강렬했는지를 보여준다. 그 자살적 특성은 우리에게 자기를 내어주는 것이 저항 방식일 수 있는지 문제를 제기한다.

베유가 1942년에 부모와 함께 프랑스를 떠난 것은 나치의 반유대인 박해로부터 도피한 것이다. 베유는 마지못해 도피하는 것에 동의했지만, 뉴욕에 도착한 후 곧바로 유럽으로 되돌아가기 위해 필사적 노력을 시작했다. 베유는 오랜 친구 모리스 슈만에게 편지를 통해, 런던으로 가는 데 도와줄 것을 요청했다. "나는 당신이 나를 도와줄 위치에 있다고 생각해서 급하게 당신의 지지를 구합니다. 나는 내가 쓸모가 있다고 정말로 믿습니다. 나는 당신의 동지로서 너무나 고통스러운 지금의 나의 상황에서 구출해주기를 호소합니다."45)

베유는 자기가 유럽으로 돌아가야 할 두 가지 이유를 대는데, 프랑스를 떠난 망명 생활의 도덕적으로 고통스러운 상황, 그리고 런던의 자유 프랑스 전선에서 자기가 유용하게 일할 수 있다는 이유다. 앞에서 논의한 것처럼, 베유는 프랑스를 떠난 것을 비열한 배신으로 생각해서 매우 괴로워했다. 베유는 서유럽 문화에 동화된 가정에서 성장했기 때문에, 프랑스에 대한 애국심에 젖어있었다. 제1차 세계대전 당시 아버지 베르나르 베유 박사는 육군 군의관으로 복무하면서, 자신이 주둔하던 도시들에 가족들을 데리고 다녔다.46) 어떤 점에서는 베유가 독일 점

---

45) Weil, *Seventy Letters*, 145.
46) Thomas R. Nevin, *Simone Weil: Portrait of a Self-Exiled Jew* (Chapel Hill:

령 하의 프랑스를 위해 복무하려는 욕망을 갖게 된 것은 아버지의 모델을 따른 것으로 볼 수 있다.

그러나 베유가 되돌아가려고 했던 이유는 단지 가족의 애국적 봉사 전통만이 아니었다. 다른 무엇보다 앞선 동기는 절박한 감정적 욕구였다. 베유가 강제로 자기 나라를 포기한 것은 자신의 세계관의 본질, 또는 "영적 자서전"에서 정의한 삶의 의미와 모순된다고 생각했던 것이다. 고난받는 조국을 떠난 것은 고난받는 사람들에 대한 전적인 배려의 마음 상태에 도달하려는 베유 자신의 필생의 노력을 불명예스럽게 끝낸 것처럼 보였다.

따라서 베유 자신이 자유 프랑스 위원회에 유용한 사람이 될 수 있다는 주장은 공허한 수사학이 아니었다. 사실상 베유는 유럽으로 되돌아가면서 세상을 도덕적으로 구원할 계획을 갖고 있었다. "최전선 간호사 조직을 위한 계획" 프로젝트는 인도주의적 사명을 주장했다. 간호사 집단을 유럽의 가장 위험한 전선에 보내 부상병들을 돌보려는 계획이었다.

베유는 비무장한 여성 집단이 포화 속에서 어떤 실질적 도움도 줄 수 없다는 점을 깨달았지만, 그 계획의 가치는 그 도덕적 가치에 있다고 주장했다. 첫째로, "[간호사들이 도와줄 군인들] 모두에 대한 도덕적 지원은 … 더없이 귀중할 것이다."47) 둘째로, 그런 사명은 "극한적 잔혹성에서 비롯되는"48) 나치 친위대의 영웅주의에 대한 적절한 대응일 것이다. "여성들이 모성적 배려심을 갖고 수행하는" 봉사는 "적이 스스로 선택하고 우리도 실행할 수밖에 없도록 만드는 비인간성에 대한 저항의

University of North Carolina Press, 1991), 1.
47) Weil, *Seventy Letters*, 148.
48) Ibid., 149.

신호"49)를 보낼 것이다.

이처럼 간호사 집단을 최전선에 파견하려는 베유의 계획에 대해 자유 프랑스 위원회는 총명한 사상가의 무모한 생각으로 간주하여 무시해버렸다. 그럼에도 불구하고 몇몇 학자들은 베유의 계획을 긍정적으로 평가했다. 그들은 베유의 계획이 순진하지만 고귀하고 친절한 휴머니즘의 증거로 제시했다. 로버트 콜스를 비롯한 몇몇 사람은 이 계획을 베유가 억압받는 사람들의 생활을 경험하기 위한 생각들, 즉 다른 기이하며 성공하지 못했지만 선의를 가지고 제시했던 생각들과 비교한다. 이런 비평가들은 베유가 과거에 공장의 생산 조립공정에서 일한 사실, 농장과 밭에서 비천한 노동자였다는 사실, 그리고 비록 군사훈련도 받지 않았고 군대 경험도 없었지만 스페인 내전에 (아나키스트 민병대로) 참여했던 사실을 상기시킨다.50)

이런 설명은 간호사 파견 계획을 단순히 기이한 것으로 치부해버림으로써 베유의 "성인다운" 이타주의적 이미지를 높이는 것처럼 보인다. 그러나 간호사 파견 계획은 테러에 대한 하나의 문제가 있는 저항 방식 **이상**의 의미를 갖고 있다. 그것은 베유가 유대인으로서 자신의 사회적 상황으로부터 배제되었던 것에 대한 복잡한 대응 방식을 엿보게 해준다.

한 차원에서는 그 계획이 계몽주의의 휴머니즘 이상을 따른 것처럼 보인다. 전쟁터에서 자비 행동을 실천하는 것은 야만주의에 대한 인

---

49) Ibid., 150.
50) Robert Coles, *Simone Weil, A Modern Pilgrimage* (Reading, Mass.: Addison-Wesley Publishing Company, 1987), 15. 참조. Dorothy Tuck McFarland, *Simone Weil* (New York: Frederick Unger Publishing Company, 1983), 143-44; John Hellman, *Simone Weil: An Introduction to Her Thought* (Waterloo, Ont.,: Wilfred Laurier University Press, 1982), 80-82; and Sian Miles, ed., *Simone Weil: Anthology* (London: Virago Press, 1986), 38-39.

간성의 최종적 승리에 대한 확고한 믿음을 보여줄 것이다. 이런 본보기 행동은 친절과 자비심에 근거해서 세상의 휴머니즘 가치체계를 회복할 것이다. 그 작전의 인도주의적 측면은 전쟁에서 고난받는 희생자들을 도울 필요성에 응답하는 것이다.

이런 점에서 볼 때, 그 계획은 베유가 집착했던 휴머니즘의 가치들과 윤리의 중요성을 드러낸다. 베유는 적군들뿐만 아니라 레지스탕스 전사들의 도덕적 붕괴도 인식하고 있었다. 전쟁은 도덕 체계를 파괴하고, 절망, 잔인성, 억압을 낳는다는 사실을 베유는 알고 있었다. 이런 점에서 베유의 계획은 세상에 대한 관심을 분명히 전해준다. 전쟁터의 포화 속에서 활동하는 간호사들을 마음에 그리면서, 베유는 그런 장면이 "너무 새롭고, 너무 중요하며, 너무 분명한 의미를 지닌 장면들이 될 것이기에, 히틀러가 생각했던 어떤 것보다 더 상상력을 자극할 것이다"[51]라고 주장했다.

히틀러의 야만주의에 반대하기 위해서는 우리가 창조성과 상상력을 보여주어야 한다고 베유는 주장한다. 또한 억압과 싸우기 위해서는 "우리가 새로운 무엇을 창조해야 한다. 이런 창조의 선물 자체가 우리에게 의존하는 사람들에게 희망을 불어넣을 도덕적 활력의 표징이다"[52]라고 주장한다.

그러나 또 다른 차원에서는, 전쟁 중에 있는 세상을 수리하려는 베유의 계획은 군사적으로 훈련받지 않고 비무장한 여성 집단을 죽음으로 내모는 것이었다는 사실을 무시할 수 없다. 사실상 베유는 그 여성들이 틀림없이 살해당할 것을 인정했다. 즉 자신이 제안한 계획이 자살적인 계획임을 알았다. 분명한 것은 베유가 행동 자체의 상징성을 중요하게

---

51) Weil, *Seventy Letters*, 151.
52) Ibid., 149.

생각했지 그 비극적 결과를 중요하게 생각하지 않았다는 점이다. 베유는 간호사들의 죽음이 "일반 대중에게 인상을 주기 위해" 필요하다고 주장했다.53) 베유는 간호사들이 대부분 전쟁터에서 죽게 될 테지만, "전쟁의 규모에서 보면, 그 손실은 숫자상 극소수"에 불과하다고, 비양심적인 계산처럼 간주될 주장을 했다.54)

세상의 도덕적 질병을 "치료하는 방법"으로서 그 계획은 한편으로 인류를 돌보고 관심을 기울이는 것을 드러내며, 다른 한편으로는 동료 인간에 대한 냉담한 무책임에 가까운 무감각을 드러낸다. 그러나 베유의 윤리 철학의 관점에서는 그 계획이 논쟁적이라 할지라도 깊은 윤리적 차원을 드러낸다. 자아와 타인 사이의 비대칭적 관계라는 틀에서 볼 때, 죽어가는 군인들을 위한 희생은 상호성이라는 자유주의적 휴머니즘의 질서를 회복하려는 것이 아니라, 고통받는 사람들에 대한 이타적 사랑과 희생적 배려라는 수용성에 근거한 새로운 질서를 도입하려는 의도였다. 이런 점에서 간호사들의 불가피한 죽음은 새로운 질서, 즉 타인의 필요가 나의 필요에 앞서는 새로운 질서를 상징한다. 베유의 계획이 지닌 돈키호테적인 성격은 개인 간의 희생적 관계를 통해서 세상을 구원하려는 그녀의 비전을 주목하게 만든다.

이런 점에서, 그 계획은 베유의 일부 지지자들이 생각하는 것처럼, 단순히 베유의 실행 불가능하지만 선한 의도를 지닌 생각들 가운데 하나인 것은 아니다. 그와는 반대로, 물론 베유 자신이 그 간호사 분대의 지도자를 자임했기 때문에 그 계획은 베유가 억압받는 사람들을 위해 자신을 바칠 기회를 청원했음을 보여준다.

이처럼 자신을 바치려는 베유의 의도는 간호사 분대 파견 계획이

---

53) Ibid., 151.
54) Ibid., 147.

거절된 데 대한 반응으로 구상한 또 다른 계획에서도 분명히 드러난다. 그 계획을 실행할 수 없게 된 것을 깨달은 베유는 자신이 적의 전선 배후에서 파괴 작전을 위해 공중 낙하할 것을 요청했다.

베유가 이처럼 혼자 자살에 가까운 작전을 수행할 각오가 되어 있었다는 것은 간호사 분대 파견 계획도 사실상 자기희생적 행위를 통해 죽기를 원하는 무의식적인 희망, 또는 아마도 의식적인 희망을 구체화했을 가능성을 제기한다. 그 두 가지 계획이 분명히 보여주는 것처럼, 베유의 목표는 레지스탕스를 위한 작업이 아니라 오히려 그것을 위해 죽으려 한 것이었다. 베유는 죽기 직전에 모리스 슈만에게 보낸 마지막 편지에서 자신의 진정한 의도를 솔직하게 드러낸다.

"[프랑스에 낙하산으로 투입되는] 제안, 즉 희생양의 제안을 나는 당신에게 제시하는데 그것은 나에게 쉬운 선택입니다. 그건 어차피 나에게 부과된 것에 불과합니다. … 전적인 희생과 비겁함 사이에 중간 지대는 없습니다. 나는 정말 두 번째 선택을 할 수는 없습니다. … 내 안에는 그것을 금지하는 어떤 더 강한 것이 있습니다."[55]

베유의 "희생양의 제안"은 그녀의 진정한 의도를 드러낸다. "전적인 희생"과 "비겁함"이라는 패러다임은 베유가 자신의 삶의 목표를 얼마나 절대적이며 급진적으로 설정했는지를 보여준다. 그녀가 설정한 선택지는 죽음 아니면 되돌릴 수 없는 불명예뿐이었다.

베유의 "전적인 희생" 입장은 전쟁 중인 세상의 도덕적 상태에 대한 윤리적 관심을 넘어서는 내적인 집착을 드러낸다. 희생제물로 바치는 "희생양"이라는 성서적 언급은 저항에 대한 이런 물음에 종교적 요

---

[55] Ibid., 174-75.

소가 포함되어 있음을 암시한다. 겉으로는 베유가 독일 점령군에 맞서 싸우는 레지스탕스 전사로 나서는 것처럼 보이지만, 베유가 "더 강한 어떤 것"이라고 부른 사명감은 자기희생적인 희생양의 절대적 복종으로 자신을 이끈다. 이는 저항의 상호적인 것과 수용적인 조건 모두를 초월하는 종교적 요소를 내포하고 있다.

베유에게 저항 행동은 자기희생적 죽음에 이른다는 사실에는 의심의 여지가 없다. 사실상 죽음은 베유가 열렬하게 원했던 것이다. 베유는 "영적 자서전"에서 "죽음의 순간은 인생의 중심이며 목표다. … 그 순간은 순수한 진리, 적나라하고 확실하며 영원한 진리가 영혼에 들어가는 순간이다"라고 자신이 "항상 믿었다"고 고백한다.56) 이 진술은 베유가 폭력적이며 자기희생적인 죽음의 고뇌 속에서 그처럼 열정적으로 얻기를 원했던 진리의 본질에 대해 질문을 제기한다.

베유는 "희생양의 제안"을 말했던 같은 편지에서, "인간의 고통, 하느님의 완전성, 그리고 그 둘 사이의 연결성을 동시에 진리로 생각할" 수 없는 자신의 황폐함을 말하면서, "이 진리가 내적인 확신으로 드러나게 될 것은 … 오직 나 자신이 육체적으로 고통 가운데 있으며, 또한 그것이 극단적인 형태들의 하나로 존재할 때"임을 인정한다.57)

베유는 삶의 궁극적 의미가 신적인 선함의 극단적인 것, 즉 "하느님의 완전성"이 인간의 고난, 즉 "인간의 고통"과 화해하는 데 있다는 진리를 알고 있었다. 베유는 또한 이처럼 존재의 두 가지 명백하게 서로 배타적인 요소들 사이의 연결이 육체적 고통의 순간에 명백하게 된다는 점도 알고 있었다.

베유가 자기희생의 희생양이 되려는 열망을 가졌다는 점은 네 여

---

56) Weil, "Spiritual Autobiography," 63.
57) Weil, *Seventy Letters*, 178-79.

성이 타인의 고통을 파악한 것에 대한 우리의 논의에서 중요하다. 베유가 타인을 위해 자신을 바칠 열망을 가진 것은 저항에 대한 우리의 논의에서 새로운 방향을 열어준다. 그 논의의 초점이 타인과 연결되는 방식을 찾는 것으로부터, 고통받는 인류와 하느님의 연결을 이해하는 방식을 찾는 것으로 바뀐 것처럼 보인다. 전쟁의 잔혹성과 최종 해결책의 현실이 결국 묵시 종말적인 고난과 하느님 존재라는 모순적 공존을 이해하려는 탐구의 동기가 되었거나, 아니면 적어도 그 탐구를 강렬하게 만들었다고 주장하는 것이 가능할 것인가?

베유는 자기희생적 죽음이 하느님의 정의에 대한 믿음의 표현이자, 하느님의 방식을 이해하는 길이라고 주장한다. 베유가 고난의 방식을 탐지한 것이 결국 "현재 [고통이] 존재하는 극단적 형태" 안의 진리로 이끌 것이라는 점은 흥미롭다. 그것이 베유가 무의식적으로 죽음의 수용소 안의 유대인들의 고통에 대해 경악한 것을 연결한 것일 수 있었을까? 이것은 물론 짐작에 불과하다. 베유는 고통의 형태들이나 그 극단적 형태들을 특정하지 않았으며, 죽음의 수용소의 희생자들을 언급하지도 않았기 때문이다. 그러나 다른 세 여성과 마찬가지로, 베유 역시 유대인으로서 세계대전의 희생자일 뿐만 아니라 종족학살이라는 전대미문의 계획의 희생자라는 점을 알고 있었음에 틀림없다.

서유럽 사회에 동화된 네 여성이 공식적으로 유대인이라는 정체성을 갖게 된 것과 맞닥뜨린 트라우마는 무척이나 괴롭힌 정체성 위기를 초래했다. 그러나 네 여성 가운데 아무도 자신이 유대인이라는 것을 적어도 의식적 차원에서는 자기성찰의 출발점이나 중심으로 삼지 않았다. 오히려 그들은 비인간화하는 테러가 지배하는 세상에서 자신들의 인간성을 강조했다. 따라서 자신들을 고난으로 몰아넣은 현실 속에서 고난의 의미 문제는 매우 절실하게 되었다. 동시에 세상의 엄청난 고난과 자신들의 엄청난 고난은 결국 신에 대한 관념과 고통 사이의 상호관계를 이해하기 위한 탐구를 초래했다. 그 탐구는 테러에 대한 네 여성의 저항이 자신들의 영적인 자아를 확인하기 위한 용감하면서도 극히 복잡한 노력이었음을 드러낸다.

제2부

저항과 종교적 정체성

4장

에큐메니즘과 반유대주의 사이에서

하느님 앞에서, 유대인과 그리스도인은 모두 같은 과업에 종사한다. 우리[유대인]에게는 하느님의 진리의 별에서 나오는 불꽃을 우리 마음속에 지펴 영원한 생명을 주셨다. 그들[그리스도인]에게는 하느님의 진리의 별의 빛을 따라 영원한 길을 가도록 하셨고, 그 빛을 좇아 영원한 끝을 향하도록 하셨다.

— 프란츠 로젠츠바이크

혹시 생각해본 적이 있는가
당신이 선택받은 민족이 아니라는 것을
유대인이라는 것이 의심할 여지 없이
얼마나 어려운 일인지를,
…………
누가 상상이나 했을까, 안네 프랑크,
유대인이라는 것이
죽음의 음산하고 재빠른 발굽 아래
있는 것과도 같다는 것을?

— 마조리 아고신

87

하느님의 세상에서 인간의 고통 문제는 새로운 것이 아니다. 하느님의 완전한 정의와 인간의 고통과 비참함이라는 상호 배타적 진리들을 이해할 필요성은 인류의 역사 전반에 걸쳐 사상가들, 신학자들, 신자들을 사로잡아 왔다. 그러나 베유가 고통에 대한 하느님의 진리에 도달할 수 있는 것은 오직 프랑스를 위해 자신이 궁극적 희생을 치르는 순간이어야 한다고 생각한 것은 어떤 면에서 의문을 자아낸다. 가장 뚜렷한 문제는, 홀로코스트에 대해 베유가 철저히 침묵했다는 점이다. 베유는 프랑스를 위해 죽기를 원했고, 독일 점령 하의 프랑스인들을 위해 굶어 죽었지만, 정작 그 시기에 베유 자신의 유대인 민족은 비교할 수 없이 참혹한 최종 해결책의 명령 아래 고통받고 있었다. 나는 다음 장들에서 베유의 침묵과 반유대주의적 정서라는 복잡한 문제를 논의할 것이다.

이와 연결된 문제는 베유가 죽기를 원한 이유와 죽는 방식 사이의 수수께끼 같은 연결 문제다. 하느님의 정의에 관한 진리를 발견하기 위해 베유가 감당하려 했던 고난은 동시에 프랑스를 향한 그 자신의 무조건적 사랑을 장엄하게 드러낼 수 있는 것이어야 했다. 베유는 하느님의 신비한 방식의 진리가 프랑스를 위한 궁극적 고통의 순간에 드러날 것으로 분명히 느꼈다. 베유는 하느님의 정의 문제와 자기희생적 죽음의 문제를 자신의 애국적 충성의 문제와 서로 연결시켜서, 자신이 하느님의 정의를 찾는 것과 자신의 점령당한 조국과의 관계를 매우 난해하게 연결시킨 것처럼 보인다.

이처럼 서로 연결되지 않은 것처럼 보이는 신학적 문제와 시민적 성격의 문제 사이의 결합은 네 여성의 종교적 정체성 문제를 비춰주는 데, 네 여성은 갑자기 잔인하게 사회적으로 추방당함으로써 종교적 정체성 문제에 직면하게 되었다. 완전한 하느님의 이미지로 창조된 세상에서 고난을 겪는 것에 대한 신학적 논의는 하느님의 도덕적 속성에 초점을 맞춘다. 전쟁 중에 있는 세상에서, 상당히 많은 인류가 끔찍한 고난을 겪던 때에, 하느님의 선하심, 자비, 정의, 그리고 세상에 대한 하느님의 도덕적 개입의 성격 문제는 신자들에게 특별히 통렬한 것이 된다.

그러나 홀로코스트 현실에서, 유대인들에게 가해진 종족학살은 하느님의 정체성에 관한 더 큰 질문을 제기했는데, 그것은 최종 해결책이 하느님의 종교적 교파가 무엇인가 하는 터무니없는 질문을 제기했던 것이다. 그 질문이 터무니없는 이유는 하느님의 궁극적 완전성에 대한 유일신론적 관념은 결코 특정한 종교적 교리의 관점에서 정의될 수 없기 때문이다. 그러나 최종 해결책은 유대인의 하느님에 대한 파괴를 뜻했다. 유대인들을 전멸시킬 그 계획은 선택된 민족의 하느님을 말살하려는 의도였다.

물론 나치 체제는 인종주의적 반유대주의에 근거해서 유대인들을 죽이기로 결정했다. 사람들을 집단수용소로 보낸 것은 그들이 유대인 가족의 후손들, 따라서 족보상 유대인이었기 때문이다. 이런 명령 앞에서, 동화된 유대인들은 자신의 유대인 정체성을 직면해야 했는데, 이것은 그들의 타고난 사회적 환경에서 그들을 쓰레기로 선언했다. (이처럼 갑자기 국가에 의해 혈통적으로) 유대인 정체성을 갖게 된 사람들이 봉착한 이런 곤경은 유대교 신앙 문제를 불러일으켰다. 슈타인, 베유, 프랑크, 힐레숨의 저작이 보여주는 것처럼, 반유대주의적 박해의 곤경은 그처럼 끔찍한 사회적 배제의 순간에 위로와 지원의 원천으로서 하느님을 찾도록 이끌었다. 이런 하느님 찾기는, (서유럽 사회와 문화에) 동화되어 계몽된 유대인들의 특징을 보여주는 보편적 패턴을 따랐다. 자신들이 박해받는 의미를 탐구하면서 생겨난 질문들은 특별히 유대인들만의 질문들이 아니라 오히려 그리스도교 휴머니즘 정신에 물든 질문들이었다.

네 여성은 자신들을 쓰레기로 만든 세상을 결코 포기하지 않았다. 그들은 숨어지내면서, 글쓰기를 통해 계속해서, 더 이상 인도적이지 않은 세상과, 아렌트가 말한 "인간화하는 대화"를 유지하려고 애를 썼다. 그러나 추방, 붕괴, 궁핍, 그리고 임박한 죽음의 현실에서, 휴머니즘과 계몽주의의 이상을 고집하는 것은 절망을 떨쳐내기에는 부족했다. 인간 이하로 선언된 사람들에게 필요했던 하느님은 자신들의 존엄성과 소속감을 유지하려는 투쟁에서 자신들을 지원해줄 하느님이었다.

유대인들에 대한 종족학살은 그리스도인들이 구상하고 수행한 것이었기 때문에, 유대인들의 눈에 비친 그리스도인들의 하느님은 복수하며 승리주의적인 하느님 이미지였을 것으로 짐작할 수 있다. 그러나 네 여성 가운데 아무도 그리스도교를 매도하지 않았다. 더군다나, 자비로운 하느님을 찾는 가운데 아무도 위안과 위로를 받기 위해 유대교 전통으로 돌아가지도 않았다. 심지어 임박한 죽음의 끔찍한 비탄 속에서도 아무도 유대교 하느님의 사랑을 구하지 않았다. 정도의 차이는 있지만, 네 여성 모두 하느님의 사랑이라는 그리스도교 사상에 계속 집착했다.

슈타인은 아빌라의 성녀 테레사의 생애를 읽은 후 "진리"를 보았다고 선언한 것으로 전해지는데,[1] 유대인들에 대한 박해가 나날이 심해지던 때에 세상으로부터 은둔하여 1933년에 카르멜 수녀회에서 서원을 했다. 베유는 세례를 받지 않은 가톨릭 신자로서 1942년의 "영적 자서전"에서 자신이 1938년에 허버트의 시 "사랑"에 "온 정신을 집중하는" 동안, 어떻게 "그리스도 자신이 내려오셔서 나를 사로잡으셨는지"를 연결지었다.[2] 베유는 그 편지의 마지막에서 자신의 순교에 대한 열망을

---

1) Hilda C. Graeff, *The Scholar and the Cross: The Life and Work of Edith Stein* (London: Longmans, 1955), 32.
2) Weil, *Waiting for God*, 69.

반복하는 다음과 같은 고백으로 끝맺는다. "나는 그리스도의 십자고상을 생각할 때마다, 질투(envy)의 죄를 짓습니다."3) 힐레숨은 베스터보르크 수용소에서 "나는 내 몸을 빵처럼 부수어 그것을 사람들에게 나누어 주었다. … 우리는 모든 상처를 위한 향유(balm)로서 기꺼이 행동할 수 있어야 한다"4)고 썼을 때, 분명히 자신을 예수와 동일시하고 있었다. 그리고 프랑크는 하느님을 찾는 것을 통해서 하느님의 자비심의 증거를 자연에서 찾을 수 있음을 깨달았다. "두려워하는 사람은 누구나 자연을 바라보고, 또한 하느님은 대다수 사람이 생각하는 것보다 훨씬 가까이 계심을 보아야 한다."5)

이처럼 네 여성이 한결같이 그리스도교를 향해 경도된 것의 의미를 탐구하기 위해, 우리는 간략하게 그들이 성장한 해방 이후의 상황을 다시 살펴볼 필요가 있다. 이 시점에서 우리는 베유의 프랑스에 대한 단호한 충성심을 이해하는 것에서 시작할 수 있는데, 프랑스는 베유를 평등한 시민으로 받아들였을 뿐 아니라 그리스도교 신앙으로 이끌기도 했다. 서부 유럽의 유대인 해방 역사의 맥락에서 볼 때, 베유의 국가적 충성과 종교적 충성은 이념적 차원에서, 동화된 유대인들이 제1차 세계대전 이전에 그리스도교 세계와 동일시했던 일반적 경향을 반영한다.

(프랑스 혁명의 여파로) 유대인들의 해방 이후, 세계대전 이전의 문화적 환경은 유대인들이 그리스도교에 강한 매력을 느끼도록 작용했다. 교육을 받은 유대인들은 그리스도교를 보편적 종교로 간주했고, 그 메시지인 용서, 자비, 인류에 대한 사랑은 유대교 율법의 명백히 엄격하고 가혹한 모습보다 더 선호하게 만들었다. 평등과 형제애에 근거한 휴

---

3) Ibid., 83.
4) Hillesum, *Diary*, 195, 196.
5) 프랑크의 이야기 "Fear"와 "Cady's Life" in *Tales*를 보라.

머니즘의 분위기에서, 서유럽 문화에 동화된 유대인들은 그리스도교 집단 안에서 자유를 느꼈기 때문에 유대교 생활의 제약으로부터 벗어나게 되었다. 많은 유대인이 그리스도교를 받아들이게 된 것이다.

개종은 일반적이었다. 하이네, 라헬 파르나겐, 후설과 셸러 모두 개종자였다. 유대교는 과거의 종교로 간주되었고, 그리스도교가 유대교를 대체하고 보완한 것으로 간주되었다. 예를 들어, 앙리 베르그송은 가톨릭을 "유대교의 완벽한 성취"로 보았고, 유대교는 "여전히 본질적으로 민족적 종교"로서 "보편적 종교[그리스도교]에 의해 대체된" 종교라고 주장했다.6) 마르틴 부버는 그의 초기 저술에서 예수를 "위대한 형제"이며 "메시아적 인격"으로 간주했는데, 그 이유는 부버에 따르면, 예수가 도그마 중심의 신앙에 초점을 맞추는 대신에 영원한 당신(Thou)을 예배했기 때문이다. 부버는 예수가 "유대교의 관점에서 볼 때, 주님의 종의 숨어계심에서 벗어난 사람들 가운데 … 자신의 영혼과 자신의 말에서 메시아직을 인정한 첫 번째 사람"이라고 주장했다.7)

일부 사상가들은 두 종교 사이의 차이점들을 화해시키려고 노력했다. 프란츠 로젠츠바이크는 유대교로 "다시 개종함"이라는 그의 유명한 글에서, 유대교와 그리스도교 사이의 연결고리로 시나이산 계시에 초점을 맞추었다.8) 그는 유대교를 그 계시의 "불"(fire)에 비유했고, 그리스도교를 "빛"(ray)에 비유했다. 유대교는 내면으로 나아간다. 선택된 민족으로서 "유대 민족의 관심은 그 자체에 있다." 반면에 그리스도교는 앞

---

6) Agus, *Jewish Identity*, 237, 260에서 재인용.

7) Ibid., 332.

8) 로젠츠바이크는 그리스도교로 개종하는 것을 심각하고 고려했다. 그는 신약성서에 대해 "여기에 모든 것이 있다. 여기에 진리가 있다. 오직 한 길이 있을 뿐인데 예수다"라고 말했다고 한다(Nahum Glatzer, *Franz Rosenzweig: His Life and Thought* [New York: Schocken Books, 1953], 25).

으로 나아간다.9) 그는 "가장 깊은 자아에 뿌리를 내리고 있는 것은 … 영원한 [유대] 민족의 영원성의 비결이었다. 외부에 있는 모든 산만함은 영원한 [그리스도교의] 길의 비결이다."10) 이처럼 두 종교의 역할은 균형을 이룬다.

로젠츠바이크는 나치가 권력을 장악하기 전인 1928년에 죽었기 때문에, 리처드 코헨이 설명하는 것처럼, 유럽의 유대인들이 억압당한 역사를 진정한 그리스도인들의 행동으로 간주하지 않았다. 로젠츠바이크는 반유대주의적 태도가, 그리스도교 세계의 여전히 이교도적인 부분에서 비롯된 것이라고 주장했다. 다시 말해서, 계시의 사랑에 의해 감화받지 않은 부분 때문이라는 주장이었다.11)

가톨릭으로 개종한 사상가 자크 마리탱 역시 그리스도인들이 유대인들을 억압한 것을 비슷하게 보았다는 점이 흥미롭다.12) 마리탱은 반유대주의가 "그리스도인들을 탈그리스도교화하며 그들을 이교주의로 이끈다"고 주장했다.13) 마리탱에 따르면, 반유대주의는 반그리스도교주의로서, "그리스도인의 양심의 타락을 시사하는 병적인 현상이며 … 반유대주의라는 독기를 품은 열심은 항상 마지막에는 그리스도교 자체에 대한 독기를 품은 열심으로 둔갑한다."14) 제임스 샬이 주장한 것처

---

9) Richard A. Cohen, *Elevations: The Height of the Good in Rosenzweig and Levinas* (Chicago: University of Chicago Press, 1994), 17.

10) Franz Rosenzweig, *The Star of Redemption*, trans. William W. Hallo (Notre Dame, Ind.: University of Notre Dame Press, 1985), 348.

11) Cohen, *Elevations*, 20.

12) 마리땡은 개신교에서 가톨릭으로 개종했다.

13) *Jacques Maritain and the Jews*, ed. Robert Royal (notre Dame, Ind.: American Maritain Association, 1994), 86.

14) Jacques Maritain, *A Christian Looks at the Jewish* Question (New York: Longmans, Green, 1939), 41-42.

럼, "마리탱은 세상 자체의 운명이 이스라엘과 그리스도교의 화해에 관련된 것이며, 그것에 달려 있다고 주장했다."15)

해방 이후 시대의 모든 그리스도교 사상가들과 유대교 사상가들이 로젠츠바이크와 마리탱처럼 에큐메니칼(교회일치주의적)이며 관용적이었던 것은 아니다. 라이오넬 고스만은 네오-휴머니스트들, 특히 헤겔의 반유대교주의는 흔히 반유대주의와 구분할 수 없었음을 상기시켜준다. 헤겔이 헬레니즘과 그리스도교를 조화시키려는 노력에서, 헤겔은 유대교를 모욕했다고 고스만은 지적한다. 예를 들어, 헤겔은 "거룩함은 항상 [유대인들] 바깥에 있어서, 보이지 않았고 느낄 수 없었으며," "유대인들은 모두 자립이 불가능해서 [폭군의 백성으로] 평등하게 [될 수밖에 없었고]," 또한 "그들의 종교의 본질적인 것은 무의미하며 무분별한 행동들의 끝없는 수행"이라고 주장했다.16) 독일의 리하르트 바그너와 파울 드 라가르드, 프랑스의 에밀 루이 뷔르누프 같은 작가들은 "완전히 유대교를 씻어낸 그리스도교를 상상했고," 또한 아돌프 폰 하르나크 같은 신학자들은 "굳어지고 율법주의적인 유대교로부터 독립한 그리스도교를 주장했고, 성서에서 구약성서를 제거할 것을 주창했다."17)

유대인 출신의 일부 사상가들은 그리스도교 사상가들만큼이나 유대교에 대해 혹평하고 비관용적이었다. 루트비히 포이어바흐에게는 "유대교의 '특수주의'가 단순한 '에고이즘'이다." 포이어바흐는 유대인들이 하느님을 예배하기보다는 자신을 예배하며, 따라서 유대교는 "종교의 형태로 나타난 에고이즘"이라고 주장했다.18) 카를 마르크스는 "유대교

---

15) James V. Schall, "The Mystery of the Mystery of Israel," in *Jacques Maritain and the Jews*, 65.
16) Hegel, quoted in Lionel Gossman, "Philhellenism and Antisemitism: Matthew Arnold and His German Models," *Comparative Literature* 46 (Winter 1994), 8.
17) Ibid., 9.

의 더러운 기초는 … 실제적 욕구, 자기 이익"이며, 유대인의 "세상 숭배"는 "모든 것을 돈으로 해결하는 것"이며, 그의 "세상적 신"은 "돈"이라고 주장했다.19)

이처럼 해방 이후 시대에 유대교에 대한 유대인들과 그리스도인들의 평가를 간략하게 살펴본 것에서 알 수 있듯이 반유대교 입장은 다양했다. 유대교에 대한 긍정과 반대라는 양극성이 그리스도인-유대인 관계의 스펙트럼을 형성했으며, 따라서 이 스펙트럼은 네 여성이 각자의 역사적 상황 속에서 자신의 유대인 정체성에 대한 서로 다른 반응을 이해하는 데 도움을 준다.

나치 정권이 네 여성을 유대인으로 선언한 현실에서, 그들이 그리스도교에 대해 강한 친근감을 갖고 있었음에도 불구하고, 자신들의 유대인 정체성을 봉착하게 된 것은 피할 수 없었다. 따라서 우리는 그들이 그리스도인(선택에 의해)이며 동시에 유대인(법령에 의해)으로서 테러에 직면하여 펼친 자기주장을 탐구할 필요가 있다. 그들은 어떻게 종교적으로 그처럼 두 개의 신분과 관계를 맺었는가? 그들은 부과된 유대인 정체성을 받아들였는가, 아니면 그에 반발했는가? 그들은 둘을 화해시키려 노력했는가, 아니면 자신의 유대인 신분을 부정하려고 했는가?

슈타인과 베유는 그 스펙트럼의 서로 반대편에 선 것처럼 보인다. 슈타인은 공감에 대한 현상학적 견해를 통해, 자신의 그리스도인 자아와 유대인 자아 모두를 포함하는 정체성을 주장했다. 반면에 베유는 자신을 그리스도인으로 주장했다. 공개적으로 유대교에 적대적인 베유는 자신의 유대인 출신을 거부하고 자신이 유대인임을 감추기 위해 필사적

---

18) Emil L. Fackenheim, *God's Presence in History: Jewish Affirmations and Philosophical Reflections* (New York: New York University Press, 1979), 55-56에서 재인용.
19) Ibid., 56.

으로 노력했다. 힐레숨과 프랑크는 자신들의 유대인 정체성을 결코 부인하지 않았다. 그들은 자신들이 유대인임을 인정하고, 또한 최종 해결책의 유대인 동료 희생자들과 동일시했다. 비록 두 사람 모두, 특히 힐레숨은 그리스도교의 하느님 사상과 가까움을 보여주었지만, 각각이 발전시킨 신관은 보편적인 신으로서 종교적 도그마를 초월했다. 다음 장에서는 그들이 유대인 자아에 대해 서로 대조적인 태도를 취한 것을 탐구할 것이다.

5장

슈타인과 베유

유대교와 그리스도교에 대한 서로 다른 반응

나는 나 자신이 이제 동족[유대인]의 공동 운명에 연루되었다는 사실에 거의 안도감을 느꼈다. … 나는 구세주께 말씀드렸고, 이제 바로 그분의 십자가가 유대인들에게 지워지고 있다는 것을 내가 알고 있다고 그분께 말씀드렸다. … 그리고 [그것을] 이해하는 자들은 모두를 대신하여 기꺼이 그것을 받아들여야 한다고 [말씀드렸다]. 나는 그렇게 하고 싶었다. 다만 그분께서 내게 어떻게 해야 할지 보여주시기만 하면 말이다.

— 에디트 슈타인

나는 … 유대교로부터 어떤 것도 분명히 물려받은 것이 없다. … 만약 … 법이 내가 "유대인"이라는 용어를 나에게 적용되는 것으로 간주해야 한다고 요구한다면, 그 의미를 내가 알지 못하더라도 나는 그것에 따르고자 한다. … 하지만 나는 이 점에 대해 공식적인 해명을 받고 싶다.

— 시몬 베유

유대인 자아의 문제

에디트 슈타인은 1922년에 가톨릭으로 개종했고, 1933년에 카르멜 수녀회에서 서원을 했다. 자기의 가족과 유대인 친구들을 고통스럽게 만든 것만큼, 또 심지어 그녀의 가톨릭 지도자들까지 당황스럽게 만든 것만큼, 슈타인의 개종은 모든 점에서 볼 때 진정한 것처럼 보인다. 따라서 슈타인이 그리스도인으로 죽었다는 점에는 의심의 여지가 없다. 동시에 상당한 증거 자료가 입증하는 것처럼, 슈타인은 마지막까지 자신의 유대인 뿌리에 충성했으며, 공개적으로 자신의 유대인 정체성을 밝혔다. 자신이 유대인 출신임을 결코 부인하지 않았다. 1930년대에 독일에서 반유대주의가 폭발한 직후에도 슈타인은 자신의 유대인 정체성을 단호하고 일관되게 인정했다.

슈타인은 1938년에 쓴 회고록에서, 1933년에 유대인들에 대한 적대감이 강렬해지는 것에 대한 자신의 반응을 이렇게 회상했다. "하느님의 손이 그의 백성 위에 무겁게 내리누르고, 또한 이 백성의 운명은 나 자신의 운명이다." 슈타인은 교황이 독일 유대인들을 위해 중재하도록 교황과의 개인적 알현을 두 차례 요청했지만, 거절당했다.[1)]

슈타인은 자신의 대작 ≪유한한 존재와 무한한 존재≫(*Bounded and Unbounded Being*)를 완성한 후, 1936년에 이 책을 자기 이름으로 출판할 수 없다는 것을 알게 되었지만, 아리안족 작가 협회에게 적합한 이름을 차용하는 것도 거부했다.[2)] 나치당원 중 그녀가 유대인이라는 사실을 몰랐던 사람들이 국민투표장으로 그녀를 데려다주겠다고 제안하자, 슈타

---

1) Sister Teresia de Spiritu Sancto, *Edith Stein*, trans. Cecily Hastings and Donald Nicholl (London: Sheed & Ward, 1952), 117ff를 보라.
2) John M. Osterreicher, *The Walls Are Crumbling: Seven Jewish Philosophers Discover Christ* (London: Hollis & Carter, 1952), 311.

인은 자기 입장을 단호하게 밝혔다. "신사분들이 '찬성' 표에 그토록 큰 의미를 두신다면, 제 '반대' 표도 보낼 수 있겠군요."3)

몇 년 후, 동료 수녀들은 "유대인들이 (도덕적으로 타락한 자들이라고) 매도당하던" 시절에 슈타인이 느낀 고통과 분노를 회상했다. 그들은 슈타인과 그 언니 로사를 구약 시대의 유디트와 에스더, 즉 "기도와 속죄로 이스라엘 백성을 구한" 위대한 여성들에 비유했다.4) 1939년에 작성된 슈타인의 마지막 글은 기도로 끝을 맺는다. "유대 민족을 위해, … 독일과 전 세계의 구원과 평화를 위해, … 그리고 나의 모든 친척을 위해 … 아무도 죽지 않게 되기를 빕니다."5) 1942년, 수녀원에서 강제 이송되어 베스터보르크 수용소로 끌려가던 중, 슈타인은 언니에게 이렇게 말했다고 한다. "가자, 로사. 우리 민족을 위해 가야 해!"6)

이러한 목격자들의 증언—모두가 그리스도인 혹은 그리스도교로 개종한 유대인들에 의해 남겨진 것들—은 유대인들에 대한 슈타인의 연대감이 유대인들이 더욱 위험해짐에 따라 더욱 강해졌음을 보여준다. 반면에 시몬 베유는 유대인들에 대한 극도의 혐오감을 드러낸 고통스러운 사례를 보여준다. 베유의 격렬한 유대인 혐오 정서는 그녀의 ≪노트북≫(*Notebooks*) 마지막 부분 중 한 곳에서 이렇게 드러난다.

> 유대인들—그 뿌리 뽑힌 소수의 개인들—은 전 지구적 차원의 뿌리 뽑힘에 대해 책임이 있다. 그들은 그리스도교 세계를 그 자체의 과거와의 관계에서 뿌리 뽑힌 어떤 것으로 둔갑시키는 데 일조했다.

---

3) Ibid., 324.
4) Ibid., 323.
5) Waultraud Herbstrith, *Edith Stein: A Biography*, trans. Bernard Bonowitz (San Francisco: Harper & Row, 1983), 95.
6) Osterreicher, *The Walls Are Crumbling*, 103.

… 자본주의와 전체주의는 이런 뿌리 뽑힘의 진보적 발전의 일부이다. 물론 유대인 혐오자들은 유대인의 영향력을 퍼뜨린다. 유대인들은 뿌리 뽑힘이라는 개념이 인격화된 독(the poison)이다.[7]

베유는 유대교가 세계사에서 행한 역할에 대한 저주를 숨기지 않았다. 1942년에는 유럽 유대인들에 대한 대량학살이 잘 알려졌지만,[8] 베유는 유대인과 유대교에 대한 부정적 관점을 바꾸지 않았다. 베유가 루르 지방(독일 서부)의 강제수용소에 관해 들었을 때 그녀는 여전히 프랑스에 머물고 있었다. 베유는 라인란트 지방의 추방된 유대인들이 "곧바로 추악하고 말로 표현할 수 없게 비열해졌다. 얼마 전까지만 해도 숙녀였던 여성들이 막사 앞이나 막사 안에 아무 데서나 용변을 보았다"고 보고한다. 베유의 전기를 쓴 토마스 네빈은 매우 "비참한" 장면을 묘사한 이 글에서 "거의 빈정대는 말투"라고 논평한다.[9]

시몬 베유의 반유대인 정서는 전후 프랑스에 대한 그녀의 비전에서도 뚜렷이 나타났다. 런던에 있을 때 자유 프랑스 위원회는 베유에게 "외국 출신 비그리스도교인 소수자에 관한 법령 초안"이라는 프로젝트에 대한 논평을 요청했는데, 이 초안은 전쟁 후 프랑스 내 유대인 소수자 문제를 다룬 것이었다. 베유는 종교적 공동체든 무신론적 공동체든 상관없이 유대인 공동체의 해체를 지지했는데, 그 이유가 "전염을 방지"하기 위해서였다. 베유는 이렇게 주장했다. "이러한 [유대인] 소수자

---

7) Simone Weil, *The Notebooks of Simone Weil*, trans. Arthur Wills (London: Routledge & Kegan Paul, 1956), 575-76.
8) Michael R. Marrus and Robert O. Paxton는 *Vichy France and the Jews* (New York: Basic Books, 1981), 348에서 1942년 7-8월에 프랑스 유대인들을 대량 체포한 것은 "감출 수 없었으며," 또한 "1942년 7월 1일에 이미 BBC 방송은 폴란드 유대인 70만 명을 학살한 것을 프랑스어로 방송했다"는 사실을 증언한다.
9) Weil, Nevin, *Simone Weil: Portrait*, 243에서 재인용.

의 존재는 좋은 것을 뜻하지 않는다. 따라서 목표는 그것이 사라지도록 하는 것이다. … 혼합 결혼의 장려와 그리스도교 교육을 [통해서].” 베유는 균질적인 그리스도교 사회를 이야기하면서, "[그리스도교 사회에] 참여할 수 없는 자들에 맞서서 보호 조치"를 취해야 한다고 말한다.10)

전후 프랑스에 대한 비전에서, 베유는 그리스도인이 되지 않는 유대인들은 "진정한 영성," 즉, 프랑스의 그리스도교적 영성을 위태롭게 할 것이라고 본다. 베유는 전쟁 이후 유대인들이 다수에 위협이 되는 민족-종교적 소수자 집단이 될 것이라고 보았으며, 따라서 개종시키거나 다른 "보호 조치"를 통해 제거해야 한다는 전형적인 편협하고 배타적인 태도를 드러낸다.

베유는 단지 프랑스 내 유대인 소수자의 미래에 대해 이론을 제시한 것에 그치지 않았다. 전쟁 당시 베유의 행동은 그녀의 유대인 정체성으로부터의 명백한 이탈을 반영한다. 베유가 자신의 유대인 정체성을 부인한 것은 1940년 비시(Vichy) 정부의 교육부 장관에게 보낸 편지에서 정점에 이른다. 이 편지는 유대인들이 교직에 임용되는 것을 금지한 법령에 관한 것이었다. 베유는 해당 법령이 유대인들의 시민권을 박탈한 것에 대해 항의한 것이 아니라, 그 법령이 자신을 유대인으로 규정한 사실 자체에 대해 항의한 것이다. 그 편지는 베유의 종교적 정체성과 민족적 유대인 정체성 모두를 부정하는 격렬하고 분노에 찬 거부의 표현이었다. 베유는 유대교에 관해, 법령에서 "세 명 이상의 유대인 조부모를 둔 사람"을 유대인으로 정의한 것에 대해, 자신의 조부모 중 두 명은 자유 사상가였기 때문에 자신에게 해당되지 않는다고 주장했다. 유대인 인종과 관련해서는, 자신이 "2천 년 전 팔레스타인에 살던 사람

---

10) Simone Petrement, *Simone Weil: A Life*, trans. Raymond Rosenthal (New York: Pantheon Books, 1976), 509에서 재인용. Nevin, *Simone Weil: Portrait*, 244-47에서 논의된다.

들"과 아무 관련이 없다고 느낀다고 말했다. 베유는 유대인과의 어떠한 연결도 부정하며 다음과 같이 주장했다. "내가 물려받은 나의 전통이라고 여기는 종교 전통이 있다면, 그것은 가톨릭 전통이다. 요컨대 나의 전통은 그리스도교 전통, 프랑스 전통, 그리스 전통이다. 히브리 전통은 내게 낯선 것이며, 어떤 법령도 그것을 바꿀 수는 없다."11)

이 편지는 베유가 자신의 유대인 혈통을 공개적으로 인정한 드문 사례이며, 비록 그것을 거부하기 위한 것이었지만, 특별한 예라 할 수 있다. 나치의 인종주의적 유대인 정의에 비추어 보면, 베유의 항의는 오히려 그녀 자신이 유대인임을 밝힌 것이다. "파괴의 저항할 수 없는 논리"(파켄하임의 말)가 지배하는 세상에서, 베유의 부정은 역설적으로 그녀 자신의 유대인 혈통을 재확인하고 파괴의 지배를 인정한 셈이다. 실제로 2년 뒤 베유와 그녀의 부모는 "등록"을 피해 카사블랑카로 도피했는데, 등록하면 그들은 강제 추방과 집단수용소로 갈 운명이었다.

베유가 강제로 망명한 상황은 세상 사람들의 눈에 자신이 유대인이라는 사실을 분명히 상기시켰지만, 베유는 자신을 유대인으로 보기를 거부했다. 베유가 교육부 장관에게 보낸 편지가 보여주듯, 유대인 혈통에 대한 그녀의 불안감은 그녀 자신을 유대인으로 주목받게 할 위험에도 불구하고 자신의 정체성을 부인하려는 절박함을 보여준다. 그런 행동이 초래할 수 있는 결과를 고려할 때, 그녀의 편지는 자신의 정체성을 부정하려는 절박함이 어느 정도였는지를 드러낸다.

베유는 자신이 유대인임을 부정하고 싶어 했지만, 동시에 그리스도인이 되기를 열망했다. 자신이 그리스도인으로 태어났다는 환상은 베유가 자신의 삶의 이야기를 새롭게 쓰려고 했던 시도에서 분명히 드러난다. 프랑스를 탈출하기 직전에 작성한 그녀의 "영적 자서전"에서는

---

11) *Simone Weil Reader*, 80.

유대인 정체성 문제를 철저히 회피하고 있다. 유대인 혈통에 관한 언급은 단 한 번도 나오지 않는데, 베유는 자서전적이라고 주장한 편지에서 이렇게 선언한다. "나는 언제나 그리스도교적 태도만이 유일한 태도라고 받아들여 왔습니다. 내가 태어났을 때부터 자라면서도, 나는 언제나 그리스도교적 영감 안에 머물러 있었습니다."12)

이처럼 베유가 자전적인 글에서 자기를 그리스도인으로 동일시한 것은 그녀가 유대인 유산으로부터 이탈하고자 했던 점을 뒷받침한다. 베유는 마치 그리스도인으로 태어난 척하는 것이 점점 더 끔찍해지는 유대인 박해의 공포에 대해 반응하는 것으로부터 자신을 해방시켜 주는 것처럼 행동했다. 베유는 자신의 유대인 출신이 "영적 자서전"을 쓰게 만든 근본 이유라는 사실을 완전히 망각한 것처럼 보였다. 베유가 글을 쓰게 된 계기는 망명의 가능성이었는데, 이는 슈타인의 경우와 마찬가지였다. 슈타인은 나치의 반유대인 법령 때문에 네덜란드로 밀입국해 도망자가 되었다.

그러나 앞서 본 것처럼, 슈타인은 다시 자신을 유대인으로 동일시하며, 자신이 태어난 민족과의 연대를 재확인했다. 공포에 대한 베유의 저항은 자신의 유대인 자아를 거부하는 형태로 나타난 반면, 슈타인의 저항은 오히려 그녀의 유대인 정체성을 강조하는 방식으로 드러났다.

십자가와 세례의 문제

슈타인은 그리스도교 신앙과 자신을 유대 민족과 동일시하는 것 사이의 모순을 느끼지 않았다. 분명히 슈타인은 나치의 반유대인 정책들을 비난할 때 자신이 유대인이라고 느꼈지만, 동시에 자신이 유대인

---

12) Weil, *Waiting for God*, 62.

들과 연대한 것은 그리스도교의 십자가 상징을 통해 확고해졌다. 슈타인은 강제이송된 후에 베스터보르크 수용소에서 에흐트에 있는 수녀원 부원장에게 보낸 편지에서, "십자가 학문을 배울 수 있는 것은 자신 안에서 십자가를 느낄 때뿐입니다"라면서 십자가를 확증했다.13) 슈타인은 그리스도의 수난을 자신의 박해 경험 안에서 본받기를 원했다.

슈타인이 교회 안에서 발견하기 위해 애썼던 속량/구원에 대한 비전은 그녀의 유대인 신분과 영원히 연결되어 있었으며, 또한 불가피하게 그녀의 유대인 신분은 그녀와 십자가의 관계에 영향을 끼쳤다. 사실상 슈타인이 십자가와 특별하게 연결된 것을 느낀 것은 예수의 유대인 신분에 대한 인식을 통해서였다. 슈타인은 유대인들의 고난을 십자가로 인식했고, 자기 민족의 이름으로 그 십자가를 받아들일 준비가 되어 있었다. "나는 나 자신이 이제 동족[유대인]의 공동 운명에 연루되었다는 사실에 거의 안도감을 느꼈다. … 나는 구세주께 말씀드렸고, 이제 바로 그분의 십자가가 유대인들에게 지워지고 있다는 것을 내가 알고 있다고 그분께 말씀드렸다. … 그리고 [그것을] 이해하는 사람들은 모두를 대신하여 기꺼이 그것을 받아들여야 한다[고 말씀드렸다]. 나는 그렇게 하고 싶었다. 다만 그분께서 내게 어떻게 해야 할지를 보여주시기만 하면 말이다."14) 따라서 십자가를 받아들인 것은 슈타인의 유대인 정체성과 결정적으로 연결되었다.

슈타인에 대한 전기를 쓴 몇몇 카르멜 수녀회 작가들이 짐작한 것처럼, 슈타인은 유대인들을 개종시키기 위해, 자기 민족을 위해 자신을 봉헌하려 했다고 짐작할 수도 있다.15) 그러나 그런 개종 계획 때문에

---

13) Teresia de Spiritu Sancto, *Edith Stein*, 218에서 재인용.
14) Ibid., 118, 119.
15) 예를 들어, Graef, *The Scholar and the Cross*, 142; Teresia de Spiritu Sancto, *Edith Stein*, 211를 보라.

슈타인이 희생을 열망한 동기가 되었다 하더라도, 자기 가족과 자신의 유대인 신분에 대한 충성을 저버린 적이 없다는 사실을 강조할 필요가 있다. 슈타인은 자서전 ≪유대인 가족의 삶≫에서 자신의 유대인 신분이 무엇보다 자기 민족에 대한 소속감을 증명한다고 주장했다. 이것은 하나의 정체성에서 다른 정체성으로 개종하는 것보다, 슈타인의 세계관이 그리스도인 정체성과 유대인 정체성의 수렴을 보여준다.

그러나 이처럼 원래의 유대인 정체성과 선택한 그리스도인 정체성을 조화시키는 능력이 베유에게는 전혀 없다. 우리가 베유의 "영적 자서전"에서 본 것처럼, 베유의 매우 포괄적이며 매우 중요한 자기성찰에서 그리스도인으로 태어난 사람이고 싶다는 욕망이 자전적인 진실성보다 훨씬 중요했다. 베유는 심지어 망명 생활의 매우 고통스러운 순간에도 자신의 유대인 정체성을 직시할 수 없었다. 그러나 베유는 그리스도교에 대한 분명한 지지에도 불구하고 가톨릭으로 개종하지는 않았다. 베유가 세례를 거부한 것은 가톨릭교회 회원으로서의 형식적 신분을 받아들일 수 없었음을 보여준다. 베유는 1942년에 유럽으로 되돌아오기 위해 노력하면서, 가톨릭으로 개종한 모리스 슈만에게 자기 마음을 털어놓았다. "분명히 나는 그리스도에게 속해 있습니다. … 그러나 내가 교회 바깥에 머물러 있는 이유는 내가 축소할 수 없을 것으로 우려하는 철학적 난관들 때문입니다."[16]

도대체 왜 베유는 자신의 개종을 실행할 수 없었는가? 자신이 자서전에서 창안한 것처럼, 그리스도인으로 태어났고 또한 그리스도인으로 성장했다는 생각을 공식적으로 인정받지 못하게 막았던 "철학적 난관들"이란 도대체 무엇이었는가? 이런 질문들을 생각할 때, 베유가 개종과 반유대주의 사이에 완곡하게 연결한 것을 주목하는 것은 흥미롭다.

---

[16] Weil, *Seventy Letters*, 155.

베유는 질녀의 생일날, 비유대인과 결혼한 오빠에게, 그의 딸이 세례를 받게 할 것을 강력하게 조언했다. 베유는 오빠 앙드레에게 쓴 편지에서 말했다. "실비가 신부님에게 세례받은 이유를 후회할 그림자를 갖게 되지는 않을 거야. … 만일 반유대인(anti-Semitic) 법령이 세례를 받은 반유대인들(half-Jews)에게 다소간 이익을 준다면, 그 아이가 다른 어떤 비겁한 행동을 하지 않은 채 아마도 그 이익을 누릴 수 있다는 점에 아이도 동의할 거라고 생각해."17) 여기서 베유는 개종을, 반유대인 법령으로부터 비겁하게 도망치는 행동으로 암시한 것처럼 보인다. 베유가 이런 견해를 밝힌 당시는 프랑스에서 반유대인 박해가 법령이 되었던 때였다. 베유가 말한 것은 결국 자신의 세례가 "비겁한" 이유는, 자신이 세례를 받으면 반유대인 박해로부터 자신을 구할 수 있지만, 세례를 받지 않은 유대인들은 계속해서 고난을 받게 되기 때문이라는 말인가?

베유는 프랑스를 떠나는 것이 고난을 피하려는 것으로서 비겁한 행동으로 보일 수 있다는 점 때문에 매우 괴로워했다는 사실을 우리는 기억한다. 우리는 또 베유가 런던에서 간호사 분대 파견 계획을 승인받도록 노력했고, 또한 혼자서 적진 배후에 낙하해서 파괴 작전을 펼침으로써 고통받는 사람들을 위해 자신을 두려움 없이 바치려 했던 깊은 고뇌도 기억할 수 있을 것이다. 이런 사실에 비추어 볼 때, 베유의 강렬한 반유대인 정서에도 불구하고, 다른 유대인들이 고통을 겪고 있는 마당에 자신은 비겁한 행동을 하게 될 것에 대한 두려움이 세례받기를 거절한 이유였을 것인가?

베유에 대한 논의에서 안나 프로이트가 제공한 해석은, 베유가 유대교로부터 멀어진 것이 그녀가 세례를 거절한 데에 빛을 비춰줄 수 있다는 해석이다. 프로이트는 베유가 "모든 유대인처럼 위험에 처해 있었

---

17) Weil, Petrement, *Simone Weil: A Life*, 481에서 재인용.

지만, 베유는 자기 방식대로, 자기 뜻에 따라 위험에 처하길 원했다. 그녀는 분명히 겁쟁이가 아니었다. 그녀는 다른 사람들이 자신에 대해 생각하는 것 때문에 구속받기를 원하지 않았다. 오히려 자신이 어떤 사람이 되었는지를 분명하게 드러낸 것에 의해 구속받기를 원했다."[18]

베유의 이처럼 철저한 개인주의에 대한 프로이트의 관찰에서 보면, 베유가 세례를 받아들이는 데 어려움을 겪은 것은 아마도 자신이 그리스도교 교회의 회원으로서 순응하기를 거부한 데서 비롯되었을 것이다. 세례를 통해 교회의 회원이 된다는 것은 그녀 자신의 개인적 자유를 구속할 것이며, 이런 제약을 견딜 수 없었을 것이다. 또한 베유는 자신이 세례를 받음으로써, 위험을 피하기 위해 "비겁하게" 개종한 사람들과 마찬가지가 될 것이라는 (근거 없는) 주장도 받아들일 수 없었다.

이런 해석은 유대인들에 대한 잔혹 행위가 점차 극심해지던 당시에, 베유가 세례를 받지 않은 것을 하나의 저항 행동으로 제시한다. 물론 되돌아보면, 세례는 유대인들이 최종 해결책을 피하는 데 도움이 되지 않았다. 그런 점에서 그리스도교로 개종한 것이 아무 소용이 없었다는 것은 에티 힐레숨을 통해서도 확인되는데, 힐레숨은 한 편지에서 베스터보르크 수용소의 유대인 개종자들—그중에는 슈타인과 그의 언니 로사도 있었다—에 관해 이렇게 묘사한다. "하루는 유대인 가톨릭 신자들, 또는 가톨릭 유대인들(어떻게 부르든 간에)이 도착했는데, 수녀들과 신부들은 옷에 노란 별을 달고 있었다."[19] 당시에는 매우 많은 유대인이 교회의 보호를 받으려 했기 때문에, 베유가 그렇게 하지 않기로 결정한 것은, 공포에 질린 나머지 자신의 내적인 정직성과 타협하기를 거절

---

18) Anne Freud, Coles, *Simone Weil: A Modern Pilgrimage*, 58에서 재인용.
19) Hillesum, *Letters*, 28. 각주에서 "묘사된 수녀 중 한 사람이 에디트 슈타인이고, 에티 힐레숨은 슈타인과 자주 비교되었다"고 지적한다.

한 것으로 볼 수 있다.

만일 그런 이유로 베유가 세례를 거절했다면, 슈타인을 떠올리게 되는데, 슈타인은 자신이 수녀가 된 소명을 결코 위험을 피하기 위한 수단으로 간주하지 않았다. 슈타인이 1933년에 서원을 했고, 그해에 나치가 권력을 장악하고, 유대인들에 대한 테러를 점차 더 가혹하게 자행하던 때였던 것은 사실이다. 그러나 나치당의 반유대인 정책에 대해 슈타인이 분명하게 경악을 선언하고, 그들에게 투표하기를 공개적으로 거부한 것, 그리고 그녀의 고백은 모두 그녀가 멀리 떨어진 수녀원에서 안전을 찾으려 했다는 것이 거짓임을 말해준다. 더군다나, 슈타인이 독일 유대인들을 위해 교황이 중재하도록 자신이 알현할 수 있게 해 달라고 반복해서 요청했고, "자기 민족을 위해 십자가를 질" 의향을 고백한 것은 자신의 유대인 신분에 대한 개방적 태도를 증명한다. 슈타인이 그리스도교 교회에 소속되어 있음에도 불구하고 박해받는 유대인들에 대해 흔들리지 않는 연대감을 보여준 것은 용감한 저항 행동을 나타낸다.

시몬 베유가 세례받기를 거절함으로써 저항한 것은 다른 메시지를 전해준다. 세례를 반유대인 법령으로부터 비겁하게 도망치는 행동으로 본 베유의 입장은 유대인들과의 연대감을 뜻하지는 않았다. 그와는 반대로 베유가 교회의 세례받은 신자가 되기를 거절한 것은 유대교든 그리스도교든 제도화된 종교에 속하기를 꺼려한 것은 뜻했다. 이처럼 베유에게는 교회 안에서 안전을 찾는 것이 비겁함을 뜻할 뿐 아니라 자신의 지적인 자유를 제한하는 대가를 지불하는 것이었다. 베유는 교회에 가입하는 것이 집단적인 존재에 대한 자신의 평생의 저주와 타협하는 것이 될 것이다. 베유에 따르면 집단성이 악의 원천이다. 집단성은 인간을 비인격적인 존재의 은총으로부터 거리를 두도록 떼어놓는 것이다. 베유는 "인간의 인격"에서 "우리"라는 개념이 위험한 이유는 집단성이 영혼을 위압하고 파괴하기 때문이라고 주장한다. "우리"라는 개념은 개인에게서 성스러움을 빼앗는 힘이며, 더욱 나쁜 것은 그것이 성스러움에 대한 "거짓된 모방"이기 때문이다.[20]

베유는 교회의 집단적 구조의 부정적 특질들을 보았다. 페랭 신부에게 쓴 편지에서 베유는 "한 가톨릭 집단은 가입하는 사람이면 누구든지 열렬히 환영할 준비가 되어 있습니다. 그러나 나는 그 집단에 가입하여 '우리'라고 말하는 사람들 사이에서 살아가며 '우리'의 일부가 되기를 원하지 않습니다"라고 썼다.[21] 베유가 파악한 것처럼, "가톨릭 집단"이라는 교회의 위계적 구조는 교회의 원래 목표를 흉내낸 패러디가 되었다. "그리스도는 자신의 제자들이 권위와 권력을 추구하는 것을 분명하게 금지하셨지만, [그러나] 오늘날 유대인 부모의 아들이나 무신론 부모의 아들이 세례를 받으면, 이것은 그가 … 교회에 가입하는 것을 뜻하는 것으로서, … 정치적 정당의 카드를 받아 그 당원이 되는 것과 똑같은 방식입니다."[22]

베유는 분명히 강력한 힘을 가진 교회의 회원들에게 허락된 보호를 받기 위해 교회의 회원이 되는 것을 원하지 않았다. 그런 집단적 조직의 회원이 되는 것은 자신이 정의한 "엄밀하게 말해서 개인의 세 가지 기능"인 "사랑, 믿음, 지성"[23]을 실천하는 것을 침해할 것이다. 집단적 복종을 요구하는 어떤 사회적 구조로부터 자유롭게 살기로 결심한 베유는 교회 바깥에 머물렀다.

베유 자신의 목숨이 점차 위험해지던 당시에 그녀가 자신의 확신

---

20) Weil, *Simone Weil Reader*, 318-19.
21) Weil, *Waiting for God*, 54.
22) Weil, *First and Last Notebooks*, 298, 295.
23) Weil, *Waiting for God*, 79.

을 배반하지 않았다는 사실은 그녀의 용기를 입증한다. 베유가 윤리적이며 영적인 이유 때문에 교회의 보호를 거부한 것은 힐레숨이 은신처로 가서 숨기를 거부한 것을 상기시켜준다. 두 경우 모두, 두 여성은 위급한 상황에 굴복하기보다 자신의 목숨을 위험에 처하도록 만들었다.

그러나 베유는 교회가 집단이라는 이유로, 또한 도그마적인 단체로 개인의 자유를 제한한다는 이유로 교회를 거부한 것에 멈추지 않았다. 베유는 자신이 제안했던 변화가 급진적이며 따라서 받아들여질 수 없는 성격임을 알고 있으면서도 자신을 교회에 대한 비평가와 개혁자로 설정했다.

베유는 교회가 자신의 "철학적 난관들"과 조화될 수 없다는 것과 따라서 자신에게 성사(성례전)의 특권을 허락하지 않을 것을 알고 있었다. 이처럼 베유가 교회와의 관계에서 갖게 된 곤경은 진퇴양난의 상황을 나타낸다. 베유가 세례를 받을 수 없었던 이유는 그녀의 철학적 질문이 파문의 명령에 이를 것이기 때문이었다. 아이러니하게도 이런 권위주의적인 명령은 확정된 도그마의 경계 안에서만 지적인 사고를 할 수 있고 그 밖에서는 지적인 사고를 금지한 명령으로서, 교회에 대한 베유의 공격의 주요 목표물이었다.24)

베유가 교회에 소속하지 못하게 만든 이단적인 "철학적 난관들"은 무엇이었는가? 베유의 사상은 교회와 유대교의 역사적-계시적 연결성을 무효로 만든다는 점에서 교회의 기초를 파괴하는 것이었다. 인간의 도덕적 및 영적 진화의 역사성의 원리 대신에 베유는 인류의 비역사적 발달의 원리로 대체한다. 교회는 그 진정성의 근거로 교회 자체가 진화하는 인간 영성의 절정이라 선언하지만, 베유는 교회보다 앞섰던 이교 종교들을 열등하다고 본 그리스도교의 관념을 반박한다. 다시 말해서,

---

24) Weil, *Seventy Letters*, 155.

베유는 그리스도교가 계시에 종속하지 않는 이교도들의 종교들을 대체했다는 도그마를 무시해버린다.

베유는 "고대 신화들에서 … 하나의 똑같은 사상이 발견되는데," 그것은 "페레키데스, 탈레스, 아낙시만드로스, 헤라클레이토스, 피타고라스, 플라톤, 그리스의 스토아학파, 그리스의 위대한 시대의 시인들, 보편적 민담, 우파니샤드와 바가바드 기타, 중국의 도교 사상가들, 이집트의 신성한 기록 유물, 그리스도교 신앙의 도그마와 위대한 그리스도교 신비주의자들의 저술들, 그리고 특정한 이단자들, 특히 카타르와 마니교 전통 안에"25) 공통적으로 존재하는 사상이 있다고 믿었다. 따라서, "기독교가 진정으로 화육(성육신)한 종교가 되기 위해서는 … 무엇보다 먼저 역사적으로 우리의 신성모독적인 문명이, 비록 연대상으로는 그리스도교 이전이지만 본질에서는 그리스도교적인 종교적 영감으로부터 유래되었다는 사실을 인정해야 한다."26)

세상의 창조 이래로 하느님과 그리스도가 공존했다는 사상은 새로운 것이 아니다. 예를 들어, 요한복음 서문의 찬양은 "빛의 영역으로부터 선재하는(preexistent) 신화적 지혜의 인물"의 이름으로 "로고스" 개념을 사용한다. 그 찬양은 예수를 선재하는 구원자로 제시한다.27) 초대교회 교부들과 다르지 않게, 베유는 "그리스 기하학과 그리스도교 신앙은 똑같은 원천에서부터 솟아났다"고 주장했다.28) 이런 점에서 베유는 그리스도교 신앙의 원형적 무시간성(archetypal timelessness)을 강조했다.

---

25) Ibid., 159.

26) Simone Weil, *Gateway to God*, ed. and trans. David Raper (London: Fontana Books, 1974), 109.

27) Norman Perrin and Dennis C. Duling, *The New Teatament: An Introduction* (San Diego, Calif.: Harcourt Brace Jovanovich, 1974), 343, 348.

28) Simone Weil, *Letter to a Priest*, trans. A. F. Wills (London: Routledge & Kegan Paul, 1953), 85.

베유에 따르면, 그리스도교 신앙은 그 자체의 진리로 회복(환원)될 필요가 있었다. 베유가 제안한 그리스도교의 종교개혁은 단순히 통시적으로 그리스도교 사상의 본질적 핵심의 보편성을 다시 강조할 뿐 아니라, 오히려 그리스도교의 유대교 뿌리를 절단하는 것이었다. 교회는 이스라엘과 로마로부터 위대함에 대한 야망을 물려받았는데, 이런 권력의 영향을 받아서 교회는 그 선교적 열정을 통해 그 나름의 전체주의적이며 식민지를 정복하는 권력이 되어버렸다고 베유는 주장했다.[29] 이런 악을 치유하기 위해서 베유는 역사를 다시 쓸 계획이었다. 베유는 자신의 주장을 뒷받침할 어떤 증거도 없이, 초기 그리스도교 시기의 역사가 임의적으로 날조되었다고 주장했고,[30] 또한 "이스라엘의 특권적인 위치를 인정하지 않는 어떤 것[그리스도교 저술들]은 … 발표되지 못했다"고 주장했다.[31]

베유의 입장을 지지할 수 없는 이유는 그리스도교 사상이 이스라엘과 유다의 사상에서가 아니라 모든 참된 (특히 그리스의) 철학에서 확인된다는 주장은 유대교와 그리스도교를 통합하는 구원의 역사에 대한 헌신을 무시하며, 또한 그리스도인들과 이방 민족들 사이의 구분을 지워버리기 때문이다.

그리스도교를 비역사적이며 구원의 "영지주의" 체계로 만들려는 모든 시도—우리는 베유도 그런 시도를 한 것으로 상상할 수 있다—에 대해 역사적 그리스도교 세계는 이단적인 것으로 판단해왔다. 그리스도교의 모든 분파는 일관되게 신약성서(그리스도인들의)와 구약성서(유대인들의)의 계시 사이의 절대적으로 독특한 연결성을 주장해왔다. 많은

---

29) Ibid., 85.
30) Ibid., 84.
31) Weil, *Gateway to God*, 146.

사례 가운데 한 사례만 인용하자면, 18세기 그리스도교 사상가 잠바티스타 비코에 따르면, 이스라엘을 선택한 것이 유대교에서 생겨난 그리스도교의 정당성을 확인해준다. 비코에 따르면, 그리스도교 종교의 존재는 히브리인들에게 내포되었는데, 히브리인들은 "우리의 세상에서 첫 번째 민족이었고, … [그들은] 또한 세상의 시작에서부터 자신들의 기억을 성스러운 역사 속에 진실되게 보존했다."[32]

베유는 그리스도의 수난에 대한 보편적인 선례라는 신학적 개념이 그리스도교를 그 유대교 원천으로부터 단절시킬 것이라고 주장했다. 베유는 자신이 주장한 개혁이 엄청난 범죄가 될 것을 충분히 인식하고 있었다. 실제로 베유는 만일 자신이 세례를 받으면, "최소한 1700년 동안 계속된 전통에서 … 파열"이 될 것을 인정했다.[33] 베유가 그리스도교 전통 안에서의 이런 파열을 주장한 것이 바로 유대 민족이 조직적으로 멸절되던 당시였다는 점을 주목할 필요가 있다. 그리스도교 교리에서 유대적 요소를 제거해야 한다는 요구를 한 것이 바로 홀로코스트 당시에 한 유대인이 자신의 세례의 조건으로 주장했다는 아이러니를 파악하는 것은 너무나 고통스러운 일이다. 그러나 이것은 베유가 당시의 특수 상황에서 가장 중요한 문제로 간주했던 것처럼 보인다.

> 만일 이런 파열[도그마로부터의]이 정당하고 바람직하다면, 만일 정확히 우리 시대에 그것이 그리스도교의 안전을 위한 급박함 이상으로 밝혀진다면—나에게는 분명한 것처럼 보인다—교회와 세상을 위해서 그것은 단지 신부 한 사람이 애매하고 거의 알려지지 않는

---

32) Giambattista Vico, *The New Science of Giambattista Vico*, trans. Thomas Goddard Bergin and Max Harold Fisch (Ithaca: Cornell University Press, 1968), 111, 35.
33) Weil, *Gateway to God*, 73.

세례를 혼자서 베푸는 것이라기보다, 폭발적 영향력을 갖도록 행해져야 한다.34)

베유가 표면적으로 세례를 거부한 것은 그리스도교 교회와 세계 전체라는 훨씬 큰 이익에 근거했지만, 만일 베유가 실제로 세례를 받았다면, 그녀가 주장한 개혁은 그녀가 유대인으로서 자기 소멸의 욕구를 충족시켜 주었을 것이라는 점을 기억하는 것이 중요하다. 기존의 도그마 아래에서 세례를 받았다면, 베유는 여전히 교회를 통해 이스라엘과의 연결성을 유지했을 것이다. 그리스도교 교리의 이교도적 뿌리를 인정함으로써 그리스도교를 재구성했다면, 베유 자신이 유대인 출신이라는 흔적으로부터 자유롭게 새로운 정체성을 얻었을 것이다. 그런 변화는 베유의 세례를 문자적으로 영적 재탄생의 행동, 즉 자신을 보편적이며 비역사적인 신화들의 전통과 그 유산 속에 다시 뿌리내리게 할 영적 재탄생의 행동으로 정의했을 것이다.

자기를 부인하는 유대인과 "재앙의 유대인"

에큐메니즘과 반유대주의 패러다임에서 볼 때, 베유의 신학 사상은 로젠츠바이크와 마리땡의 사상과 정반대된다. 이 두 사람은 종교적-윤리적 가치들의 역사적 진화를 확실히 믿었다. 사실상 이 두 사상가 모두 반유대주의를, 그리스도교 안의 이교도적 요소로 파악했음을 기억할 필요가 있다. 그들은 또 그리스도교와 유대교가 서로를 보완한다는 견해를 발전시키는 것이 시나이산 계시의 진정한 의미를 실행하는 유일한 길이라고 주장했다.

---

34) Ibid.

베유가 본 그리스도교는 유대교적 기초를 제거한 그리스도교-그 뿌리를 이교도 전통에서 찾는 그리스도교-로서, 반유대주의 전통에서 비롯된 것으로 보이며, 이는 네오-휴머니스트 사상가들에 의해 대표된다. 앞서 언급했듯이, 헤겔과 바그너 같은 사상가들은 그리스도교의 도그마로부터 유대교 전통을 완전히 제거하거나 그것을 비방함으로써, 그리스도교와 헬레니즘 사이의 유사성을 확립하고자 했다.

유대교에 대한 베유의 태도는 그를 비판하는 사람들과 칭찬하는 사람들 모두를 혼란스럽게 만들었다. 심지어 베유의 열렬한 독자들조차 억압받는 사람들에 대한 그녀의 성녀다운 헌신에 관한 전체적 모습에 심각한 결점처럼 보이는 것을 이해하려고 노력했다. 베유의 종교 사상을 배우던 거의 모든 학생도 그녀의 반유대인 태도에 관해서는 유보적인 입장을 표현한다. 예를 들어, 베유의 가장 가까운 가톨릭 조언자들은 그녀가 유대인들을 향한 적대감을 분명히 선언한 것에 대해 경악을 금치 못한 것을 기억한다. 페랭 신부는 베유와의 첫 만남에서 "유대 민족에 대한 적대감에 충격을 받았다"고 기억하며, 티본은 시몬 베유가 "유대인들에 관한 일종의 이데올로기적이며 종교적인 반감"을 갖고 있었다고 기억한다.[35]

몇몇 비판자들은 이처럼 베유에게 도덕적 정직성이 명백히 부족한 것처럼 보이는 점을 설명할 필요성을 느꼈다. 베유가 유대인들에 대한 연민이 부족한 것은 그녀의 보편주의적 정치 때문이라는 비아르의 주장[36]에 대해 코너 크루즈 오브라이언은 뒷받침하는데, 그는 베유의 유대인 반대 태도와 세례받기를 거부한 것은 "그녀의 반정치(antipolitics)의

---

35) *Simone Weil: Philosophe, historienne et mystique*, ed. Gilbert Kahn (Paris: Aubier Montaigne, 1978), 54, 159에서 재인용(프랑스어 번역은 필자의 것).
36) J. Viard, in ibid., 157.

중요한 표현이며, 모든 제한된 모임을 철저히 거부한 것"이라고 설명한다.37) 로버트 콜스는 베유의 "구약 시대의 유대인들에 관한 … 터무니없고 근거가 없는 일반화는 적어도 스스로 파멸할 준비가 된 세상과 그래서 철저하게 이성의 급진적 통찰력이 필요한 상황에서 이해할 만한 것처럼 보인다"고 주장한다.38) 제임스 캐머런은 베유가 성서 전통을 오해한 것을 유감으로 생각하지만, 그럼에도 불구하고 베유는 "우리 시대의 가장 주목할 만한 여성 가운데 한 사람으로서, 아빌라의 테레사, 제노바의 캐서린, 시에나의 캐서린의 반열에 놓을 수 있는 사람 중 하나다"라고 주장한다.39) 베티 맥레인 아일스는 베유가 유대교를 거부한 이유를 베유가 받아들인 그리스의 순환적(cyclicity) 시간 개념에 반대되는 유대교의 선형적(linear) 역사관 때문이라고 본다.40)

심지어 베유에 대한 유대인 일부 비평가들조차 베유의 극단적인 반유대인 선언들을 약하게 하려고 시도했다. 블라디미르 라비는 베유의 태도가 당시 프랑스 유대인들의 전형적 상황이었던 유대교에 대한 무지에서 비롯된 것이며, 그럼에도 불구하고 "그녀는 우리 민족," 즉 유대 민족에 속한다고 주장한다.41) 에마뉘엘 레비나스는 "시몬 베유가 유대교를 무시했다고 비난받지만, 내 생각에는 그녀가 그것을 당당하게 무시했다"고 인정한다.42) 그러나 그는 "베유는 자신이 그렇다고 믿었던

---

37) Conor Cruise O'Brien, "Patriotism and The Need for Roots: The Antipolitics of Simone Weil," in *Simone Weil: Interpretations of a Life*, ed. George Abbott White (Amherst: University of Massachusetts Press, 1981), 103.

38) Robert Coles, in ibid., 31.

39) J. M. Cameron, in ibid., 45.

40) Betty McLane-Iles, *Uprooting and Integration in the Writings of Simone Weil* (New York: Peter Lang, 1987), 148-49.

41) Wladimir Rabi, "La conception weilienne de la Création: Rencontre avec la Kabbale juive," in Kahn, *Simone Weil, Philosophe, historienne et mystique*, 154.

것보다 훨씬 더 유대인이었음에는 의심의 여지가 없다"고 주장한다.43)

네빈은 홀로코스트라는 비극이 "유대교를 십자가로 만들었고 베유는 그 십자가를 지는 것을 거부했다"고 주장한다. 슈타인은 열렬히 지려고 했던 십자가를 베유가 거절한 이유를 설명하면서, 네빈은 베유를 "쩨디크"(tzeddik), 곧 의로운 사람인 "유대교의 가시를 걷어차며" 또한 억압받는 사람들을 위해 투쟁한 사람이라고 주장한다.44)

그러나 진실은 베유가 반역하는 "짜디크"(tzaddik) 전통과 아무런 유사성을 주장할 수 없다는 점이다. 베유는 "유대교의 가시를 걷어차지" 않았다. 베유는 하느님의 불의에 대해, 아브라함이나 예레미야, 베르디체프의 랍비 이삭을 비롯한 유대교의 위대한 의인들처럼 항의하지 않았다. 베유는 분명히 유대인들에 대해 자행된 끔찍한 범죄에 대해 항의하지 않았다. 베유가 유대교와 자신의 유대인 신분 모두를 제거하려 했던 확실한 의도에는 의로움이나 정의가 거의 없는 것처럼 보인다.

이처럼 베유의 행동을 설명하려는 시도들에도 불구하고, 베유가 당시에 유대인들에 대한 말살이 진행되던 것에 관해 계속 침묵을 지킨 것은 억압받는 사람들에 대한 그녀의 평생의 주장과 고통받는 사람들에 대한 그녀의 헌신에 비추어 볼 때 이해할 수 없는 모습이다. 베유의 침묵에 관해 조지 스타이너는 통렬하게 묻는다. "흔히 압도적이며 독창적 깊이를 가진, 사랑에 관한 철학자 가운데, (베유보다) 더 사랑이 없었던 사람이 과연 있었는가?"45)

---

42) Emmanuel Levinas, "Simone Weil Against the Bible," in *Difficult Freedom: Essays on Judaism*, trans. Sean Hand (Baltimore: John Hopkins University Press, 1990), 133.

43) Levinas, in Kahn, *Simone Weil, Philosophe, historienne et mystique*, 141에서 재인용.

44) Nevin, *Simone Weil: Portrait*, 389.

45) George Steiner, "Sainte Simone: The Jewish Bases of Simone Weil's *Via Negativa*

고통받는 사람들을 향한 이런 "사랑 없음"은 해방 이후 동화된 분위기라는 관점으로는 충분히 설명될 수 없으며, 아마도 전혀 설명될 수 없다는 점은 분명하다. 문화적 순응의 욕망이 유대인 정체성과 함께 유대교 전통에 대한 친화감을 약화시킨 것은 사실이다. 그러나 베유가 자신의 유대인 연결성을 완강하게 부인한 것을 당시 두 명의 걸출하면서도 마찬가지로 서구 문화에 동화된 인물이었던 마르크 블로크(Marc Bloch)와 앙리 베르그송(Henry Bergson)의 행동과 비교해보면, 베유의 특이한 극단성이 드러난다.

베유처럼, 프랑스의 탁월한 유대인 역사가 마르크 블로크는 프랑스에 대한 단호한 헌신을 보여주었다. 전쟁 동안 그는 프랑스 레지스탕스에 가담했다가 게슈타포에 체포되어 처형당했다. 동화된 유대인으로서 그는 인간의 자유와 평등이라는 이상을 고수했으며, 유대인들에 대한 박해가 강화되고 있음에도 불구하고 "나는 갈리아(프랑스)의 시민이다"라는 표어를 확증하려고 애썼다.46) 그는 자신을 "훌륭한 프랑스인"으로 간주해서 인종이나 민족에 입각한 연대성을 주장하는 집단을 찬성하지 않았다. 그럼에도 불구하고, 베유와는 다르게, 블로크는 자신이 유대인 출신임을 결코 부인하지 않았다. 그는 자신이 "유대인으로 출생"했음을 인정했고, 베유와는 정반대로, "히브리 예언자들의 관대한 전통을 그리스도교가 … 채택하고 확대하여, 살아야 하고, 믿어야 하며, 싸워야 할 최고의 이유 가운데 하나로 삼았다"고 주장했다.47)

프랑스의 위대한 유대인 철학자 앙리 베르그송은 유대인 희생자들과 자신을 동일시했던 더욱 마음 아픈 사례를 보여준다. 앞에서 언급한

---

to the Philosphic Peaks," *Times Literary Supplement*, June 4, 1993, 3.
46) 참조, *Marc Bloch: A Life in History* (New York: Cambridge University Press, 1989), 295.
47) Ibid., 256에서 재인용.

것처럼, 베르그송은 그리스도교 신앙을 받아들였다. 그는 공개적으로 분명하게 가톨릭 신자임을 밝혔다. 그러나 비시 정권의 교육부 장관에게 쓴 편지에서 자신의 유대인 신분을 부인했던 베유와는 다르게, 베르그송은 비시 정권의 반유대인 입장을 알면서도 자신의 유대인 신분을 재확인했다. 베르그송은 자기가 받은 모든 상장과 메달을 프랑스 정부에게 돌려주었고, "명예 아리안족"이라는 의심스러운 호칭을 거절했으며, 노란 별을 가슴에 달 것을 주장했다. 이미 1937년에 베르그송은 이렇게 썼다. "나는 성찰을 통해 가톨릭 신앙에 더욱 가깝게 이르게 되었는데, 나는 그 속에서 유대교가 완전히 성취된 것을 본다. 내가 몇 년 동안 반유대주의의 무서운 파도를 위한 준비를 보지 않았다면, 나는 개종자가 되었을 것인데, 그 무서운 파도는 세계를 덮칠 태세다. 나는 미래에 박해받을 사람들 가운데 남기를 원했다."[48]

베르그송, 블로크, 베유, 슈타인, 힐레숨, 그리고 프랑크가 모두 정도의 차이는 있지만 그리스도교 신앙에 소속할 것을 장려하는 해방 이후의 종교적 분위기에 영향을 받았다는 사실을 강조하는 것이 중요하다. 그럼에도 불구하고, 역사적 파열의 시대에, 베유는 고난받는 유대인들과 어떤 친밀성이나 어떤 관계도 인정하기를 거부한 유일한 사람이었다. 스타이너는 홀로코스트가 진행되고 있음에도 베유가 반유대주의를 주장한 문제는 "엄청나게 복잡한 문제로서, 어떤 접근방식에서든 그 탐구의 미묘함을 가장 면밀하게 조사할 필요가 있으며, [그러나] 많은 점에서 매우 불쾌하며 실제로 역겨운 문제다"라고 주장한다. 이 문제를 별로 탐구하고 싶어 하지 않은 것은 베유를 성스럽게 접근하는 뚜렷한 결과를 초래했다고 스타이너는 주장한다.[49]

---

48) Agus, *Jewish Identity*, 237-38에서 재인용.
49) Steiner, "Sainte Simone," 3.

실제로 이런 사례들은 베유에 대한 비평가들이 베유가 고통당하는 사람들에 대해 일반적으로 사랑한 것과 유대인 희생자들에 대한 적대적 무관심 사이의 불일치를 누그러뜨리고 변명하고 정당화하는 경향을 분명히 보여준다.

그러나 우리가 만일 베유에 대해 찬성하지 않는다면, 경의를 표하는 입장과 달리 예외적인 입장도 있다. 자주 언급되는 그의 책 ≪시몬 베유 또는 자기혐오≫에서 폴 지니에프스키는 베유의 반유대주의라는 혐오스러운 측면을 천착하면서, 베유를 성인처럼 보는 모든 주장을 반박한다. 그는 베유의 철학을 "시나이산의 계시를 상형문자와 이교도의 우상숭배 속에 흡수한" 잘못된 도피라고 본다.50) 그는 베유를 병적으로 불균형적이며, 장애가 있고, 자기를 혐오하는 유대인으로 묘사한다.

베유에 대해 성스럽게 접근하는 것이 이런 문제를 회피하는 것처럼 보이는 것과 마찬가지로 베유의 반유대인 정서를 정신적 장애로 설명하는 것 역시 너무 쉽고 정확하지 않은 것처럼 보인다. 아무리 점점 괴짜가 되고 아팠다 해도, 베유는 마지막까지 분명히 일관되며 창조적인 상태였다. 베유의 마지막 책인 ≪뿌리내림: 인간에 대한 의무 선언의 서곡≫(이세진 옮김, 이제이북스, 2013)은 유럽의 도덕적 붕괴에 대한 분석과 전후 프랑스의 영적이며 사회적 개혁에 관한 사려 깊은 제안을 체계적으로 발전시켰으며 설득력 있게 제시했음을 보여준다. 이 책은 여러 사상가 가운데 실존주의 철학자 사르트르가 크게 칭송한 책이다.51)

베유의 저작은 우리 시대의 몇몇 선봉적 지식인들이 크게 칭송하며 주목을 끌었다. 알베르 까뮈는 베유를 "우리 시대의 유일한 위대한

---

50) Paul Giniewski, *Simone Weil ou la haine de soi* (Paris: International Editeurs, 1978), 336. (프랑스어 번역은 필자의 것).

51) *Simone Weil: Anthology*, ed. Sian Miles, 105.

영혼"이라고 칭송하면서, 베유의 저술에 관해 이렇게 말했다. "서양의 정치사상과 사회사상은 이보다 더 감동적이며 예언자적인 것을 생산한 적이 없다."52) T. S. 엘리엇은 자신이 시몬 베유를 읽음으로써 "천재적 여성, 성인과 닮은 천재의 인격"을 보게 되었다고 선언했다.53) 이처럼 베유를 매우 특별한 사상가이며 동시에 성인과 같은 존재로 열광적으로 평가한 것은, 베유를 개인적으로 알았던 많은 사람54)과 베유의 삶과 저술을 연구한 사람들에게서도 반복되었다. 베유의 영향을 받은 문인들 가운데는 수전 손택, 미르체아 엘리아데, 아이리스 머독 등이 있으며, 베유는 조지 오웰, 도로시 데이 등에 비유되었다.55) 따라서 베유의 반유대주의를 병적인 장애와 정신이상의 관점에서 설명하는 것은 받아들

---

52) Hellman, *Simone Weil: An Introduction*, 1, 17에서 재인용.

53) T. S. Eliot in his Preface to Simone Weil, *The Need for Roots: Prelude to a Declaration of Duties Toward Mankind*, trans. Arthur Wills (New York: G. P. Putnam's Sons, 1952), vi.

54) 예를 들어, 베유의 어린 시절 친구인 시몬 페트르몽은 시몬 베유에 대한 기념비적인 전기를 출판했다. 베유의 영적 지도자였던 페랭 신부와 귀스타브 티봉은 *Simone Weil as We Knew Her*, trans. Emma Craufurd (London: Routledge & Kegan Paul, 1953)에서 베유에 대해 찬사를 말했다. Maurice Schumann은 베유가 뉴욕에서 런던으로 돌아오는 것을 도와주었으며, *La Mort nee de leur propre vie: Peguy, Simone Weil, Gandhi* (Paris: Fayard, 1974)에서 베유의 마지막 날들을 자세히 이야기했다.

55) 예를 들어, 베유의 저작을 번역하고 편집하고 분석한 Richard Rees는 베유의 성인다움을 "정상적인 것보다 훨씬 완벽한 성숙과 아름다운 적응"이라고 보았다(*Simone Weil: A Sketch for Portrait* [Carbondale: South Illinois University Press, 1966], 9). John Hellman (*Simone Weil: An Introduction*, 103)은 "베유의 중요성은 그 독특한 종교적 인식에 있으며, 그 특출한 하느님 인식이 베유를 당시 세대의 나머지 사람들과 구분지었다"고 주장한다. J. P Little (*Simone Weil: Waiting on Truth* [New York: St. Martin's Press, 1988], 3, 152)은 "시몬 베유의 명료한 산문에서 우리는 그녀가 관심을 갖고 말하려 했던 것, 그녀가 전해야 했던 '순금의 매장지,' 더욱 절박하게 찾고자 했지만 그것을 받아들일 사람은 거의 없었던 것을 발견할 수 있다"고 주장한다. 리틀이 관찰한 베유의 "순금의 매장지"는 마침내 많은 탁월한 문인들이 받아들였다. George Abbott White는 논문집 *Simone Weil: Interpretation of a Life*, 3에서 베유를 조지 오웰. T. E. 로렌스, 도로시 데이, 이그나지오 실로네 등과 함께 자리매김했다.

이기 어려운 것처럼 보인다.

이처럼 20세기의 선봉적 지식인들에게 끼친 베유의 오랜 영향 때문에, 베유가 유대인 자료들에 대해 무지해서 반유대인 정서를 갖게 되었다는 설명을 받아들이지 못하게 만들었다. 베유는 그리스 철학, 그리스도교 신학, 마르크시즘 이데올로기에 박식했으며, 또한 카타르파, 알비파, 극동 문화에 대해서도 폭넓게 연구했기 때문에, 만일 베유가 원했다면, 유대교 신학에 대해서도 초보적인 지식을 얻을 수 있었을 것이다. 따라서 문제는 베유의 무지에 있는 것이 아니라, 거의 의도적으로 무지한 상태로 남아 있기로 선택한 데 있는 것처럼 보인다. 그리스도교 대학과 대학교에서 교육을 받은 동화된 유대인들에게는 유대인 율법, 제의, 종교적 관습은, 자신들의 전문적이며 공적인 "계몽된" 삶과 아무런 연관성이 없는 원시적이며 퇴보적인 전통을 뜻했다.

이런 점에서 베유는 혼자가 아니었다. 네 여성 모두 극히 훌륭한 교육을 받았지만, 유대교에 관해서는 아는 것이 거의 없었다. 그러나 최종 해결책의 시대에 오직 베유만이 자신의 유대인 자아와 결코 양립할 수 없음을 드러냈다. 슈타인은 자기 민족을 위해 십자가를 지려는 열망에서, 자신의 유대인 정체성과 그리스도인 정체성을 조화시킬 수 있었으며, 또한 프랑크와 힐레숨은 자신을 유대인 희생자들과 동일시했다. 그렇다면 도대체 무엇 때문에 베유 혼자만 자신의 유대인 자아를 혐오하게 되었는가?

장 아메리의 "재앙의 유대인"(catastrophe Jew) 개념은 베유의 반유대주의가 그녀의 민족적 뿌리에 대한 충성이라고 주장한다. 아메리는 "재앙의 유대인"이 "긍정적 정체성이 없이 존재하는 유대인"[56]으로서,

---

56) Jean Améry, *At the Mind's Limits: Contemplations by a Survivor on Auschwitz and Its Realities*, trans. Sidney Roselfeld and Stella P. Rosenfeld (Bloomington: Indiana University Press, 1980), 94.

"위협에 직면하여 연대하는 것은 나의 동시대 유대인들, 신자들뿐 아니라 불신자들, 민족 중심으로 생각하는 사람들뿐 아니라 동화될 준비가 된 사람들과 **나를** 연결시켜 주는 전부"임을 인정하는 사람들이라고 말한다.57)

아메리가 자신의 "동시대 유대인들"과의 연결을, 자신의 유대인 조상들과의 연결에 반대되는 것으로 구분한 것은 중요하다. "긍정적 결정 요소"는 유대인의 학습, 종교, 유산과의 연결을 통해 연대감을 형성했을 것이다. 그러나 동화된 유대인들은 자기 전통에 관해 거의 아무것도 몰랐기 때문에 단지 동시대적 연결만 확립할 수 있었다. 다시 말해서, 그들은 악몽에 시달리는 유대인(the haunted Jew)이라는 집단적 정체성을 갖게 만든 상황에서 만들어진 동시대적 연결만 확립할 수 있었다. 아메리의 관점에서는 나치의 테러가 강화되면서, 동화된 유대인들은 "하느님 없이, 역사 없이, 메시아에 대한 민족적 희망 없이"58) 자신의 유대인 신분을 직면해야 했다.

"재앙의 유대인들"이라는 아메리의 개념은 공동체적 위험의 부정적인 결정 요소와 연결된 것으로서, 최종 해결책에 대한 슈타인, 힐레슘, 프랑크의 대응을 매우 정확하게 묘사하는 것처럼 보인다. 자신의 유대인 정체성과 직면했을 때, 그들은 강한 연대감과 자비심을 통해 자신의 정체성을 구체화할 수 있었다. 나치 테러 아래에서 유대인들이 봉착했던 공통적 운명은 그들의 정체성에 의미를 주입했는데, 그 의미는 당시까지 의미가 없었거나 심지어 존재하지도 않았던 의미였다.

슈타인, 힐레슘, 프랑크가 자신의 유대인 의식을 자신의 그리스도교적 세계관 속에 통합할 수 있었다는 것은 주목할 가치가 있다. 사랑,

---

57) Ibid., 98 (강조 첨가)
58) Ibid., 94.

자비, 인류의 고난과 함께 비참해지는 그들의 보편주의적 관점은 그들이 "재앙"에 입각해서 다른 유대인들과 친근성을 갖도록 촉진시킨 것처럼 보인다. 고난받는 형제자매들에 대해 그들이 가졌던 친근성을 무시하는 것은 이런 점에서 그들이 이해했던 그리스도교 정신에 위배될 것이다. 그리스도교적 사랑의 개념은 분명히 슈타인이 유대 민족을 위해 십자가를 지려는 열망을 갖게 했다. 우리가 프랑크와 힐레숨에게서 보는 인자한 사랑과 배려는 그들이 고통받는 동료 유대인들과의 연대 속에서 그들의 유대인 정체성을 확고히 하는 데 분명히 도움을 주었다.

"재앙의 유대인" 개념은 공동체 의식을 함축하는데, 유대인들의 공동체로서 자신들이 박해와 사회적 배제와 죽음이라는 공통 운명임을 발견한 공동체라는 뜻이다. 원칙상 집단적인 것을 거절한 베유는 자신의 정체성이 유대인임을 받아들일 준비가 되어 있지 않았다. 즉 최종 해결책이라는 공통 운명에 의해 하나가 된 공동체의 한 멤버로 자신을 분류할 정체성을 받아들일 준비가 되어 있지 않았다. 이런 점에서 베유는 자신을 "재앙의 그리스도인," 즉 반유대인 박해를 피하기 위해 그리스도교 공동체에 가입한 유대인으로 재정의할 수도 없었다. 그와는 대조적으로, 베유는 역사적 사건들에 의해 조건 지워진 자신의 지적인 순례에서 자신이 그리스도인임을 발견했다.

우리가 살펴본 것처럼, 베유가 세례를 거절한 하나의 이유는 그리스도인들의 집단의 한 회원이 되는 것이 마음 내키지 않았기 때문이다. 더 나아가, 세례를 받기로 결정하는 것은 자신이 유대인 출신임을 함축하며, 또한 추론하자면, 유대인 공동체와 자신의 혈족 관계를 확인하는 것이 될 것이다. 베유가 자신의 유대인 정체성과 단호하게 단절한 것은 유대인 희생자들의 공동체와 자신을 되돌릴 수 없이 분리시켰지만, 자신이 교회의 회원이 되는 것도 거절했기 때문에, 결국 그리스도교 공동체와 유대인 공동체 모두의 바깥에 머물도록 만들었다.

따라서 아메리의 "재앙의 유대인" 개념은 베유가 자신의 유대인 정체성으로부터 도피하려 했던 욕망의 극적인 의미를 밝혀준다. 베유가 유대인으로서의 자아를 부인한 것은 유대인들과의 연결을 불가능하게 만들었다. 유대인 종교, 역사, 유산을 비난한 것도 그리스도교 공동체에 가입하는 것을 불가능하게 만들었다. 이처럼 베유가 자신의 유대인 뿌리를 부정한 것은 이어서 그녀의 뿌리뽑힘, 모든 사회적 환경이나 종교적 환경에서 완전히 소외된 것으로 나타났다. 베유의 실존은 자업자득의 소외라는 "재앙"이 되었고, 어떤 의미에서는 세상에 대한 죽음이 되었다. 베유는 이런 상황을 인식한 채 페랭 신부에게 이렇게 편지를 썼다. "저는 혼자여야 하고, 예외 없이 모든 인간관계에서 낯선 사람이며 유배자여야 한다는 것이 필요하며 정해진 것이라고 느낍니다. … 그 안에서 눈에 띄지 않게 사라진다고 해서 그 일부가 되는 것은 아니며, 내가 누구와도 어울릴 수 있다는 사실은 내가 그 누구에게도 속하지 않는다는 뜻입니다."[59]

베유가 세상에 대해 반응한 것은 유대인으로서의 그녀를 배제시켰으며, 모든 사회적 연결로부터 그녀를 배제시킬 수밖에 없었다. 역설적인 방법으로, 베유가 테러의 세력에 도전한 것은 유대 민족을 제거하려는 억압자의 계획을 따른 셈이다. 외롭고 고독한 삶을 구성함으로써 베유는 모든 인간관계로부터 스스로를 해방시킨 비극적 상태를 얻었다. 베유가 스스로 만든 소외는 자신이 유대인으로서 파괴의 대상이 된 것을 도외시하도록 만들었다. 동시에 그녀의 사회적 배제는 유대인들을 인간 사회에서 분리시키려는 독재적 명령을 확인해준 셈이다.

역설적으로 베유가 프랑스를 위해 순교자가 되고 가톨릭교회의 개

---

[59] Weil, *Waiting for God*, 54-55.

혁자가 되려는 열망은 그녀가 그토록 열렬하게 수리하고자 원했던 세상으로부터 그녀 자신을 떼어놓았다. 또 다른 역설적 뒤틀림에서, 슈타인이 자기 민족을 위해 십자가를 지려는 열망은 그녀를 그리스도인이자 동시에 유대인으로 정의하도록 만들었다. "십자가"는 슈타인을 그리스도인과 유대인의 두 공동체 모두의 일부가 되도록 만들었다. 베유에게는 자신의 유대인 자아를 직면하는 것이 그녀의 정체성을 곤혹스럽게 만든 타격이었지만, 슈타인에게는 자기의 유대인 자아를 다시 만난 것이 내적인 온전함을 향한 진전으로 만들어주었다.

반유대인 테러라는 역사적 현실은, 베유가 세례를 거절하고, 슈타인이 서원을 받아들인 것처럼 사회종교적 행동의 패턴에만 영향을 끼친 것이 아니다. 정서적 차원에서, 종교적 정체성의 곤경은 파편화된 자아의 불안에 영향을 끼쳤고, 따라서 내면의 화해와 평화를 위한 욕구에도 영향을 끼쳤다.

6장

슈타인과 베유

자기 긍정과 자기 부정 사이에서

자기에 대한 믿음을 가진 사람만이 다른 사람들에게 충실할 수 있다. 그런 사람만이 자기는 미래에도 오늘과 똑같을 것이라고 확신하고, 따라서 자기가 지금 기대하는 대로 느끼고 행동할 수 있기 때문이다.

—에리히 프롬

사람은 오직 공격받고 있는 정체성의 관점에서만 저항할 수 있다. 적대적 세상이 강요하는 동일시를 거부하는 사람들은 자신이 세상보다 훨씬 우월하다고 느낄 수 있지만, 그들의 우월감은 진정으로 더 이상 이 세상에 속한 것이 아니다.

—한나 아렌트

에디트 슈타인의 큰 조카딸인 발트라우트 슈타인은 슈타인의 "삶은 부정이 아니라 긍정에 있다"고 주장한다. 그 말에 동의하면서, 나는 슈타인이 사회 안에서 자신의 존재를 다시 확립하려고 애쓰는 방식으로 자신을 긍정했다고 본다. 그녀는 자기의 화해할 수 없는 것처럼 보이는 측면, 즉 그리스도인의 정체성과 유대인 정체성을 조화시킴으로써 그렇게 자신의 존재를 긍정하려고 노력했다. 유대인으로서 거부당한 후, 슈타인은 서원을 결심했으며, 다시 세상을 마주하게 되는데, 이제 그녀는 카르멜 수녀이자 동시에 유대인이었다. 현상학을 공부한 것이 그녀가 자신의 과거에 충실할 수 있게 도와주었는데, 이것은 자아의 펼쳐짐 속에서 그 과거의 존재를 인정함으로써 이루어졌다.

반면에 베유는 점점 더 강한 자기 소멸에 대한 열정을 보였다. 베유는 유대교 전통과 그리스도교 전통 모두에 대해 반기를 들었으며, 고통받는 사람들을 위해 자신의 삶을 자살적 희생으로 바침으로써 자신의 삶을 끝내고자 했다. 그러나 그녀는 단순히 희생적 죽음만을 원한 것이 아니었다. 신비주의자로서 베유는 신성과의 재결합 안에서 자신을 탈창조/해체(de-create)하기를 열망했다. 육체와 영혼 모두의 완전한 자기 부정에 대한 베유의 열망은 내적 갈등의 신호였는데, 그것은 살고자 하는 욕망에 맞서는 강렬한 갈등이었다. 그녀가 소외와 고독의 고통으로부터 구원을 찾은 방법은 "더 이상 이 세상에 속하지 않는" 정체성, 즉 하느님의 사랑 속으로 잠기는 무존재(non-being) 상태가 되는 것이었다.

에디트 슈타인: 유대인 자아의 긍정

에디트 슈타인은 시몬 베유와는 다른 길을 걸었다. 베유와는 달리, 그녀는 세상에 대한 긍정과 자기 긍정의 행위로 세상과 다시 연결되기를 추구했다. "십자가를 짊어짐"을 통해, 그녀는 자신의 그리스도인 정체성과 유대인 정체성 사이의 연결을 긍정하고자 했다. 과거를 탐구함으로써 그녀는 자신의 두 가지 종교적 정체성 속에서 온전함의 인식에 도달하고자 했다. 내적 평화를 향한 그녀의 노력은 특히 유대인으로서 자신의 삶을 회고하는 자전적 자기 긍정 속에서 드러난다.

발트라우트 슈타인은 이렇게 말한다. "에디트 슈타인 안에는 여러 세기에 걸쳐 쌓여온 편견의 장벽을 초월하는 사랑이 있는 듯 보인다. 이는 그리스도인과 유대인이 사자와 어린양이 함께 눕는 성서적 예언을 성취하기 위해 평화롭게 함께 살아갈 수 있음을 보여준다."[1] 실제로 폭력과 증오가 없는 이상적인 세상은 슈타인의 삶과 글에서 두드러지게 나타난다. 그러나 슈타인은, 로젠츠바이크가 본 것처럼, 유대교와 그리스도교가 하나가 되는 메시아 시대에 대한 비전을 제시하지는 않는다.[2] 슈타인은 자신의 이중적 정체성(그리스도인이며 유대인의 정체성)을 종말론적 에큐메니즘에 대한 열렬한 찬성으로 제시하지는 않는다. 그녀는 지금 이곳, 현재에 집중한다. 먼 미래의 속량/구원에 대한 비전을 제시하기보다는, 눈앞에서 벌어지는 유대인에 대한 테러와 박해라는 현실에 자신의 사유와 행동을 적용한다.

한편으로 슈타인은 십자가를 통해 세상을 구하고자 했다. 그녀는 십자가를 긍정하며, 자신의 고통 속에서 그리스도의 수난을 재현하는 방식으로 십자가를 짊어지고자 했다. 슈타인은 자기가 십자가를 짊어지는 고통을 민족을 위한 자기희생적 행위로 인식했다. 카르멜 수녀회에 입회함으로써, 그녀는 그리스도의 수난과 동일시할 가능성을 보았다. 이러한 희망은 그녀를 유대인의 고통과 더 깊이 동일시하게 했다.

슈타인이 카르멜 수녀가 되고자 했던 의도를 가족이 완전히 오해했다는 점은 놀라운 일이 아니다. 가족은 그녀가 박해를 피하고자 서원

---

[1] Waultraut J. Stein, "Edith Stein, Twenty-Five Years Later," *Spiritual Life* 13 (Winter 1967), 250-51.
[2] Cohen, *Elevations*, 23.

을 한다고 생각했다. "내가 계획했던 것은 [그들이 보기에] 유대인들과 나 사이에 더욱 뚜렷한 경계를 긋는 것으로 보였다. 유대인들이 가장 심하게 억압받고 있던 바로 그 순간에 말이다. [그들은] 내 관점에서는 그것이 매우 다르게 보였다는 것을 이해할 수 없었다."3) 그녀가 카르멜 수녀회에 입회하고자 했던 이유는 "우리 주님께서 나를 위해 간직하신 것을 나는 카르멜에서만 발견할 수 있는 것처럼 항상 생각했기" 때문이었다. 슈타인은 수녀원에 들어가면서, 십자가를 지려는 자신의 의지를 다시 강조한 것처럼 보였다. "우리를 도울 수 있는 것은 인간의 활동이 아니라 그리스도의 수난이다. 내가 바라는 것은 그 한 몫이다."4)

슈타인은 그리스도의 수난의 신비를 꿰뚫고 들어가기를 원했으며, 따라서 유대인이며 그리스도인으로서 그리스도와의 친밀감을 주장했다. 더 나아가 슈타인은 그리스도의 수난을 본받아 유대인을 위해 자신을 희생하기를 고집했다. 하지만 그녀는 자기 민족의 고통에 대해 신학적, 신비주의적 차원에서만 대응한 것은 아니었다. 그녀는 인간 상호작용에 관해 자신이 발견한 철학을 적용함으로써, 악화되고 있는 사회정치적 현실을 회복하려는 노력도 함께 했다. 이런 차원에서 그녀는 유대인의 고통에 대한 동일시를 바탕으로, 유대인들에 대한 적대감이 설 자리가 없는 공감적 만남을 만들기 위해 애를 썼다.

주목할 만한 점은 슈타인의 사상에 현상학이 지배적 영향을 끼쳤다는 것이다. 사상가이자 작가로서, 슈타인은 무엇보다 먼저 현상학자였다. 그녀의 후기 신학 저작들조차 현상학에 대한 그녀의 의존성을 보여준다. 슈타인의 전기를 쓴 작가 힐다 그라에프는 슈타인이 신비주의자들에 대해 잘못 해석했다고 비판했으며, "신비주의적 저술의 귀중한

---

3) Teresia de Spiritu Sanctu, *Edith Stein*, 129.
4) Stein, Ibid., 122에서 재인용.

보물로 … 일반적으로 여겨지는 것들에 대해 냉정하고 비판적 언어"를 사용한다고 불평했다. 그라에프는 슈타인이 "신비주의 신학에 충분히 익숙하지 않기 때문에" 신비주의 신학에 대한 접근이 만족스럽지 못하다고 평가했다. 하지만 그라에프는 슈타인이 신비주의적 저술에 대해 부적절하게 평가한 보다 중요한 이유를 제시한다. 슈타인이 그리스의 신비주의 신학자 디오니시우스 아레오파기타(Dionysius the Areopagite)에 대해 쓴 논문과 또한 마지막으로 십자가의 성 요한에 대한 미완성 해석을 통해, 슈타인은 "관상가였으며, 신학자가 아니라 현상학 철학자로서 자신의 관상 체험을 해석하는 경향이 있었다"는 것을 보여준다고 그라에프는 주장한다.5)

슈타인이 현상학적으로 접근한 것, 그리고 우리가 덧붙이자면 신비주의적이라기보다는 이성적으로 접근한 것은 유대인들의 고난에 반응한 방식에서 드러난다. 이것은 그녀의 자서전에서 그녀가 서원을 결심했던 시점부터 시작된다. 슈타인은 1933년, 어머니 집에서 카르멜 수녀회 입회를 기다리며 글을 쓰기 시작했다. 슈타인의 자서전 쓰기는 그녀가 학위 논문에서 도달한 공감에 관한 결론을 실제로 적용한 것이다. ≪한 유대인 가정의 삶≫(*Life in a Jewish Family*)이라는 제목의 이 책은 공감의 실천을 통해 사회정치적 위기를 치유하려는 용기 있는 첫걸음이었다.

기억할 점은, 슈타인이 자서전을 쓰기 시작한 시점이, 유대인이었기 때문에 당시 교육 이론을 가르치고 가톨릭 교육의 페미니스트 개혁에 참여했던 뮌스터대학교에서 추방된 직후였다는 점이다. 따라서 슈타인이 그 특정 시점에 자신의 유대인으로서의 삶에 대해 글을 쓰기로 결심하도록 동기를 부여한 것은 도덕적 욕구와 정서적 욕구로서, 이것은

---

5) Graef, *The Scholar and the Cross*, 218-19.

대학에서 추방된 불안과 카르멜 수녀회 가입을 결정한 이중적 불안감을 능가할 정도로 강력했던 욕구였던 것으로 보인다.

≪한 유대인 가정의 삶≫의 서문은 슈타인이 당시 유대인들의 상황에 대한 중력을 어떻게 이해했는지를 보여준다. 슈타인은 자신의 책이 유대인들에 대한 "무시무시한 희화화," 즉 "마치 오목거울에 나오는" 모습처럼 "새로운 독재자들의 계획된 글과 연설"에서 나타나는 모습에 대한 대응이라고 말한다. 슈타인은 자신의 회고록이 나치가 시작한 "독일에서 유대교에 대한 전쟁"을 맞서기 위한 의도라고 말한다.6) 슈타인은 자신의 회고록을 읽을 독자들을 구체적으로 설정하고, 관용을 위한 교육을 제대로 받지 못한 사람들을 위해 글을 쓰면서, 주로 "어려서부터 인종적 혐오 가운데 성장한 젊은이들"을 위한 것이므로 시민의 윤리에 대한 적절한 교훈이 필요하다고 말한다.7)

슈타인은 당시의 위기가 얼마나 엄중한 것인지를 인식하고, 젊은 이들을 가르치는 것은 선택의 문제가 아니라, 당시 상황에서는 사회적 책임의 중차대한 행동이라고 주장한다. 자신의 유대인 동료들에게는 "유대교 안에서 성장한 우리는 증언할 책임이 있다"고 주장한다. 자신의 증언은 "일차 자료를 통해 아무런 편견 없이 연구하려는 사람들을 위해 정보를 주기 위해 의도한" 것이라고 말한다.8)

슈타인은 자신의 교육 전략을 치밀하게 요약한 후, "유대교를 위한 변증"을 쓰는 것을 자신의 선택에서 제외한다. 즉 유대인 사상, 종교, 역사를 정당화하거나 변호하거나, 설명할 마음이 없다는 것이다. 슈타인이 밝힌 목적은 "나의 유대인 삶에 대해 간결하고 솔직하게 설명함으

---

6) Stein, *Life in a Jewish Family*, 23.
7) Ibid., 24.
8) Ibid.

로써 다른 사람들의 증언과 함께 하나의 증언으로"9) 제시하여 유대인의 삶에 대해 사실적이며 꾸밈없이 묘사하려는 것이다.

당시 상황에서 이런 증언은 하나의 공감적 행동을 이룬다. 공감은 한 사람이 자신의 경험을 다른 사람의 경험과 연결하게 해주기 때문에, 슈타인이 어린 시절을 회상한 것은 독자들의 어린 시절에 대한 기억을 불러일으키게 마련이다. 유대인과 관련된 것은 무엇이든 혐오하고 적대적으로 생각하도록 세뇌된 사람들은 유대인 가족의 삶의 이야기를 직면하면 자신의 가족 이야기를 상기할 것이 틀림없다. 이런 동일시의 정도에 따라서 인종주의적 교육에서 벗어날 수 있다. 공감의 상호주관성 요소는 개인의 윤리적 잠재력을 발전시키는 데 극히 중요하며, 독자들이 슈타인의 증언에 나오는 그녀의 경험과 자신의 경험이 같음을 인식하면서 그 윤리적 잠재력은 펼쳐질 것이다.

볼프강 이저는 독서 과정에 대한 연구에서, 독서 행위의 현상학을 분석한다. 그는 "본문의 유효성이 드러나는 것은 친숙한 것을 떠올리게 한 후 그것을 부정하는 과정을 통해서"라고 주장하는데, 이 과정은 "우리의 생각을 바꾸도록(re-orientation) 준비시키는" 과정이다. 독자들은 본문을 통해 익숙하지 않은 것에 자신의 마음을 열게 된다. 그러나 새로운 것에 노출되는 것은 그 자체가 목적이 아니라, 독자들의 태도를 바꾸는 전략이다. 독자가 "다른 사람의 생각을 생각하도록" 유도함으로써, 본문은 독자의 개성을 "일시적으로" 물러나도록 만든다. 동시에 우리가 본문의 의미를 "독해할" 수 있는 능력은 "우리 자신의 독해 능력"을 인식하게 만드는데, 이런 인식은 "우리가 직접적으로 의식하지 못하는 요소"이다.10)

---

9) Ibid.
10) Wolfgang Iser, *The Implied Reader: Patterns of Communication in Prose Fiction*

이저가 제시한 것처럼, "익숙한 것"이라는 개념은 의미 있는 독서에서 매우 중요하다. 알지 못하던 것을 통합하는 것은 인지 능력을 통해 가능하다. 새로운 것이 옛것과 다르다고 의식함으로써, 혁신적인 관점을 발전시킬 수 있다. 익숙한 것과 새로운 것 사이의 상호관계에 대해 이저가 밝힌 것은 슈타인이 자서전을 쓴 이유를 해명해준다. 그것은 슈타인이 자신의 회고록이 교육적인 측면에서 효과적인 것이 되도록 하기 위해, "익숙하지 않은 독자가 회상의 흐름을 이해하도록 만들기 위해서는 충분한 질서와 명료함으로 글을 쓰는 것이 필수적이다"11)라고 스스로 약속한 것의 의미를 더욱 잘 드러내준다. 슈타인은 개인적으로 유대인을 접촉한 사람들은 자신의 경험에 근거해서 반유대인 선전이 거짓된 것임을 알아차린다고 주장한다. 그러나 유대인들을 알지 못하는 사람들은 유대인의 경험에 대해 질서 있고 분명한 방식으로 노출되어야 한다. 그래야만 그들이 자신의 삶이 유대인의 삶과 비슷한 정도를 평가할 수 있게 되며, 결과적으로 유대인들에 대한 부정적 고정관념을 거부할 수 있게 된다. 유대인의 경험에 대해 익숙하게 되면 동일시하는 감각에 영향을 받게 되며, 그런 동일시는 유대인에 대한 생각을 바꾸게 만들어서 "무시무시한 희화화"를 받아들일 수 없게 만들 것이다. 슈타인은 이처럼 나치의 반유대인 히스테리, 왜곡, 선동에 대한 해독제로서 유대인의 삶에 대한 정직한 증언을 제시한다.

기억에 대해 말하면서 에릭 에릭슨은 기억이란 "과거에 일어났던 것과 현재 일어나고 있는 것을 의미 있게 [연결해주는 중에] 생겨나는 사실성의 본질적 부분"12)이기에, 회상의 과정에서 현재에 "존재하는

---

from Bunyan to Beckett (Baltimore: John Hopkins University Press, 1974), 290-94.
11) Stein, *Life in a Jewish Family*, 24.
12) Erik Erikson, James Olney, "Some Versions of Memory / Some Versions of *Bios*: The Ontology of Autobiography," in *Autobiography: Essays Theoretical and*

것"을 가리킨다고 주장한다. 이런 관찰은 슈타인이 유대인의 과거에 대해 기억한 것들이 그녀의 현재에서 중심 역할을 하는 것에 우리가 주의를 기울이게 만든다. 반유대인적 참상의 끔찍한 현실은 카르멜 수녀가 되려고 하는 그리스도인 슈타인이 유대인으로서의 자신을 재창조할 수밖에 없게 만들었다. 슈타인이 자신의 회고록을 "독일에서 유대교에 대한 전쟁"13)이 격렬해지는 것에 맞서는 무기로 생각했다는 점은 그녀가 자신이 유대인 출신임을 고집한 의미를 증명해 준다.

에릭슨이 말한 기억의 개념, 즉 과거와 현재 사이를 의미 있게 연결해주는 것이 기억이라는 개념은 이 맥락에서 중요하다. 그것은 슈타인이 특히 당시에 자신의 종교적 정체성을 철저하게 바꾸려던 관점에서 볼 때, 자신의 유산에 충성한 것을 주목하게 만든다. 슈타인이 회고록을 쓴 것이 그녀가 열렬하게 바라던 가르멜 수녀회에 받아들여지기를 기다리던 동안이었다는 사실을 기억해 보자. 표면상으로는 이런 열망은 세상으로부터 은둔하고 싶은 강한 소망을 시사했지만, 당시에 반유대인 테러가 증가하고 있다는 사실은 수녀가 되려는 슈타인의 의식 속에, 그리고 자신의 유대인 과거를 회고하려는 노력 속에 심각하게 존재했음이 틀림없다.

실제로 슈타인이 정의하는 자서전 쓰기 프로젝트의 이유는 피해자들과의 연대 의식을 보여준다. 서문에서 슈타인은 "유대 민족의 존재를 천민(pariah)으로 정죄한 것"14)이라고 부르는 것에 반응한다. 슈타인은 자신의 유대인 과거를 되새김으로써, 그리스도인이 되었음에도 의식적으로 자신이 '옛' 신앙의 사회적 천민들과 함께하기로 한 것이다. 슈타

Critical, ed. James Olney (Princeton: Princeton University Press, 1980), 244에서 재인용.
13) Stein, *Life in a Jewish Family*, 23.
14) Ibid., 24.

인은 자신이 그리스도인이라는 종교적 정체성을 이용해서 유대 민족의 운명으로부터 도망치는 대신, 그 결과를 충분히 인식하면서도 대중 앞에서 자신의 유대인 정체성을 드러냈다.

슈타인이 의식적으로 파리아의 지위를 자임한 것과 한나 아렌트가 유대인 파리아를 "의식적 반역자"(conscious rebel)로 개념화한 것 사이의 일치를 무시할 수 없다. 아렌트는 ≪천민 유대인≫(*Jew as Pariah*)에서, 해방된 유대인은 사회적으로 배제된 천민으로서 자신의 위치를 인식하고 "그에 맞서 반역을 일으켜야 한다"고 말한다. 이 반역은 그를 "정치의 무대"로 이끄는데, 거기서 그는 "억압받는 사람들의 대변자"가 된다.15) 슈타인의 회고록은 슈타인이 반항하는 천민, 즉 자기 민족이 겪는 부당한 사회적 배제를 개혁하려는 사회적 개혁가로 재진입하려는 천민임을 밝혀준다. 슈타인의 자서전 쓰기 목표는 자신이 스스로를 정죄하는 천민 지위에 대해 분명히 인식하고 있었음을 보여준다. 독일 독자들을 위해 쓴 이 회고록은 나치 법령에 의해 유대인들에게 강요된 침묵에 도전했을 뿐만 아니라, 출판을 의도한 자서전 집필 자체가 그녀의 저주받은 외부자로서의 운명에 대한 공개적인 인정 행위이기도 했다.

베유의 의도는 비시 정권 교육부에 보낸 편지에서 밝힌 것처럼, 매우 달랐다. 슈타인이 자신의 유대성을 드러내며 주목을 끌었던 반면에, 베유는 자신의 유대인 혈통을 부정하려고 시도하던 중에 유대인임을 드러냈다. 베유는 유대인 정체성에 맞서 반역했고, 슈타인은 개종했음에도 불구하고 자신의 유대인 정체성을 주장하며 반역했다. 이처럼 슈타인의 회고록은 단순히 그리스도의 수난을 모방하는 신비주의적 차원과는 다른 차원에서 자기 민족과 다시 연결되기를 바랐음을 보여준다. 여

---

15) Hannah Arendt, *The Jew as Pariah: Jewish Identity and Politics in the Modern Age* (New York: Grove Press, 1978), 76-77.

기에서 우리는 사회교육적 맥락에서 테러의 지배에 대한 적극적 도전을 통해 드러난 저항을 목격한다. 슈타인의 저항 형태는 그녀가 자기 민족에게 자행된 끔찍한 불의에 대해 바로잡고자 한 열망의 강도를 암시한다. 그녀가 저항의 방식으로 유대인 자아에 대한 기억으로 돌아가기로 선택한 것은 그녀의 그리스도인 정체성의 일시적 중지를 뜻한다.

"재앙의 유대인"이라는 공감적 행위로서 슈타인의 삶의 이야기는 그녀를 자기 민족과 다시 연결시킨다. 동시에 "반역하는인 천민"의 교육적 메시지로서, 슈타인의 삶의 이야기는 그녀를 다시 독일 민족과 연결시킨다. 유대인으로서 사회적 배제로 인해 상처받은 베유와는 달리, 슈타인은 자신의 유대인 정체성을 사용하여 사회교육적 "정치의 무대"에 다시 진입하고자 했다. 슈타인의 자서전 쓰기 프로젝트는 유대인 박해라는 범죄에 맞설 뿐 아니라 독일 청소년을 향한 인종차별적 교육이라는 범죄에 맞서서 항의의 목소리를 내야 할 그녀의 욕구를 보여준다.

에디트 슈타인: 내적 온전함을 향하여

사회적 측면에서, 에디트 슈타인의 자서전 쓰기는 참혹한 시대에 도덕적 사상가이자 교육자로서의 용기를 보여준다. 그러나 그녀가 인생의 그 시점에서 자신의 삶의 이야기 중 "유대인 부분"을 말하기로 결정한 것은 감정적 동기를 드러내기도 한다. 저자가 유대인으로서의 자아로 되돌아가면서, 그 본문은 극심한 개인적 상황에서 자기인식과 자기이해를 추구하는 여정을 드러낸다.

조르주 귀스도르프는 자기표현의 한 기능을 지적하면서 이렇게 말한다. "자서전에서 … 내러티브는 한 인간이 자신에 대해 증언하는 것을 제시한다. 그것은 자기 자신과 대화하는 존재의 이야기이며, 가장 내면적인 진실성을 추구하는 이야기다."16) 나는 귀스도르프의 자서전 개념, 즉 자서전이란 내면의 대화를 통한 자기인식의 추구라는 개념은 슈타인의 회고록의 내적 맥락을 비춰주는데, 그것은 정직하고 가차 없는 자기 재조명을 담은 회고록으로, 자기 이해를 위한 수단이자 내적 온전함을 얻기 위한 과정으로 기능한다. 슈타인이 정의한 것처럼, "나의 유대인 삶의 경험에 대한 솔직한 진술"17)은 자아 성찰을 통한 내적 성장이라는 철학적 이론을 보여준다. 슈타인이 가족 환경에서의 자기 경험을 회상한 것은 청소년기의 자아에 대한 재조명을 나타낸다. 과거 자아에 대한 이러한 재조명은 현재 자아에 대한 이해, 평가, 그리고 성장에서 필수적이다. 슈타인이 자기에 대한 글쓰기를 통해 자기 이해를 위한 수단으로 삼고자 했던 욕구는 귀스도르프가 말한 또 다른 관찰에서 더 명확해지는데, 그는 이렇게 말한다. "자서전은 … 시간을 뛰어넘어 삶의 통일성을 재구성하는 과업을 맡는다. 내가 살았던 시대, 풍경, 만남을 회고하는 것은 내가 과거에 어떤 사람이었는가 하는 관점에서 지금 내가 누구인지를 바라볼 수밖에 없도록 만든다."18)

슈타인은 "삶의 통일성"에 대한 위협을 1933년보다 더 크게 직면한 적이 없었다. 유대인으로서, 그녀는 독일 사회에서 불법자로 선언되었고, 카르멜회 수녀 후보자로서 그녀는 가족으로부터 소외되었다. 사회적으로, 또한 개인적으로 이처럼 완전히 배제된 상태는 삶의 패턴을 산산조각 내며, 정체성의 상실과 혼란을 드러낸다. 이처럼 인생의 특수한 전환점에서 슈타인의 자서전은 "삶의 통일성"을 회복하려는 시도로 나타난다. 삶의 통일성을 찾고, 자기에 대한 글쓰기를 수행한 것은 이러

---

16) Georges Gusdorf, "Conditions and Limits of Autobiography," in *Autobiography*, ed. James Olney, 43.
17) Stein, *Life in a Jewish Family*, 24.
18) Gusdorf, "Conditions and Limits of Autobiography," 37-38.

한 이중적 배제를 다루기 위한 노력을 보여준다. 독일 청소년을 향한 교육적 담론으로서, 이 회고록은 자신이 독일 사회에 참여하고 있다는 단기간의 환상을 창조한다. 또한 유대인 가족생활에 대한 증언으로서, 이 회고록은 저자가 조만간 떠나려고 하는 삶의 한 부분을 드러낸다.

슈타인은 자신이 수녀가 되기로 결정한 것이 옛 자아, 가족, 민족으로부터의 단절을 뜻한다는 것을 충분히 인식하고 있었다. 그 결정의 완전한 의미가 드러난 것은 슈타인이 어머니와 극히 고통스럽게 대결하던 중이었다. 슈타인은 자신의 결정을 어머니가 받아들이도록 하는 일이 얼마나 끔찍한 시련이었는지를 회상했다. "그 몇 주 동안 나는 '우리 두 사람 가운데 누가 먼저 무너질까, 나일까 엄마일까?' 하고 계속해서 스스로에게 물었다." 슈타인이 수녀원으로 떠날 때, 그녀는 카르멜 수녀가 되는 걸 허락받기 위해 간절히 원했지만, "나는 [어떤 열광을 경험하기에는] 너무 끔찍한 과정을 통과했다"[19]고 말했다.

슈타인이 어머니의 승인을 받기 위해 가슴이 찢어지는 투쟁을 한 시점에서부터 시작되는 회고록은 어떤 점에서 자기 어머니에 대한 깊은 애착을 표현하려는 슈타인의 깊은 감정적 욕구를 드러내며, 그렇게 함으로써 유대인 유산과의 연결을 드러내려 했다. ≪유대인 가족의 삶≫의 첫 장은 "어머니의 기억"인데, 이 장은 어머니 슈타인 부인이 딸에게 들려준 이야기에 근거한 것이다. 이 장은 어머니의 부모와 조부모, 그리고 외갓집의 삶의 이야기를 요약한다. 사실상 슈타인이 서문에서 언급한 것처럼, 원래 의도는 어머니의 생애 이야기를 기록하려던 것이었다. "원래 나는 어머니의 회고록을 정리하려 했었다. … 다음에 나오는 이야기는 내가 어머니와 대화한 것에 근거한 것이다. … 나는 최선을 다해서 어머니의 인생을 설명할 것이다."[20]

---

19) Herbstrith, *Edith Stein: A Biography*, 66.

실제로 회고록 1장에 나타난 것처럼, 슈타인 부인의 생애 이야기는 슈타인이 자기 어머니에 대한 깊은 사랑과 존경을 보여준다. 슈타인 부인은 에디트가 겨우 두 살이었을 때, 그 남편이 죽은 후 가업을 물려받아 성공적인 금융회사로 키웠다. 슈타인은 자기 어머니가 "도시 전체에서 가장 능력 있는 상인"[21]이라고 묘사한다. 슈타인 부인은 그 대가족의 유일한 지원자로서, 슈타인의 자서전에는 자녀들에게 막강한 권위를 행사하는 가녀장(*mater familias*)으로서 사랑을 받고 동시에 두려움의 대상으로 나온다.

슈타인의 회고록에 나오는 또 다른 중심인물은 에드문트 후설인데, 그는 슈타인의 철학 지도교수였으며, 많은 점에서 아버지 같은 인물이다. 후설은 유대인이지만 나중에는 루터교로 개종했다. 그는 슈타인이 존경하고 숭배한 "대가"로서, 슈타인에게는 정서적으로 일찍 돌아가신 아버지를 분명히 대신하는 인물이다. 회고록의 마지막에는 슈타인이 후설 밑에서 박사학위를 받는 이야기가 나온다. 그리고 후설이 슈타인에게 자신의 조교가 되기를 요청하고, 슈타인이 그 제안을 받아들인 순간, "우리 두 사람 가운데 누가 더 들떠 있었는지 모르겠다. 우리는 마치 약혼하는 순간의 젊은 부부 같았다"고 회상한다.[22]

슈타인 부인과 에드문트 후설이 슈타인의 발전에 큰 영향을 끼친 것은 부인할 수 없으며, 이것은 그녀의 설명에 분명히 나온다. 어머니의 생애 이야기와 삶의 흥망성쇠에 직면해서도 존엄한 용기를 보여준 어머니의 메시지로 시작된 그 회고록이 철학적 아버지의 축복과 그녀의 지적 능력을 확인해준 박사학위의 축복으로 끝난다는 점은 의미심장하다.

---

20) Stein, *Life in a Jewish Family*, 25.
21) Ibid., 61.
22) Ibid., 411.

시도니 스미스는 여성들의 자서전을 연구한 책에서, "자서전을 쓴 여성은 아버지의 이야기와 어머니의 이야기 사이에서 자신을 유보해야 하는데, 그런 남성적 자아와 여성적 자아가 그녀의 역사적 순간에 배어 있다"고 지적한다.[23]

스미스의 말에 비추어 볼 때, 슈타인의 회고록의 시작과 끝은 그녀의 유대인 삶의 가장 중요한 부모 역할을 한 인물들에 대한 애착을 보여준다. 자신의 회고록에서 그들이 맡은 특별한 역할과 위치는 그들이 슈타인의 의식에 영원한 영향을 끼쳤음을 시사한다. 그러나 슈타인의 종교적 변화에서 볼 때, 그녀의 원래 아버지 역할을 맡은 인물들에 대한 회상은 특별히 복잡한 정체성 문제를 함축하고 있다.

스미스가 언급한 "역사적 순간," 즉 슈타인의 생애에서의 역사적 순간은 하나의 부모 이상이 배어있다. 슈타인이 개종하고 카르멜 수녀회에 가입했을 때, 슈타인은 그리스도교 신앙을 받아들였고, 그와 더불어 그녀의 그리스도인 "부모"도 받아들였음을 기억할 필요가 있다.

슈타인이 가톨릭으로 개종하고, 이어서 카르멜 수녀의 소명을 받은 것은 카르멜 수녀회의 창설자인 아빌라의 성녀 테레사의 저술들을 통해 영감을 받았기 때문이다. 우연하게도 아빌라의 테레사는 스페인 유대인 개종자의 후손이었다. 슈타인은 심지어 수녀원에 들어갔을 때 테레사의 이름을 택해, 십자가의 테레사 베네딕타 수녀가 되었다. 은유적으로 말하자면, 테레사라는 그리스도인 성인이 슈타인 부인을 대신해서 어머니가 된 것이다. 슈타인의 자연적 어머니와 영적 어머니의 관리 기술, 결단력, 단호함, 의지력을 주목하는 것은 흥미로운 일이다.

슈타인은 후설만큼 뛰어난 능력의 사상가를 아버지 인물로 받아들

---

[23] Sidonie Smith, *A Poetics of Women's Autobiography: Marginality and the Fictions of Self-Representation* (Bloomington: Indiana University Press, 1987), 19.

였다. 슈타인은 개종한 후, 예수회 사상가 에리히 프라이와라 신부의 영향을 받아, 성 토마스 아퀴나스를 연구하기 시작하고, 또한 그의 저술들을 독일어로 번역하는 중요한 과업을 완수했다. 비록 슈타인의 처음의 철학은 현상학이었지만, 토마스의 사상은 완전히 다른 철학적 훈련을 요구해서, 자신 안에서 "성 토마스는 존경하고 의지를 가진 제자를 발견했다"고 선언하기에 이르렀다.24) 그러나 후설의 70회 생일을 기념하기 위해 쓴 논문에서, 슈타인은 아퀴나스의 철학 세계와 후설의 철학 세계를 화해시키려 했다. 그 논문의 결론에서 슈타인은 "후설은 의식의 내재성 안에서 '절대적' 출발점을 추구하지만, 토마스에게는 그것이 믿음이다"25)라고 지적함으로써 자신의 옛 스승으로부터 떠날 필요가 있음을 시사한다.

그럼에도 불구하고, 슈타인이 두 사상가 사이를 화해시키려 했던 처음의 노력은 아마도 자신의 철학적 아버지와 영적 아버지에 대한 분열된 충성심을 화해시키려는 무의식적 열망을 함축할 것이다. 자신의 삶의 지향성을 화해시키려는 정서적 욕구는 후설과 토마스에 관한 논문을 쓰게 된 동기에 관한 진술에 반영된 것처럼 보인다. "나의 지성은 백지상태(*tabula rasa*)가 아니라 그 자체를 부인할 수 없는 분명한 형성 과정을 받아들였다. 내 안에서 만나게 된 두 철학자의 세계는 대결과 논의를 요구했다."26)

사실 슈타인은 자신의 회고록에서 유대인 부모와의 사이에서 자신을 유보시키고 있는 것이 사실이다. 그러나 실제로 글을 쓰는 순간에는 그리스도인 부모도 무시될 수 없다. 에릭슨의 "사실성의 본질적 부분"

---

24) Stein, Graeff, *The Scholar and the Cross*, 50에서 재인용.
25) Ibid., 52.
26) Ibid., 50.

으로서의 기억이라는 개념을 생각하면, 슈타인의 글에서 드러나는 일차적 부모에 대한 회상은 그녀의 다른 종교적 정체성을 "양육한" 인물들과 함께 자리잡는다. 기억한다는 원초적 행위는 과거를 현재의 글쓰기 순간으로 옮겨오며 되살린다. 이런 의미에서, 슈타인의 그리스도인이라는 사실성 속에서 자신의 유대인으로서의 과거를 서술하는 이야기는 유대인-그리스도인의 "부계적 및 모계적 내러티브"라는 이중 구조를 유지한다.

이 유대인-그리스도인 삶의 내러티브가 공존하는 하위 텍스트는, 내면의 온전함을 회복하려는 슈타인의 강렬한 열망을 드러낸다. 이런 온전함의 회복은 자신의 타고난 종교적 유산과 자신이 선택한 종교적 유산 모두를 인정함으로써 이루어진다. 글쓰기의 순간에 모든 부모와 같은 인물을 동시에 수렴하는 것은 하나의 종합을 시도하는 것이며, 이는 내면의 온전함을 회복하는 데 필수적인 것이다.

슈타인이 영적인 온전함과 정서적 온전함을 추구한 것은 그녀의 철학적 지향성과 일관되게 진화한다. 그녀가 말한 "핵심" 또는 "인격의 참된 본질" 개념을 다시 떠올려보자. 슈타인은 인간의 잠재력은 "한 속성에 대한 이해가 다른 쪽으로의 진전을 합리적으로 동기 부여할 때" 펼쳐진다고 주장한다. 모든 공감 행위는 "전체 인격 구조에서 의미 있게 나아가는 것"으로 경험된다.[27] 따라서 이 핵심의 실현은 역사적 자아에 대한 인식에 기반한다. 《자서전적 의식》에서 윌리엄 얼은 다음과 같이 말한다. "당시에 그 사건을 경험했던 '나'와 지금 그것을 기억하는 '나'는 동일한 존재여야 하며, 그렇지 않으면 나의 과거의 행위는 현재의 나의 것이 될 수 없다."[28] 슈타인의 유년 시절과 청소년기의 유대인

---

27) Stein, *On the Problem of Empathy*, 112.
28) William Earle, *The Autobiographical Consciousness* (Chicago: Wuardrangle

의 삶에 대한 회상인 그 자서전은 이런 점에서 그녀의 발전하는 현재적 자아의 재확인이다. 이처럼 자기실현이 지속되는 것은 과거의 자아를 인정하는 데 근거한다.

이러한 관점에서, 유대인으로서 슈타인이 자서전 쓰기를 통해 자아를 재창조한 것은 그녀가 카르멜 수녀로서의 자아 정체성을 발전시키는 데 반드시 필요했다. 내면의 온전함을 성취하기 위해 그녀는 종교적 정체성들을 수렴해야 했으며, 자신의 현재 속에서 과거의 생명력을 인정함으로써 그 과제를 성취했다.

시몬 베유: 자기 파괴의 반역

슈타인의 진실성은 그녀의 철학적 사유 윤리에 대한 일관된 헌신에서 비롯된다. 슈타인은 하나의 공감의 목소리로 말하면서, 자신의 그리스도인 신분을 내려놓고 유대인 불법자의 관점에서 공적 담론에 참여할 수 있었다. 슈타인과는 대조적으로 베유의 삶은 모순으로 특징지어진다. 베유의 담론은 세상과 싸우다가 세상과 단절하는 상반된 목소리를 오가며, 또한 그녀가 투사한 자기 이미지는 빛나는 정치적, 사회적, 종교적 활동가의 모습과 더불어 스스로 고통받고 자기 파괴적인 "불쌍한 존재" 사이를 오간다. 그러나 베유의 반역적인 사회 활동과 논란을 일으킨 임무에 내재된 맥락은 점점 더 강해지는 극적인 자기희생적 파괴에 대한 집착을 드러낸다. 베유는 눈에 띄지 않게 죽기를 원하지 않았다. 베유가 상상한 자신의 죽음은 절대적으로 아무 두려움 없이 자기에 대한 이기심이 전혀 없는 멋진 광경(a spectacle)이 되는 것이었다.

우리는 이미 베유의 "희생양" 모티프를 간호사 분대 파견 계획과

Books, 1972), 159.

혼자 낙하산으로 침투해 레지스탕스와 함께 파괴 공작을 계획한 역할 속에서 살펴보았으며, 교회 안으로 피신하기를 거부한 것, 프랑스를 "비겁하게" 떠난 것, 유럽으로의 귀환, 그리고 마침내 런던에서 단식을 통해 굶어 죽은 것 등, 그녀의 자기희생에 대해서 살펴보았다. 이런 계획과 행동은 베유가 고질적인 비순응자이자 강박적 반역자임을 보여준다. 이것은 마치 베유가 사회, 정치, 종교 영역에서 기대되고 용납되는 모든 것에 불복종함으로써, 사회적 배제, 위험, 죽음에도 영향을 받지 않는 용감한 전사로서의 자질을 필사적으로 시험하려 했던 것처럼 보인다. 실제로 베유를 사로잡은 것은 불굴의 일편단심 상태로서의 반역이었다. 한 제자에게 보낸 편지에서 그녀는 이렇게 썼다. "진정한 반역자는 도덕적으로도 물질적으로도 철저히 고립된 존재다. 나는 진정한 반역자에 대해 말하고 있다. … 정말로 강하고, 정말로 순수하고, 정말로 용감하고, 정말로 너그러운 사람들만이 그 도전에 응할 수 있다."[29]

마지막 저서 ≪뿌리내림: 인간에 대한 의무 선언의 서곡≫에서, 베유는 반역적 불복종의 진정한 의미에 대해 논했다. 일반적으로 복종은 의무이지만, 그녀는 이렇게 주장했다. "적어도 하나의 필수 조건이 있다. … 범죄에 해당하지 않는 방식으로 복종을 거부하는 것이다. 이런 거부는 너무나 긴급한 의무에 의해 강요되기 때문에, 어떤 위험도 마다하지 않게 된다."[30] 베유가 생애 마지막에 런던에서의 활동에 정점을 찍기 이전에 보여준 활동들에 대한 다음의 간략한 설명은 사회적 배제에 굴하지 않는 강인함과 집요한 헌신으로 그녀 자신의 "진정한 반역자"라는 정의를 충족시키려는 결연한 의지를 보여준다. 베유가 외부적 사회 환경에서 자신을 점점 더 멀리 떨어뜨리려 했던 경향을 검토해 보

---

29) Weil, Petrement, *Simone Weil: A Life*, 201-2에서 재인용.
30) Weil, *Simone Weil Reader*, 252.

면, 결국 그녀가 살아있는 존재들로부터 자신을 점점 더 분리하려는 데에 열중했던 저항의 독특한 형태로 나타난다.

베유의 사회 활동은 비전통적이었고, 그녀의 계획은 종종 비현실적이었다고 해도 과언이 아니다. 하지만 그런 활동과 계획은 언제나 도덕성과 정의에 대한 그녀의 관심과 불가분의 관계에 있었다. 사회적, 군사적 억압의 희생자들에 대한 확고한 헌신뿐 아니라 식민 지배와 제국주의 정권에 대한 격렬한 비판은 베유의 초기 활동과 글들 속에서 명확히 드러나 있다. 1931년에 국가 고등 교원 자격시험(Agrégation)에 합격한 이후, 베유는 르퓌(Le Puy)와 오세르(Auxerre)의 노동자 계층 학교에서 철학을 가르쳤다. 그녀는 노동자 조합 신문인 〈리브르 프로포〉(*Libres Propos*)와 〈레포르〉(*L'Effort*)에 글을 기고했으며, 정치 활동에서도 지칠 줄 모르는 열정을 보여주었다. 이 시기의 활동들은 노동자 계급의 삶의 조건을 개선하는 데 대한 그녀의 열렬한 관심을 드러낸다.

혁명적 운동가로서 베유는 보기 드문 용기와 뛰어난 정치적 통찰력을 보여주었다. 1932년, 그녀는 광산 노동자 시위의 지도자 중 한 명으로서 시위에 참여했고 붉은 깃발을 들었다. 같은 해, 베유는 베를린과 함부르크를 방문하여 독일 파시즘의 대두를 목격했고, 독일 노동조합과 독일 공산당에 환멸을 느끼고 돌아왔다. 그녀가 보기에 이 두 조직은 분열적이며 나치즘의 등장에 대해 수동적 태도를 보였고, 이는 잘못된 것이었다. 베유는 독일 노동운동의 패배와 나치의 승리를 정확히 예측했다. 동시에 그녀는 스탈린 체제를 거부하면서 그것이 파시즘에 필적할 만큼 위험하다고 판단한 정치적 통찰력을 보여주었다. 그녀는 1933년 파리에서 트로츠키와의 만남에서 이런 견해를 공개적으로 표현했고, 주요 논문 중 하나인 "자유와 사회적 억압의 원인에 대한 성찰"에서 이를 자세히 설명했다.31)

1934년부터 1935년까지 베유는 노동자 계급의 삶을 체험하기 위해 공장 노동자로 일했다. 동시에 그녀는 생디칼리즘(Syndicalisme) 활동과 사회 및 정치 문제에 대한 글쓰기를 계속했다. 스페인 아나키스트를 열렬히 지지한 그녀는 1936년 내전 상태의 스페인으로 갔다. 그곳에서 그녀는 공화당과 공산당 양 진영에서 나타난 정치적 위선을 목격하고 다시금 정치적 통찰력을 드러냈다. 얼마 지나지 않아, 1939년에 베유는 히틀러의 침략에 대한 이전의 평화주의적 입장을 버렸다. 1940년 프랑스가 함락되자, 베유는 부모와 함께 파리를 떠나 마르세유로 피신했고, 전쟁 첫해에는 농장 노동자로 일했다. 마르세유에서 베유는 중요한 논문 "일리아스, 혹은 힘의 시"와 "거대한 짐승"32)을 집필했는데, 이 글들에서 그녀는 폭군적 체제와 그 체제가 자행한 희생양 만들기를 신랄하게 비판했다.

베유의 정치 활동과 글쓰기는 세상에 대한 깊은 관심, 특히 억압받는 사람들과 고통받는 사람들에 대한 엄청난 관심을 보여준다. 베유는 피해자들에 대한 외골수 같은 헌신과 그들에 대한 억압을 격렬하게 비판했는데, 조지 애벗 화이트의 말처럼, "우리 시대의 모든 억압적 '~주의들,' 즉 식민주의, 제국주의, 국가 사회주의, 전체주의, 민족주의, 인종차별주의"33)에 대한 베유의 격렬한 비판은 그녀의 진정성에 대해 의심

---

31) 이 논문은 *Oppression et liberte* (1955)에 출판되었고 그 번역본은 A. Wills and J. Petrie 번역으로, *Oppression and Liberty* (New York: Routledge & Kegan Paul, 1958)으로 출판되었다. Dorothy Tuck McFarland (*Simone Weil*, 47)는 이 논문이 "현대 산업 문명의 본질에 관한 절제되고 깊이 있으며, 흔히 특이하게 아름다운 명상"이라고 묘사한다.

32) "The *Iliad* or the Poem of Force" in Sian Miles's *Anthology*, 182-215. "The Great Beast"는 *Simone Weil: Selected Essays, 1934-1943*, selected and trans. Richard Rees (London: Oxford University Press, 1962), 89-144에 실려 있다.

33) White, *Simone Weil: Interpretations*, 3.

할 여지를 남기지 않는다. 베유는 평생 정의롭고 억압 없는 세상을 위해 전심을 다 바쳐 헌신했다.

그러나 베유가 더 나은 사회 체계를 만들고자 했던 의도는 의심할 여지가 없지만, 그 이상을 실현하고자 했던 방식은 종종 그녀를 극단적으로 위험한 모험에 빠뜨리는 경향을 드러냈다. 심지어 베유의 초기 활동조차 불필요한 위험을 감수하는 성향을 보여준다. 베유의 유대인 정체성은 1932년 독일 방문 중 그녀를 위험에 빠뜨렸고, 1936년 스페인 방문은 군사 경험 부족으로 거의 재앙으로 끝날 뻔했다. 항상 베유의 안전을 염려했던 부모는 독일과 스페인 모두에서 그녀를 따라가 결국 다시 프랑스로 데려왔다. 그러나 그들은 베유가 뉴욕에서 런던으로 돌아오는 것을 막지는 못했고, 그 마지막 여행은 베유의 자기 파괴적 죽음으로 끝났다.

독일과 스페인으로의 여정은 억압적인 정권과 싸우기 위해 자신의 생명을 기꺼이 내놓았던 베유의 결의를 보여준다. 베유의 자기희생적 성향은 그녀의 생활방식에서도 드러난다. 공장에서 일하기로 한 결정은 그녀의 육체적 건강에 해로웠다. 선천적으로 허약하고 만성적인 두통에 시달렸지만, 베유는 완전한 신체적 붕괴 상태에 이르기 전까지 육체노동을 멈추지 않았다. 사적인 삶에서 베유는 금욕주의자가 되어 음식, 의복, 최소한의 편의 등 기본적인 필수품조차 스스로 거부했다.

베유의 비순응적 태도에 대한 이런 간략한 설명은 그녀가 태어나고 성장한 부유한 부르주아 생활방식에 대한 그녀의 일관된 반발심을 강조한다. 동시에 베유가 평생 사회적 억압과 계급적 특권에 반대한 것은 두 가지 서로 모순되는 움직임을 드러낸다. 베유의 사회적 실천은 억압받는 이들의 욕구를 확인해주었지만, 그녀가 자발적으로 가한 자기 억압은 그녀 자신의 욕구를 외면하게 만들었다. 대중의 희생과 착취에 맞서는 베유의 투쟁은 더 나은 미래, 더 나은 세상에 대한 믿음을 나타낸다. 반면 점점 더 자기파괴적으로 변한 그녀의 태도는 자신의 미래에 대한 부정을 보여준다. 이러한 상반된 움직임은 베유의 삶의 말년에 특히 뚜렷하게 나타난다. 가브리엘라 피오리가 쓴 방대한 베유 전기에서 말했듯이, "[베유의] 죽음의 신비는 그녀의 삶의 의미에 대한 질문을 불러일으킨다."34)

런던에 있을 때, 베유는 중요한 저서 ≪뿌리내림: 인간에 대한 의무 선언의 서곡≫(*The Need for Roots*)를 집필하고 있었는데, 그 책에서 베유는 계몽된 세계가 왜 해체되고 있는지를 분석하고, 전후 프랑스를 위한 정치적, 사회적 질서의 개편을 구상했다. 동시에 그녀는 프랑스와 인류를 위한 더 나은 미래를 구상하고 있었으며, 프랑스 민중의 고통과 연대한다는 명목 아래 스스로 굶주림과 결핍 속에서 죽어가고 있었다.

탁월한 사회사상가이자 반역자인 베유와 순교자로서 자기 소멸을 열망해서 고난을 자초한 베유 사이의 불일치는 정체성과 정체성 부정이라는 두 가지 문제 모두에 대해 질문을 제기한다. 슈타인의 자서전은 나치 테러에 대한 저항의 기록으로서, 그녀를 유대인이며 동시에 독일 청소년의 교육자로 영원히 확인시켜주었다. ≪유대인 가정의 삶≫이라는 자서전 제목과 어머니의 회고록을 쓰려 했던 의도는 슈타인이 자신의 유대인 정체성을 인정했음을 보여주며, 또한 한 사람의 시민이며 휴머니스트로서 사회의 도덕적 가치가 붕괴한 것을 수리할 책임에 대한 그녀의 집념을 반영한다. 그러나 베유는 그녀의 유대인 정체성을 전혀 언급하지 않았으며, 시민이자 휴머니스트로서의 그녀의 활동은 점점 더 현실과 동떨어지고 필연적으로 자기 파괴적 방향으로 나아가고 있었다.

---

34) Gabriella Fiori, *Simone Weil: An Intellectual Biography*, trans. Joseph R. Berrigan (Athens: University of Georgia Press, 1989), 8.

슈타인이 자기의 자서전에서 유대인 정체성을 명시한 것과는 달리, 베유는 페랭 신부에게 보낸 자전적 편지의 제목을 "**영적** 자서전"이라 붙였다. 영적 요소를 강조한 것은 의미심장하다. 대부분의 자서전은 무엇보다 먼저 (영적 요소 대신) 사실에 기반한 삶의 이야기를 제시하려고 한다. 슈타인이 확실히 설정한 목표도 그것이었다.

그렇다면 베유는 왜 인습적인 자서전 방식에서 벗어나 자신의 삶의 역사적 측면을 억제했을까? 영적 측면을 강조한 것이 베유가 유대인 출신 사실을 그리스도인으로서의 성장 이야기에서 지우려는 의도의 표현이었을까? 실제로, 비시 정권의 교육부에 보낸 편지에서 베유가 자신이 유대인임을 부정하기 위해 유대인 신분에 관해 말한 것을 제외하면, 베유는 자신이 유대인 출신임을 결코 언급하지 않았다. 베유는 이처럼 자서전에서 전기적인 사실을 강조하지 않음으로써 오히려 그녀가 유대인으로서의 자아를 부정하고 있음을 확실하게 드러낸다.

그러나 베유는 더 깊은 형태의 자기 부정을 보였다. 그녀는 유대인 정체성을 부정했을 뿐 아니라 육체적 욕구 자체도 부정하려고 애썼다. 존재의 신체적 측면을 부정하는 것은 자기희생적 죽음을 바라는 소망과 깊이 연관되어 있다. 따라서 유대인 정체성을 지우려는 베유의 욕망은 자기의 육체를 공동선을 위한 제물로 바치려는 소망과 동시에 작동했다. 비록 베유는 이런 연관성을 직접 언급한 적은 없지만, 그녀의 자기 부정적 충동들이 이러한 감정적 연결 가능성과 연관되어 있다는 점은 주목할 만하다.

이러한 해석을 받아들인다면, 베유가 프랑스를 위해 죽기를 열망했던 이유는 그녀의 유대인 정체성을 지우려는 압도적 욕망 때문이라는 설명이 가능하다. 다시 말해서, 프랑스를 위해 극적으로 죽는다면 프랑스인 신분을 확고히 입증하게 되어, 그녀의 유대인 신분은 돌이킬 수 없이 지워질 수 있다는 것이다. 앞서 언급했듯이, 베유가 교회의 유대교적 뿌리를 제거함으로써 개혁하려 했던 제안도 마찬가지로 자신의 정체성을 지우려는 의도를 보여준다.

그렇다면, 유대인으로서의 자신을 받아들이지 못한 것이 자기희생적 자기파괴에 대한 집착을 초래한 것일까? 자기를 희생하려는 베유의 열망은 유대인 정체성을 지우려는 욕망을 투사한 것이며, 그와 함께 프랑스에서 강제로 추방당한 상태를 끝내고자 하는 욕망과 맞물려 있었던 것일까? 베유에게 유대인 정체성으로부터의 해방은, 비록 사후일지라도, 프랑스 시민으로서의 정체성 회복이라는 "정당한" 귀속으로 여겨졌다고 말할 수 있을까?

이런 해석은 겉보기에 모순되어 보이지만, "베유의 죽음의 신비"에 관한 이런 가설은 그녀의 신학적-신비주의적 탈창조/해체(de-creation) 개념이라는 맥락 속에서 고찰할 때 일리가 있다.

시몬 베유: 탈창조/해체 맥락에서 본 반역자와 신비주의자

우리는 이미 고통받는 사람들에 대한 베유의 생각에서 신비주의적 요소를 지적한 바 있다. 베유에게 배려는 타인과의 상호적 관계를 목표로 하는 것이 아니라 고통받는 사람에 대한 전적인 수용을 목표로 했다. 그리고 타인을 전적으로 수용하도록 개방하는 능력은 자아의 소멸에까지 이른다. 이처럼 완전한 자기 부정 상태는 인습적인 사회관계를 초월한다. 배려하는 것은 신비주의적 차원을 지닌 것으로서 "오직 은총의 초자연적 작용에 의해서만" 구현된다. 그러면 배려가 "순수한 사랑"이 된다.[35]

---

35) Weil, "Human Personality," in *Simone Weil Reader*, 333.

베유에 따르면, 우리가 "순수한 사랑," 곧 하느님을 사랑할 수 있는 진정한 능력에 도달할 수 있는 것은 오직 자아를 부인함으로써만 가능하다. 우리는 "신비주의자처럼" 될 필요가 있는데, "신비주의자는 … 그의 영혼 안에 '나'라는 말이 들어설 틈이 전혀 없도록 항상 전심전력을 기울이는 사람"이다.36) 베유에 따르면, 사랑의 궁극적 행위, 곧 우리를 신성과 연결하는 행위는 자아의 소멸, 즉 탈창조/해체(de-creation)에 있다. 하느님이 세상과 인류를 창조하실 때, 신적인 자아를 줄여서 사랑의 행위로 우리에게 자율적 자아를 주셨다. 하지만 참된 존재는 하느님 안에 있으므로, 자아의 자율적이거나 개인적 측면은 인간을 하느님으로부터 분리시킨다. 우리가 개인으로서 하느님과 분리되어 있기 때문에, 우리의 존재는 환상일 뿐이다.

우리가 "'나'를 말하는 것이 거짓이다"37)라고 깨닫는 순간, 우리는 존재의 진실에 접근하게 되는데, 그것은 실제로는 존재하지 않는다고 베유는 말한다. 인간 존재는 "하느님에 대한 가장 큰 범죄"라고 바유는 말한다.38) 우리가 존재 자체를 범죄로 인식할 때, 우리는 "속죄는 존재하지 않기를 바라는 것이며, 구원은 우리가 존재하지 않는다는 것을 인식하는 데 있다"39)는 것을 이해하게 된다. 따라서 하느님을 사랑하는 참된 행위는 하느님이 본래 사랑 안에서 우리에게 주신 자율성을 하느님께 되돌려드리는 것이다. 이런 자기 부정의 행위는 곧 "나"의 소멸에 이른다. 진리는 하느님과의 재연결 안에 있다. 의지를 통해 자아를 소멸시킴으로써 우리는 창조 이전의 하느님과의 원초적 일치 상태를 재구성

---

36) Ibid., 318.

37) Weil, *First and Last Notebooks*, trans. Richard Rees (London: Oxford University Press, 1970), 132.

38) Ibid., 263.

39) Ibid., 218.

하게 된다.

하느님을 사랑하는 궁극적 행위가 하느님과의 재연결에 있다는 주장은 유대교와 그리스도교 모두의 신비 사상의 특징이다. 그러나 베유의 탈창조/해체(de-creation) 이론은 그리스도교의 전통적 사상, 즉 하느님과의 재결합 개념이나 유대교의 신비주의 카발라 사상, 즉 하느님과의 친밀함을 회복한다는 개념과는 실제로 다른 길이다. 베유는 자아 소멸(self-annihilation) 안에서 하느님과의 재연결이라는 특이한 이론을 갖고 있다. 베유의 신비주의가 갖는 특수성은 육체적 존재의 부정과 유대인 정체성의 부정이라는 이중 부정의 이유가 되었다.

J. P. 리틀은 "시몬 베유의 탈창조/해체 개념"이라는 글에서 베유를 그리스도교 신비주의 전통, 특히 마이스터 에크하르트의 신비주의 사상과 연결시킨다. 그는 에크하르트가 하느님을 알기 위해서는 우리가 자기 자신과 모든 피조물을 망각해야 하며, 또한 "모든 피조물은 순수한 무(pure nothing)"라고 주장한 것이 베유 안에 분명히 이어진다고 주장한다.40) 반면에 H. L. 핀치는 베유의 탈창조/해체 개념을 이삭 루리아의 "창조를 수축(withdrawl, 히브리어로 '침춤' tsim-tsum), 또는 '세상을 위해 여유 공간을 만든 것'이라는 카발라 사상"과 연결시킨다.41) 카발라 민담에서는 하느님이 우주로부터 몸을 움츠리심으로써 창조가 일어날 수 있었다. 블라디미르 라비는 베유가 유대교를 거부한 것과 자신의 유대인 혈통을 지우려 한 것 모두를 약화시키려 시도하면서, 마찬가지로 베유가 하느님의 세상 창조를 하느님의 의도적인 수축으로 전제한 것은

---

40) J. P. Little, "Simone Weil's Concept of Decreation," in *Simone Weil's Philosophy of Culture: Readings Toward a Divine Humanity*, ed. Richard H. Bell (Cambridge University Press, 1993), 49.

41) H. L. Finch, "Simone Weil: Harbinger of a New Renaissance," in *Wimone Weil's Philosophy of Culture*, 303.

카발라의 '침춤' 원리에서 나온 것이라고 주장한다. 비록 그는 베유가 카발라 전통을 알고 있었는지에 대해 설명하지 못하지만, 베유의 신비주의적 사상과 유대교의 신비주의 사상 사이의 유사성을 추측한다.42)

베유가 유대교 신비주의와 유사하다는 주장과는 대조적으로, 마르틴 부버는 베유의 탈창조/해체 관념과 카발라의 '침춤' 관념 사이에는 아무 연관성이 없다고 주장한다. 유대교 신비주의에서는 하느님의 수축을 통해 하느님의 계속적 창조 행위 안에서 인간을 하느님의 파트너로 위치시킨다. "나"의 파괴에 대한 베유의 생각은 유대교에서 낯선 것이다. 부버에 따르면, 유대교는 개인적 자아를 거부하지 않는다. 그와 반대로 개인은 "인간의 '나'와 그분의 영원한 파트너인 '나'라는 두 개의 튼튼한 기둥을 연결하는 다리이다."43)

부버는 "유대교는 실제 관계의 '나', 사랑의 '나'를 긍정한다. 사랑은 '나'를 무효로 만들지 않기 때문이다. 사랑은 '나'를 '당신'과 더 가깝게 묶어 준다"고 주장한다.44) 개인과 하느님의 파트너십이라는 부버의 개념은 세상을 수리한다는 뜻의 카발라의 '티쿤 올람'(tikkun olam) 개념과 연결된다. 창조의 순간에 세상이 하느님 보시기에 완전했던 것은 선행과 도덕적 증진을 통해 회복될 것이다. 세상의 도덕적 완전성이 인간의 불완전성과 악에 대한 성벽 때문에 무너져내렸지만, 덕(virtue)을 향한 인간의 열망을 통해 수리될 수 있다. 따라서 카발라 사상에서는 하느님과의 가까움의 기반이, 일상 속에서 정의와 친절한 행동을 통한 신적인 완전성과 사랑을 모방하는 데에 있다.

---

42) Wladimir Rabi, in *Simone Weil: Philosophe*, 143-53.
43) Martin Buber, "The Silent Question: On Henri Bergson and Simone Weil," in *Writings of Martin Buber*, ed. Will Herberg (New York: New American Library, 1956), 312.
44) Ibid.

하느님을 사랑하는 것이 개별성의 소멸을 요구한다는 견해는 그리스도교 사상에서도 전형적인 것이 아니다. 대부분의 그리스도교 신학자들과 사상가들에 따르면, 인간은 하느님의 피조물이기 때문에 개인의 과제는 창조주를 모방하는 일이다. 그리고 하느님은 사랑으로 인간을 창조하셨기 때문에, 하느님의 사랑을 모방하는 것은 인간의 존재 이유이다. 셸러는 그리스도교의 사랑에 대해 논하면서, "하느님은 화육(성육신)을 통해 인간에게 몸을 굽히셨다. … 이제 사랑은 몸을 굽히고 모든 타자 안에서 자기를 상실하게 된다." 따라서 사랑은 만물 안에서 하느님의 존재를 모방하는 것이다. 인간의 과제는 "하느님이 만물을 사랑하시는 것처럼 … 가능한 한 많이, 만물을 사랑하는 것이다."[45] 셸러에 따르면, 하느님을 사랑하는 것은 하느님의 사랑을 널리 퍼뜨리는 것이다.

유대교와 그리스도교 모두로부터 벗어난 한 사례를 인용하자면, 스피노자의 사상 역시 하느님을 사랑하는 것이 "비존재"(un-becoming)가 되는 행위로 보는 관념을 부정한다. 스피노자는 자기 긍정을 통해 하느님을 사랑할 것을 주장한다. 그는 인간의 자기 긍정은 하느님의 자기 긍정에 참여한다는 의미라고 주장한다. 인간은 하느님의 일부이기 때문에, 인간을 향한 하느님의 사랑은 하느님의 자기 사랑에 이른다. 그러므로 자기 긍정은 하느님이 그의 피조물을 사랑하심을 긍정하는 것이며, 따라서 하느님 자신을 긍정하는 것이다.[46]

스피노자의 관점에서는 하느님의 자기 긍정에 참여하는 것이 자기 소멸을 암시하지 않는다. 그와는 반대로, 자기 보존은 하느님을 긍정하는 것으로서, 자기 소멸에 반항한다. 틸리히가 지적한 것처럼, "자기 보

---

45) John H. Nota, *Max Scheler: The Man and His Work*, trans. Theodore Plantinga and John H. Nota (Chicago: Franciscan Herald Press, 1983), 62, 67.

46) Paul Tillich, *Love, Power, and Justice: Ontological Analyses and Ethical Applications* (London: Oxford University Press, 1967), 22.

존과 자기 긍정 모두 논리적으로는 적어도 자아를 위협하거나 부인하는 어떤 것을 극복한다는 뜻이다."47)

이처럼 자기를 긍정하는 것과 하느님을 긍정하는 것의 관계에 대한 이런 견해는 베유의 생각, 즉 "우리는 자신의 탈창조/해체(de-creation)를 통해 세상의 창조에 참여한다"48)는 생각이 얼마나 특이한 것인지를 보여준다. 베유의 입장은 그리스도교 사상가들의 입장, 즉 하느님을 사랑하는 것을 개인이 하느님의 성스러운 피조물로 자기 정체성을 갖는 것에 있다고 보는 입장과 반대된다. 베유의 입장은 또 유대교 사상, 즉 원래 세상의 순수성과 완전성을 재창조하려는 사랑의 노동에서 하느님과 개인이 파트너라는 사상과도 반대된다. 그리스도교 신학과 유대교 신학 모두 인간의 육체적 존재와 영적 존재 모두를 강조한다. 이것은 인간이 하느님의 피조물이라는 자기 긍정을 통해서든, 아니면 개인과 하느님이 계속해서 더 나은 세상을 창조하기 위한 공동의 목표를 가지고 있다는 점에서든 이런 강조는 마찬가지다.

그렇다면 도대체 왜 베유는 하느님의 사랑을 인간 존재에 대한 부정에서 보려고 했는가? 도대체 왜 베유의 자기 부정의 강렬함이 자기 보존을 긍정하는 힘보다 더 컸는가? 베유가 탈창조/해체를 명상하는 데 관련된 매우 개인적이며 정서적인 긴장 아래에는 "나"에 대한 수사학이 깔려 있다. "나는 무(nothing)의 상태를 사랑해야 하며, 나의 아무것도 아님(nothingness)을 사랑해야 하며, 무(nothingness)로 존재하는 것을 사랑해야 한다"49)는 단언 속에 드러나는 것은 결코 탈창조/해체에 대한 추상적 사변이 아니다. 또 다른 중요한 글에서 베유는 이렇게 주장한다. "만

---

47) Ibid., 24-25.

48) Weil, *First and Last Notebooks*, 309.

49) Weil, *Gravity and Grace*, 165.

일 내가 어떻게 사라질 것인지를 알기만 한다면, 하느님과 땅 사이에 완벽한 사랑의 합일이 있을 것이다." "나는 숨을 쉬고, 내 심장이 뜀으로써 하늘과 땅의 침묵을 방해한다"50)는 이유 때문이다.

    베유는 자기 보존의 가치를 배격하면서 이렇게 말한다. 창조된 존재들의 가장 낮은 계층에는 "**[하느님을] 사랑할 능력이 있는 가장 비참한 자가 있으며**," 또한 "가장 비참한 자를 사랑하는 것은 가장 귀한 사랑이다. 그런 피조물이 투명하게 될 때—투명함은 하느님이 자신을 사랑하실 수 있는 방법을 시사한다—창조의 행위는 완결되었기 때문이다."51) 베유의 "투명성" 개념은 인간이 하느님의 사랑을 받는 존재로서 투명하게 된다는 개념으로서, 하느님이 기꺼이 인간 존재가 되려는 의지를 가지신 것 안에서 자기에 대한 하느님의 사랑을 파악한 사상가들과 대조된다. 창조를 통한 하느님의 자기 긍정은, 하느님의 존재가 투명함을 통해, 즉 창조의 표지들인 신체조직과 형태의 소멸을 통해 투명하게 됨으로써 입증된다는 견해와 반대된다.

    베유의 용어에서 "투명성"은 해체(uncreation)를 뜻하지만, 한 사람을 다른 사람과 구분하지 않거나, 각 개인의 독특성을 특별하게 강조하지 않는 것을 뜻하기도 한다. 베유는 "피조물일 뿐이라는 것에 동의하는 것은 자신의 존재 전체를 상실하는 것에 동의하는 것과 같다"52)고 말한다. 비참한 자의 "투명성," 즉 그녀의 탈개성화가 구원하는 이유는 그것이 하느님과의 사랑하는 재연결로부터 자신을 분리하는 장벽을 제거하기 때문이다.

    고난받는 개인이 일단 자신의 독특성에 대한 주장을 중단하고 자

---

50) Weil, *Waiting for God*, 89.
51) Weil, *First and Last Notebooks*, 333 (강조는 원문에).
52) Ibid., 217.

신을 탈창조/해체하면, 창조주와 재결합한다. 이 순간 그 비참한 자가 하느님을 사랑하는 것은 하느님이 그 비참한 자를 사랑하시는 것과 하나가 된다. 그러면 인간의 탈창조/해체를 통한 하느님의 완전성의 재창조 순환(the cycle of the re-creation of God's perfection through human de-creation)이 완결된다. 베유는 비참한 자가 하느님을 사랑할 수 있는 능력을 설명하면서 이해하기 어려운 말을 덧붙이는 중에, 자신이 그런 투명한 비참한 자라고 말한다. "그러므로 운명이 나를 가장 비참한 자들과 함께 낮은 계층에 위치시킨 것은 얼마나 감사한 일인가."53)

도대체 베유는 제대로 자리를 잡은 가족의 사랑받는 딸로서 교육도 잘 받고 자기가 바라던 것을 모두 허락받으면서 살았음에도 불구하고, 자기를 "투명한 비참한 자"라고 느낀 이유가 무엇인가? 유대인을 용인할 수 없었던 사회에서 "이방인이며 유랑자"라는 의식 때문에 베유는 하느님의 사랑을 사회적으로 보이지 않는 것(social invisibility) 속에서 찾게 된 것인가? 아니면 유대인 정체성이 뜻했던 배제를 베유가 용인하지 못한 것 때문에, 하느님의 사랑을 "투명한 비참함" 상태에서 찾도록 만든 것인가? 아니면 몸과 육체적 존재에 대한 베유의 혐오 때문에 비참한 자들의 특권인 투명한 자들의 불가시성(invisibility of the transparent)을 열망하게 된 것인가?

베유의 탈창조/해체(de-creation) 이론과 그녀의 자기 부정의 유사성을 판단하기 전에, 우리는 그녀의 탈창조/해체 이론은 결코 육체적인 자기 파괴를 표면상 권고하지 않는다는 점을 강조해야 한다. 사실상 베유는 자살을 탈창조/해체의 거짓된 모방으로 간주했다.54) 베유는 자살을 탈창조/해체의 가짜라고 배격했는데, 자살은 의지의 행동이기 때문

---

53) Ibid., 333.
54) Little, "Simone Weil's Concept of Decreation," 37.

이다. 우리가 자신을 창조하지 않은 것처럼, 자신을 파괴하도록 허락받지도 않았다고 베유는 주장했다.55) 그럼에도 불구하고 베유의 언어는 그녀 내면의 거대한 양가감정을 스스로 드러낸다. "투명한 비참한 자"라는 베유의 자기 이미지, 무(nothingness)를 사랑하라는 자기 권면, 그리고 사라지고 싶은 욕망은 모두 베유의 자기 부정을 반복한다.

비록 아마도 의식적으로 은유적 의미로 사용했을 테지만, 베유의 수사학적 전략은 자기 파괴의 육체적 측면을 강렬하게 전해준다. 존재하지 않으려는 욕망은 자신에게 가한 폭력에 대한 분명한 언급을 통해 더욱 강화된다. 우리가 그것을 확인할 수 있는 표현들은 다음과 같다. "우리에게는 자아를 죽일 의무가 주어졌다. 나는 녹슬게 될 도구를 매우 귀하게 여긴다." "필요한 에너지는 내 속에 있는데, 내가 그 에너지로 살기 때문이다. 나는 가차 없이 그것을 나 자신 속에서 끌어내야 하며, 비록 그 과정에서 내가 죽는다고 해도 그래야만 한다."56) 이처럼 자기를 비참한 자로 묘사할 뿐 아니라 자신에 가한 고통의 이미지는, 비존재(nonexistence)에서 해방과 기쁨을 추구하는 감당하기 어려운 존재 의식을 전해준다.

아무리 은유적으로 사용했다 하더라도, 그런 자기 소멸의 폭력적 이미지는 베유의 경우에 틸리히의 용어로 "자아를 위협하거나 부정하는" 어떤 것이 우세했음을 확인시켜준다. 분명히 자아를 부정하는 경향이 자기 보존의 욕구보다 강하게 나타났다. 베유의 자기 부정을 추동한 근저의 자기 파괴 욕망은 신에 대한 사랑을 독특성보다 탈창조/해체로, 능동적 파트너십보다 수동성으로, 자기 긍정보다 자기 부정으로 묘사한 동기가 되었다.

---

55) Weil, *First and Last Notebooks*, 404.
56) Weil, *Gravity and Grace*, 180, 181.

"기도의 본보기"에서 베유의 탈창조/해체에 대한 욕망은 완전한 육체적 기능 상실이라는 구체적 형태로 나타났다. 베유의 글에는 "마비가 되어, 눈이 멀고, 귀가 먹고, 분별이 없고 완전히 노쇠한" 상태가 되기를 바라는 매우 섬뜩한 탄원이 나온다. 탈창조/해체의 궁극적 행동은 고통받는 사람들에 대해 몸으로 배려하는 거의 잔인하고 식인적인 이미지로 나타난다. 베유는 "이 모든 것[몸, 기능, 정신, 감수성, 사랑]이 나에게서 벗겨지고, 하느님에게 삼킨 바 되어, 그리스도의 본체로 변형되어, 고통받는 사람들에게 음식으로 주어지기를" 간청한다.57)

이처럼 몸이 마비되고 움직일 수 없게 되며 무기력하게 되기를 기도하는 것은 살아있는 상태에서 죽음을 간구하는 것이다. 이런 1인칭 내러티브는 베유가 무능하게 되는 고통을 직접적으로 바란다는 사실을 보여준다. 이러한 간청이 뜻하는 끔찍한 고통에도 불구하고, 그 간청은 오히려 그리스도의 몸으로 변화되기를 바라는 간청으로서 일종의 특권적 죽음을 바라는 욕망을 드러낸다.

앞서 말했듯이, 베유는 죽기를 원했지만, 주목받지 않는 죽음을 원하지는 않았다. 인류를 위한 그리스도의 고난을 모방하는 죽음은 가장 고통스럽고 가장 고상한 탈창조/해체의 행위 안에, 하느님을 향한 베유 자신의 사랑과 하느님의 사랑을 융합시킬 것이다. 인류를 위한 그리스도의 자기희생을 모방한 베유의 희생은 투명성, 곧 사회적으로 보이지 않는 존재가 됨으로써, 신성과 융합되는 보상, 그래서 신성에 참여하는 보상을 수반한다. 고통받는 사람들을 위한 궁극적 사랑의 행동, 소외, 치욕, 고난의 투명성으로 베유가 마음에 품은 것은 신비적이고 영웅적인 순교의 형태를 띠게 된다.

베유가 바란 순교는 그리스도의 절대적인 자기희생, 즉 고통받는

---

57) Weil, *First and Last Notebooks*, 244.

사람들을 위한 자기 봉헌의 모방이었다. 베유가 그리스도의 수난을 소망한 것은 슈타인이 수녀원장에게 자신을 봉헌하기를 허락해주도록 요청했던 순교, 즉 "참된 평화를 위해 속죄의 희생물로 예수 성심에" 자신을 바치겠다는 비슷한 소망을 우리에게 상기시켜준다. 그러나 슈타인의 자기희생은 세상 속에서 계속 존재하면서, 세계 평화를 구조하는 자로서의 소명을 살아내는 것을 뜻했다. 반면, 베유는 사회와의 단절을 뜻하는 순교를 원했다. 베유는 기도에서 세상과의 모든 감각적, 정서적 소통 수단이 멈추기를 원했다.

정체성은 사회적 상호작용의 한 기능이다. 사회 밖에서는 정체성이 의미를 갖지 못한다. 그렇다면 베유의 귀먹고, 눈멀고, 말하지 못하게 해달라는 기도는 사실상 유대인들의 고통이 점차 심해지는 가운데 비춰진 자신의 정체성을 듣지도, 보지도, 인정하지도 않겠다는 욕망을 표현한 것일까?

비록 끔찍한 불행이지만, 감각과 감정의 마비는 또한 느끼고, 경험하고, 고통받는 것으로부터의 해방을 의미한다. 신체적, 정신적 마비로서의 탈창조/해체는 세상과 고통스러운 상호작용의 끝을 나타내는 듯하다. 이런 관점에서, 투명성은 신성과 탈개인적인 재결합(depersonalized reconnection)을 의미하며, 자아를 참을 수 없는 정신적, 정서적 고통의 중심으로 규정한다. 이처럼, 탈창조/해체는 고통과 고뇌를 초래하는 모든 유대와 관계의 해체를 의미한다. 고통받는 사람들을 위한 자기희생 속의 자기 파괴 욕망 아래에서 우리는 비존재(nonbeing)에 대한 간청, 즉 견딜 수 없는 삶의 고통으로부터의 구원을 보게 된다.

이처럼 견딜 수 없는 삶의 고통이 유대인으로 낙인찍힌 의식에서 비롯된 것이라고 우리는 가정할 수 있을까? 만일 그렇다면, 몸, 마음, 사랑, 감수성, 지성과 같은 모든 것을 버리고 완전한 자기 소멸 속으로 들어가려는 "비참한 자"의 간청은, 사회적 반역자이자 고통받는 이들을 위해 끊임없이 싸운 자로서의 베유의 모습과 어떻게 조화될 수 있는가?

"비참한 자"와 반역자는 베유의 프랑스를 향한 무조건적 연민의 태도 속에서 만나는 듯하다. 베유에게 점령당한 프랑스는 고통받는 사람들의 정체성을 지녔다. 베유는 ≪뿌리내림: 인간에 대한 의무 선언의 서곡≫에서 이렇게 말한다. "추위와 배고픔을 느끼며 자기를 동정하려는 유혹에 시달리는 자는 그렇게 하는 대신에, 자신의 왜소한 육체에서 동정을 끌어내 프랑스를 향한 동정으로 전환할 수 있다. 그런 추위와 배고픔 자체가 프랑스를 향한 사랑을 육신 안으로 끌어들여 영혼 깊숙한 곳에 침투하게 만들 수 있다."[58]

낙하산을 타고 적진 후방에 침투하여 레지스탕스 운동에 가담하려는 자기희생적 계획에서 우리가 이미 본 것처럼, 베유는 점령된 프랑스를 그저 동정하는 것 이상을 하려 했다. 그녀는 고통받는 프랑스 민중을 위해 자신의 생명을 바칠 준비가 되어 있었다. 베유에게는 프랑스를 향한 전적인 배려가 육체적 희생과 영적인 탈창조/해체의 순교를 요구하는 것이었다.

프랑스를 향한 베유의 무한한 연민은 자기를 속죄양으로 바치려는 동기가 되었다. 이러한 희생적 봉헌의 신비적 요소는 프랑스를 향한 그녀의 연민과 예루살렘을 향한 그리스도의 연민 사이에 설정한 연결에서 드러난다. 베유는 우리가 가진 연민의 "권위"는 바로 예루살렘을 보고 "우셨던" 그리스도에게 있으며, 그는 "곧 다가올 파괴를 … 예견하고 있었다. … 심지어 그가 십자가를 지고 가면서도 그는 예루살렘을 향해 느낀 동정심을 다시 보여주었다"고 주장한다.[59]

---

58) Weil, *The Need for Roots*, 174.
59) Ibid., 170-171.

그리스도의 수난에 대한 언급은 베유의 기도와 고통받는 사람들에게 먹히는 그리스도의 몸이 되려는 그녀의 열망을 떠올리게 한다. 베유는 자신이 조만간 실제로 프랑스의 굶주린 사람들을 위해 자신의 몸을 궁극적으로 그리스도처럼 바칠 것임을 함축하고 있었는가?

베유가 고통받는 사람들의 양식으로 자신을 그리스도와 동일시하고, 또한 고통받는 사람들을 위한 탄원자로서 자신을 그리스도와 동일시한 것은 결국 자기 소멸적 신비주의자의 측면과 자기희생적 반역자의 측면을 결합시킨다. 자아의 이런 측면들은 자기 배제, 극심한 고통을 자초하려는 의지, 그리고 무엇보다도 자기 부정이라는 공통된 특징들을 보여준다. 반역자와 신비주의자는 모두 개별성의 해체를 지향한다. 전자는 프랑스의 고통을 수용함으로써, 후자는 하느님의 사랑을 수용함으로써 개별성의 해체를 지향한다. 이런 의미에서, 자기희생적인 반역자와 자기 소멸적 신비주의자는 자아의 제거에 대한 공통된 열망을 보여준다. 프랑스를 위해 싸우는 투쟁은 자비로 가득 찬 마음으로 자아를 채우며, 하느님과의 재결합을 향한 투쟁은 개별성을 비우는 것이다.

그러나 이상하게도, 반역자와 신비주의자의 자기 소멸은 베유가 가장 두려워했던 고통에 대해 보호를 제공하는 것처럼 보인다. 베유는 자신의 글 "하느님의 사랑과 고통"에서 고통의 메커니즘을 이렇게 정의한다. "삶을 붙잡고 뿌리째 뒤흔든 사건이 … 그 모든 부분—사회적, 심리적, 신체적 부분—을 공격하지 않는 한, 그것은 진정한 고통이 아니다. 사회적 요소는 필수적이다. 어떤 방식으로든 사회적 타락이나 그에 대한 두려움 없이는 진정한 고통이 아니다."[60]

고통에 대한 본질적인 것으로서 "사회적 타락"이라는 "사회적 요소"를 강조한 것은 극히 중요하다. 이는 자기를 스스로 배제시킨 순교와

---

[60] Weil, *Waiting for God*, 119-19.

법령에 따른 배제라는 타락 사이의 차이를 드러낸다. 이 구분은 베유를 인간 이하의 불법자로 낙인찍은 폭군적 지배에 자신이 치욕스럽게 굴복하기보다, 오히려 반역자와 신비주의자로서, 세상으로부터 자신을 단절시키는 것을 선호했음을 밝혀준다.

만일 사회적 배제라는 몰락이 고통의 궁극적인 단계라면, 베유가 자신을 유대인이라고 인식한 것이 그녀를 사회에서 배제시킨 원인으로 그녀의 고통의 주요 원천으로 이해할 수 있을까? 이러한 점에서 베유의 자기 부정은 유대인 불법자라는 나치의 명령에 대한 저항을 시사한다. 베유는 자신을 희생적인 순교자로 설정하여 스스로 배제함으로써, 자신을 유대인으로서 배제한 이들의 권위를 거부했다.

동시에, 신체적이며 영적인 순교를 선택한 베유의 선택은 유대인 정체성이 뜻한 사회적 배제를 피하고자 하는 강렬한 열망을 보여준다. 극단적 여성이었던 베유는, 역설적으로, 사회로부터 상대적으로 배척당하는 것보다는 오히려 완전한 사회적 배제를 선택했다. 우리는 베유가 어떤 집단, 심지어 교회라는 집단을 좋아하는 것 자체를 고통으로 인식했다는 사실을 떠올릴 수 있다. 베유는 신체적 순교와 자기 부정을 자아 긍정의 수단으로, 즉 하느님 안에서 몰입하고 인류에 대한 헌신 속에서 참된 불멸을 추구한 것으로 짐작할 수 있을까? 역설적이지만, 베유의 자기 소멸에 대한 열망은 하느님 안에서뿐만 아니라 인간들 사이에서도 불멸을 추구한 것으로 보인다.

7장

프랑크와 힐레숨

정체성과 하느님 찾기

"나는 삶이 아름답다고 느끼고 자유를 느낀다. 내 안의 하늘은 내 머리 위로 펼쳐진 하늘만큼이나 넓다. 나는 하느님을 믿고, 인간을 믿는다. 그리고 그것을 부끄러움 없이 말할 수 있다."

— 에티 힐레숨

"두려움에 떨거나 외롭거나 불행한 사람들에게 가장 좋은 치료법은 밖으로 나가는 것이다. 거기서 그들은 하늘과 자연, 하느님과 함께 혼자 있을 수 있다."

— 안네 프랑크

이제까지 우리의 논의는 종교적 (자기) 정체성 주장을 저항의 수단으로 삼는 데 초점을 맞춰 왔으며 앞으로도 계속 그럴 것이다. 에디트 슈타인과 시몬 베유가 자신들의 정체성을 어떻게 서로 다르게 접근했는지를 요약하는 것은 도움이 될 수 있으며, 그 후에 안네 프랑크와 에티 힐레숨의 접근방식도 살펴보겠다.

에디트 슈타인은 반유대주의를 선전하는 정치적 분위기에 맞서, 자신의 유대인 과거와 그리스도인 현재를 인정하고 접목시키려 했다. 그녀는 독일 청년으로서 유대인 가족의 이야기를 공유했던 유대인 딸로서의 정체성을 지키며, 유대인들을 위해 십자가를 지고자 했던 카르멜 수녀로서 그런 반유대주의 테러에 저항했다. 그녀는 "공적 영역"에서 자신의 목소리를 내는 데 주저하지 않았고, 이는 계몽된 인간화 담론의 맥락 속에서 침묵을 강요하는 박해에 맞선 슈타인의 저항을 보여준다.

시몬 베유가 자신이 유대인 출신이라는 사실에 대해 보인 반응은, 저항의 수단으로 자신의 종교적 정체성을 부인하는 문제를 제기한다. 베유가 자신을 그리스도인, 프랑스인, 그리스인이지만 분명히 유대인은 아니라고 정의하면서 반유대주의적 조치들로부터 자신을 분리한 것은 오늘날 우리에게는 받아들이기 어렵고, 또한 그녀가 유대인 대학살의 참혹함에 대해 침묵했다는 사실은 매우 섬뜩하다. 우리가 역사적으로 되돌아보는 시점은 베유의 행동을 옹호하기 어렵게 만들지만, 동시에 홀로코스트에 대한 우리의 인식이 과거의 맥락을 이해하는 데 장애가 될 수 있다는 점도 인정해야 한다. 우리는 베유가 성장한 이데올로기의 분위기 속에서 그녀의 유대인 정체성에 대한 반응을 고려해야 할 필요가 있다.

우리가 반감을 가질지라도, 베유가 유대인이라는 강요된 정체성에 저항함으로써 자신이 프랑스 시민이자 그리스도인으로 자신의 정체성을 주장하기로 선택했다는 점을 인정해야 한다. 그것이 당시 변화하는 상황에 따른 것은 아니지만, 그녀가 유지하고자 했던 정체성은 해방 이후 시대에 서유럽의 많은 동화된 유대인들이 당연하게 여겼던 사회적 통합의 특징이었다.

베유가 교회를 개혁하고 프랑스를 위해 죽고자 했던 열망을 갖게 된 것을 보상 메커니즘으로 해석하는 것, 즉 그녀가 유대인 정체성을 부정한 것과 관련된 보상 메커니즘으로 해석하는 것은 최종 해결책이 전개되던 맥락에서 볼 때 타당한 것처럼 보인다. 동시에, 베유가 위험과 모험에도 불구하고, 정치적, 사회적, 종교적 문제에 집착한 것은 유대인 해방이 약속한 표현과 행동의 자유에 대한 그녀의 고집스러운 주장을 보여주었다. 끝없는 폭력과 잔인한 현실, 그리고 멸절의 직접적 위협 속에서도 베유는 자신의 생각, 글쓰기, 계획을 통해 오늘날 우리에게는 받아들이기 어려운 방식일지라도 유럽의 계몽주의 전통 안에 머물렀다.

따라서 슈타인과 베유의 종교적 자기 정체성은 계몽주의의 지적 전통의 틀 안에서 허용 가능한 범위를 벗어나지 않는다. 비록 어떤 점에서는 그들의 종교적 자기 정체성이 극단적으로 반대되는 것처럼 보이지만 말이다. 결국 그들의 삶의 선택에서 드러난 독특함과 급진성에도 불구하고, 그들이 자기 정체성을 구성한 것은 모두 당시 동화된 계몽주의 유대인들을 설명하는 데 적절한 범주들에 속한다. 슈타인을 "반역하는 천민"이자 "재앙의 유대인"으로 묘사할 수 있다면, 베유는 자신을 자기희생적 반역자로 구성하고자 했으며, 또한 베유를 독특하게 만든 점은 그녀가 탈창조/해체의 신비주의자였다는 점이다.

나치의 테러 현실은 슈타인과 베유 모두 자신의 유대인 정체성을 고민하게 만들었다. 슈타인의 담론은 그녀의 유대인-그리스도인 정체성과 세계와의 연결성을 긍정하는 방식으로 형성되었고, 베유의 담론은 자신의 정체성을 전체적으로 거부하고 세상을 향한 속량적 몸짓으로 나타났다. 이 두 가지 요소, 즉 사회적 긍정과 희생적 부정은 나머지 두 여성(힐레숨과 프랑크)의 유대인으로서의 자기인식 방식을 설명하는 데 도움을 줄 뿐 아니라, 그들의 종교적 자기 정체성이 나치의 테러에 저항하는 데서 어떤 역할을 수행했는지를 설명하는 데도 도움을 준다.

안네 프랑크와 특히 에티 힐레숨이 홀로코스트의 잔혹함에 가까이 있었다는 사실은 그들이 자신의 정체성을 희생자로 생각하도록 만들었다. 그러나 베유는 결코 나치의 반유대인 박해를 직접 경험하지 않았으며, 슈타인은 마지막에 강제로 끌려가는 순간까지는 수녀원의 비교적 정상적인 일상을 누릴 수 있었다.

이것은 슈타인과 베유가 나치의 테러가 확대되는 것을 목격하고 자신들의 모국을 떠나 도망칠 때 틀림없이 경험했던 불안감이나 공포심, 심지어 경악을 최소화하려는 것이 아니다. 그러나 슈타인과 베유는 프랑크가 2년 동안 숨어지낸 동안, 또는 힐레숨이 베스터보르크 수용소에서 1년 넘게 지내면서 겪었던 끔찍한 경험과 비교할 만한 기록을 남기지 않았다.

임박한 파멸은 불확실성, 불안, 공포의 감정을 불러일으켜, 내면의 힘과 자아 너머의 구원을 찾는 다양한 반응을 만들어낸다. 멸절에 대한 상시적 위협은 희망과 절망 사이, 상대적 능력에 대한 느낌과 전적인 무기력의 고통 사이를 오가는 감정 상태를 만들어낸다. 우리는 이런 역학을 슈타인의 글과 특히 베유의 글에서 볼 수 있었다. 슈타인과 베유의 사례는 다가오는 절망의 위협에 대한 프랑크와 힐레숨의 2층으로 된 종교적 반응을 분명하게 밝혀준다.

한 차원에서는 프랑크와 힐레숨 모두 슈타인의 "반역하는 천민" 또는 "재앙의 유대인"이라는 극단에 가까이 다가간다. 프랑크와 힐레숨 모두 유대교에 관해 실제로 아는 것이 없었지만, 유대인들의 고통에 대해 완전히 연대하며 연민을 품고 그들과 동일시했다. 이런 측면에서 그들은 자신이 유대인임을 확증했다. 그러나 또 다른 차원에서는 더욱 악화되는 곤경의 고통과 죽음을 피할 수 없다는 사실을 더욱 분명히 인식하게 됨으로써, 지원받고 싶은 욕구가 생겨났는데 이것은 보통의 고난이 제공할 수 없는 것이었다. 두 여성 모두 영적으로 지탱할 방법을 찾는 가운데, 동료 유대인들과 함께 겪었던 공포의 현실 너머의 영역에 도달했다. 프랑크와 힐레숨이 하느님과의 친교 안에서 위로를 찾으려 했다는 점에서 베유와 비슷했음을 보여준다.

그러나 프랑크나 힐레숨이 결코 베유의 자기 파괴적 탈창조/해체라는 극단에 이르지 않았다는 사실은 중요하다. 그들 모두 살기를 원했다. 그러나 고난의 경험은 하느님과의 관계에서 자아에 대한 그들의 관점에 영향을 끼쳤다. 힐레숨이 고난받는 인류 안에 계신 하느님에 대해 점차 분명히 인식하고, 프랑크가 자연 속에서 하느님의 가까우심을 발견한 것은 자아와 하느님을 분리하는 경계선들을 약화시킨다. 하느님과의 친교를 갈망하는 프랑크와 힐레숨은 우리에게 베유의 열망, 즉 사랑의 하느님과 재연결되고 하나가 되려는 열망을 상기시켜준다.

유대인의 고난과 동일시

프랑크와 힐레숨 모두 자신들의 유대인 정체성이 자신들을 최종 해결책의 목표물로 만들었다는 사실을 충분히 알고 있었다. 자신의 유대인 정체성을 부정하고 유대인들의 종족학살에 관해 침묵했던 베유와 달리, 프랑크와 힐레숨은 자신들이 유대인임을 인정했고, 유대 민족이 겪는 고난에 대해 공개적으로 공감을 표시했다.

"재앙의 유대인"의 전형적인 모습으로서, 프랑크와 힐레숨 모두 자기 민족과의 동일한 운명을 주장하고, 유대인들에게 가해진 치욕과 고난에 대한 분노를 표현했다. 사실상 우리는 그들의 일기에서 프랑크와 힐레숨 모두 유대인들의 고난에 **유대인으로서** 동일시했던 것이 박해가 심해지면서 더욱 강해지고 있음을 보게 된다.

프랑크와 힐레숨이 박해받는 유대인들을 자기 민족으로서 관계를 맺은 것을 다시 강조할 필요가 있는 것은 특히 최종 해결책에 대한 그들의 반응의 진정성 문제에 대해 문제를 제기하는 비판적 견해 때문이다. 로렌스 랭거는 비록 힐레숨이 "자신의 유대인 정체성을 부인하지는 않았지만 특별히 인정하지도 않았다. 그 정체성은 그녀의 어깨 위에 불편하게 놓인 짐처럼, 떨쳐버리기를 원했을 것이다"라고 말한다. 랭거는 이어서 힐레숨에 대해 분명하게 비난하면서, 그녀의 일기가 "실제로 희생자와 생존자의 회고록 가운데 독특한데, 자신의 유대인 유산과 운명과 거리를 두었고, 힘과 위로를 그리스도교 언어와 태도에서 찾음으로써 많은 사람에게 그녀의 특별한 딜레마가 낯설게 보일 것이라는 점에서 독특하다"고 말한다.[1]

정체성과 언어와 관련된 비슷한 주장은 안네 프랑크의 유대인 신분 문제에 대한 비판에도 나온다. 예를 들어, 샌더 길먼은 "안네 프랑크는 전형적인 동화된 유대인이었다. … [그녀의 언어는] 그녀의 정체성의 구체적 표지가 아니다. … 그녀는 유대인 악센트로 말하지 않았고, 자기의 대화에서 히브리어는 전혀 사용하지 않았다"고 주장한다.[2] 길먼의 주장은 제임스 영이 확인해주는데, 영은 프랑크와 반대로, 히브리어와 이디시어로 일기를 쓴 사람들이 진정한 유대인임을 강조한다. 즉 "안네는 동화된, 비시온주의자(non-Zionist)였고 네덜란드어로 글을 썼다." 영에 따르면, 프랑크는 "인류 공동체의 한 사람이지, 자신을 유대인들의 집단적 비극의 일부로 동일시한 사람이 아니었다."[3]

---

1) Lawrence Langer, *Admitting the Holocaust: Collected Essays* (New York: Oxford University Press, 1995), 70.
2) Sander L. Gilman, J*ewish Self-Hatred: Anti-Semitism and the Hidden Language of the Jews* (Baltimore: Johns Hopkins University Press, 1986), 349-50.
3) Young, *Writing and Rewriting the Holocaust*, 28.

프랑크와 힐레숨이 동화된 분위기 속에서 성장한 것은 사실이며, 이것은 아메리, 베르그송, 블로크, 베유, 슈타인, 그리고 다른 많은 "재앙의 유대인"과 마찬가지였다. 따라서 나치의 반유대인 테러에 대한 그들의 반응은 그들의 이데올로기와 신념, 간단히 말해서 그들을 형성한 세계관을 반영할 수밖에 없었다. 따라서 최종 해결책에 대한 유대인 희생자들의 반응에 대해 전후의 관점에서 평가하고 유대인 정체성의 정도에 대한 비판적 평가를 하는 것은 분명한 아이러니다. 비평가들의 이런 자기 의로움의 입장이 함축하는 것은 나치의 박해에 대한 "올바른 유대인" 반응의 패턴이 있었다는 것인데, 그런 패턴은 유대인 희생자들 가운데 상당수가 따르지 못한 패턴이다.

프랑크와 힐레숨에 대한 그런 판단은 분명히 부적절하다. 두 여성은 유대인 신분 때문에 죽을 운명이었고, 영웅적으로 자기의 운명에서 의미를 찾고, 끔찍한 운명에 맞서 자신의 인간성을 유지하고자 애썼다. 그뿐 아니라 그들이 유대인 집단과 연결되어 있다는 의식이 없었다는 주장은 전혀 정확하지 않다. 사실 힐레숨이나 프랑크 모두 당시 서유럽의 대다수 유대인처럼 시오니스트는 아니었고, 그들 중 아무도 자신의 유대인 유산에 대해 많이 알지는 못했지만, 유대인의 운명에 대한 그들의 진심 어린 동일시나 유대인으로서의 긍지 어린 표현을 무시하기는 어렵다.

프랑크는 유대인들과의 연대를 분명한 언어로 표현하며, 유대 민족의 선택됨에 대한 믿음과 유대인으로서의 정체성의 고유함을 다음과 같이 드러낸다.

우리는 사슬에 묶인 유대인들이며, 한 곳에 묶인 채 어떤 권리도 없이, 수천 가지 의무를 지닌 채 살아가고 있다. … 만약 우리가 이 모든 고통을 견딘다면, 그리고 모든 게 끝날 때 아직도 유대인이 남아 있다면, 유대인은 멸망한 존재가 아니라 모범으로서 세상에 드러날 것이다. 어쩌면 우리의 종교로부터 세계와 모든 민족이 선을 배우게 될지도 모른다. 그래서 지금 우리가 고통을 겪어야만 하는지도 모른다. 우리가 결코 단순히 네덜란드인이나 단순히 영국인 혹은 그 어떤 민족이 될 수 없는 것은 그 문제 때문이다. 우리는 항상 유대인으로 남을 것이며, 유대인으로 남아야 하지만, 우리는 유대인이기를 원하기도 한다. … 하느님은 결코 우리 민족을 버리신 적이 없다. 시대를 거쳐 항상 유대인이 있었고, 그 모든 시대를 통해 유대인은 고통받아야만 했다.4)

프랑크가 자신의 유대인 유산에 대한 자부심을 갖고, 유대인들이 미래의 세상을 위한 사명을 갖고 있다고 믿은 것은, 힐레숨이 자신의 유대인 정체성을 긍정한 데서도 반복된다. 시적인 이미지로, 힐레숨은 유대인 신분을 자신을 감싸주는 구름에 비유하며 "따뜻하고 보호받고 안전한" 느낌을 갖게 한다.5) 그녀는 과거의 유대인 박해의 긴 역사 속에 현재를 위치시킴으로써 현재를 이해하려 한다. "한 세기 동안 민족이 고통을 겪은 종교재판과 또 다른 시대의 전쟁이나 대량학살이 정말로 문제가 되는가? 희생자들이 표현하듯이, 무의미하게 고난을 당하는 것이 문제가 되는가? 고난은 항상 우리 곁에 있었으니, 그것이 어떤 형태이든 중요한 차이가 있을까?"6)

프랑크처럼 힐레숨도 유대인의 세계적 사명을 상상한다. 유대 민

---

4) Frank, *Diary*, 600.
5) Hillesum, *Diary*, 35.
6) Ibid., 129.

족의 고난을 통해 새로운 도덕적 깨달음의 속량적 교훈이 나올 수 있다는 것이다. "이것은 쉬운 일이 아니다. 아마 유대인인 우리에게는 더욱 쉽지 않을 거다. 그러나 만약 우리가 전쟁 이후 피폐하게 된 세상에게 무슨 수를 써서라도 구원한 우리의 몸 이외에는 제공할 것이 아무것도 없다면, 만약에 우리의 절망과 비탄의 깊은 우물에서 새로운 의미를 끌어내지 못한다면, 그것만으로는 충분하지 않을 것이다."7)

"재앙의 유대인들"로서, 프랑크와 힐레숨은 모두 오랜 세월 유대인이 겪어온 고난의 맥락 속에 자신을 위치시킨다. 그들은 유대인 박해의 역사에 대한 동일시를 통해 유대교와의 연대를 확립한다. 동시에 그들은 유대 민족이 세상에서 맡은 독특한 역할을 인정한다. 그들은 유대인이 "선택된 민족"이라는 개념을, 세상을 위한 윤리적 본보기로서 봉사할 책임으로 받아들인다. 자신의 목숨이 항상 위험한 상태에 있던 당시에 이들 동화된 유대인들은 히브리어나 이디시어를 알지 못한 채 자기도 모르게 '티쿤 올람'(*tikkun olam*), 즉 세상을 수리한다는 유대교 전통의 언어를 사용함으로써 그 보편적인 메시지와 자신들의 계몽주의 유산을 결합시켰다는 사실은 의미심장하다.

재앙의 시기에도 이처럼 도덕적 책임을 생각했다는 점은 고통의 무의미함을 떨쳐내고자 하는 열망을 보여준다. 절망에 맞서는 그들의 투쟁 속에서 등장한 이런 "유대교적 요소"는 유대인 정체성에 대한 자각과 그것에 대한 수용을 명확히 전달한다.

프랑크와 힐레숨의 일기에서 드러나듯이, 이들의 유대인 정체성은 단순히 유대인 대학살이 전개되는 현실 속에 역사적-종말론적 의미를 부여하려는 데에 국한되지 않는다. 프랑크와 힐레숨은 모두 유대인 종족학살이 벌어지고 있다는 사실을 완전히 인식하고 있었다. 제프리 하

---

7) Hillesum, *Letters*, 31.

트만이 홀로코스트 시기에는 "누구도 사건들을 이해할 수 있을 것이라 기대하기 어려웠으며, … 정상적인 이야기의 형태로 표현될 수 있는 패턴을 식별할 수 있었던 사람들이 거의 없었다"[8]고 주장한 것과는 달리, 이 여성들은 자신들이 목격한 유대인들에 대한 체계적 학살의 끔찍한 이야기를 분명하게 서술할 수 있었다.

서문에서 논의한 바 있는 바르샤바 게토의 일기들과 마찬가지로, 힐레숨과 프랑크의 일기는 그 피해자들이 자신이 목격한 참혹한 사건들을 이해하고, 그것이 지닌 의미를 글로 표현해내는 능력을 가지고 있었음을 보여준다.

그래서 힐레숨은 "지구의 표면이 점차 거대한 감옥으로 변해가고 있다"고 지적하고, 유대인들이 산 채로 땅에 묻히거나 가스로 학살당하고 있다고 말한다.[9] 그녀는 강제수용소, 자기의 교수들과 동료들의 죽음과 자살, 그리고 "붕괴 과정 가운데 있는 세상"[10]에 대해 쓴다. 폭격과 파괴된 집들에 대해서도 기록한다.[11] 그녀는 "위협이 점점 커지고, 공포가 날이 갈수록 증대하며," 매일 유대인들에 대한 추가 조치가 어떻게 가해지고, 폴란드로 강제이송이 어떻게 진행되고 있으며, 수십만 명의 유대인이 이미 어떻게 희생되었는지를 기록했다.[12] 마침내 힐레숨은 "[독일인들이] 우리를 완전히 멸절시키는 것이 목표라는 새로운 확신"에 도달한다.[13] 이 확신은 베스터보르크 수용소에 대한 그녀의 통렬한 묘사에서도 확인된다. "하늘은 새들로 가득하고, 보랏빛 루핀꽃은 당

---

8) Hartman, "Book of Destruction," 324.
9) Hillesum, *Diary*, 147.
10) Ibid., 18-19.
11) Ibid., 80.
12) Ibid., 113, 118, 127.
13) Ibid., 130.

당하고 평화롭게 피어 있고, … 태양은 내 얼굴을 비추고 있는데, 바로 우리의 눈앞에서 대량학살이 벌어지고 있다. 모든 것이 그저 이해할 수 없는 상황이다."[14]

프랑크는 비슷한 표현으로 이 재앙의 세계적 규모에 대한 이해를 보여준다. "아무도 이 상황에서 벗어날 수 없고, 온 세상이 전쟁 중이다."[15] 그녀는 도시가 폭격으로 파괴되고, 부상당한 사람들, 죽은 사람들, 잃어버린 아이들을 한탄한다.[16] 그녀는 유대인의 비극적인 상황을 구체적으로 말하며, 베스터보르크 수용소로 이송된 유대인 친구들, 가스로 학살된 유대인들에 대한 소식을 전한다.[17] 프랑크는 그런 이야기들이 "너무나 무섭고 끔찍해서 마음에서 지울 수가 없다"고 말한다.[18] 그녀는 유대인들이 "불쌍하게 병들고 버림받은 가축 무리처럼 더러운 도살장으로 끌려가는"[19] 악몽들을 꾸었다.

프랑크의 연대 의식은 다른 유대인들이 박해받는 상황에서 자신이 안전하다는 사실에 대해 엄청난 죄책감을 불러일으킨다. 자신의 믿을 수 없을 만큼 불안정한 상황을 잊은 채, 프랑크는 이렇게 말한다. "어제 커튼 너머로 유대인 두 사람을 보았을 때, 내 눈을 믿을 수가 없었다. 그것은 끔찍한 느낌이었다. 마치 내가 그들을 배신하고 지금은 그들의 비참함을 지켜보고 있는 것 같다."[20]

이처럼 고통스러운 관찰들은 유대인들의 존재가 종말을 향해 가고

---

14) Hillesum, *Letters*, 56.
15) Frank, *Diary*, 331.
16) Ibid., 372.
17) Ibid., 272, 273.
18) Ibid., 317.
19) Ibid., 351.
20) Ibid., 328.

있다는 완전한 자각을 전달해준다. 그런 관찰은 또한 프랑크와 힐레숨이 유대 민족의 운명과 동일시한 데 대해 의문을 제기한 비판적인 견해를 명백히 반박한다. 프랑크와 힐레숨이 바로 유대인들의 고난과 동일시한 정도가 제기하는 보다 적절한 문제는 그들이 유대인이기 때문에 걸리게 된 끔찍한 덫에 대한 감정적 적응의 문제라는 점이다.

그들은 유대인의 전면적 멸절이라는 내러티브가 펼쳐지는 상황에 어떻게 대처했는가? 집단학살이라는 "이해의 범위를 넘어선" 상황이라 "마음에서 지울 수가 없는" 중에 그들은 어떻게 제정신을 유지했는가? 자신들의 죽음이 불가피하다는 자각 속에서 그들은 어떻게 견뎠는가?

"심리적 생존"의 시도들

우리는 슈타인이 독일 청소년을 향한 공감적 관용의 교육자로서 세상에 남고자 한 그녀의 결단 속에서 그녀의 심리적 방어기제를 살펴보았다. 사회의 유용한 구성원으로 남고자 한 이런 자기주장은 더 이상 프랑크와 힐레숨에게는 열려 있지 않았다. 그들에게는 정상적인 삶의 모습조차 점점 사라지고 있었다. 미쳐버린 세상 속에서 정상성을 유지하기 위해, 그들은 공포와 절망으로부터 자신을 보호할 수 있는 일종의 면역체계를 구축할 필요가 있었다.

실제로, 힐레숨은 "유대인들의 통행을 막는 표지판들을 시골 어디에서나" 볼 수 있었다. 그녀는 이러한 "일상생활을 방해하는 귀찮은 조치들"이 단순히 불편함을 주기 위한 것이 아니라, 피해자에게 치욕을 안겨주고 정신을 붕괴시키기 위한 것임을 알고 있다. 슈타인과 달리, 힐레숨은 더 이상 세상을 향해 나아가 가르칠 수 없게 된 채, 이제 자신을 가르치기 위한 내면의 시도를 하게 된다.

힐레숨이 관찰한 바에 따르면, 억압자들은 자신들의 억제 조치가 피해자들에게 "박해받고, 치욕을 당하고 억압받는 감정"을 유발할 것이라는 전제 아래 행동한다. 힐레숨은 우리가 절망에 굴복하는 것은 억압자에게 동의하는 것이라고 주장한다. 따라서 박해에 대한 대응은 치욕을 당한 피해자의 입장을 거부하는 것이어야 한다. 힐레숨은 "치욕에는 항상 둘이 연관된다. 치욕을 주는 사람과 치욕을 당하도록 허락하는 사람이다. 후자가 없으면, 즉 수동적 당사자가 치욕에 대해 면역이 생기면, 치욕은 얇은 공기 속으로 사라진다"고 주장한다.21)

박해를 받는 수치와 창피함을 내면화하지 않으려는 비슷한 접근은 프랑크의 ≪일기≫에도 나타난다. 1943년 8월 10일, 프랑크는 "새로운 생각"을 쓴다. 그녀는 현실이 다르다고 믿는 척하기로 한다. 식사 시간에는 침묵하기로 작정하고, "도저히 견딜 수 없는" 음식이 맛난다고 가장한다. 그래서 이렇게 쓴다. "내가 어디 있는지 알기도 전에, 이미 [음식이] 사라졌다." 아침에 일어나는 것도 "매우 불쾌한 과정"이라고 여겼지만, 같은 기법을 적용한다. 일어나면서 "금방 다시 [침대에] 돌아올 거야"라고 생각하고, 신선한 공기를 들이쉬고, 재빨리 침대를 정리함으로써 "그 유혹이 사라졌다"는 걸 깨닫곤 했다.22)

프랑크의 심리적 성장에 대한 통찰력 있는 글에서 존 베리먼은, 방금 인용한 프랑크의 글이 겨냥한 것은 당시 그녀에게 가장 고통스러운 두 문제, 즉 화가 난 타인들과 함께 형편없고 맛없는 식사를 해야 하는 굴욕감과 짜증나는 상황, 그리고 매일 아침 일어나면서 마주하는 절망과 두려움이라고 지적한다. 베리먼은 프랑크가 도덕적으로 파괴적인 이 문제들에 반응하며 "현실을 바꾸는 능력, 새로운 현실을 창조하는 능력,

---

21) Hillesum, *Diary*, 122.
22) Frank, *Diary*, 393.

… 그녀의 가장 큰 정신적 강점 중 하나"를 보여준다고 지적한다. 이런 강점은 프랑크가 표현한 것처럼, "그녀의 심리적 생존과 평온에 도움이 되었다."23)

심리적 차원에서 보면, 프랑크와 힐레숨은 점점 더 심화되는 모욕과 굴욕에 저항하며, 감정과 행동, 인식의 패턴을 꾸준하고 훈련된 방식으로 변화시키려 노력한다. 두 사람은 두려움과 고통의 감정을 극복하기 위해 지적 정교함과 상상의 자유를 활용한다. 예를 들어, 힐레숨은 "모든 유대인을 사회에서 없애고 싶어하는" 이들로부터 괴롭힘을 당하며 느끼는 굴욕에 대해 이야기한다. 그녀는 "완전한 무방비 상태"였음에도 불구하고, 이러한 슬픔이 자신을 지배하지 않도록 결심한다. "내 안에는 힘이 있다. 그것만으로도 충분하다. 나머지는 중요하지 않다"고 말한다.24)

"그럼에도 불구하고 … 사람들은 정말 본성이 선하다"는 프랑크의 유명한 말은 절망을 유발하는 상황에 대한 인식을 의식적으로 바꾸려는 또 다른 시도를 보여준다. 이 문장의 맥락에서, 프랑크가 전달하는 정서는 흔히 이 말을 해석하는 방식처럼, 인류에 대한 순진한 희망의 메시지가 아니다. 그다음 문장에서 프랑크는 사람들에 대한 자신의 믿음을 "너무 터무니없고 지탱하기 불가능한 일"이라고 인정한다. 그녀는 세상의 선에 대한 이상을 고수하려는 이유가 "혼란, 비참함, 죽음으로 구성된 토대 위에" 자신의 희망을 세울 수는 "도저히 없다"고 고백한다.25)

이처럼 감정적, 지적 반응을 변화시키려는 훈련된 시도는 심리적 생존을 위한 비범한 전략을 보여준다. 동시에, 힐레숨과 프랑크가 자신

---

23) John Berryman, "The Development of Anne Frank," in *The Freedom of the Poet* (New York: Farrar, Str면 & Giroux, 1976), 97.
24) Hillesum, *Diary*, 136.
25) Frank, *Diary*, 694.

들이 처한 상황을 완전히 인식한 상태에서 방어기제를 구축하고 있었다는 점을 강조하는 것이 중요하다. 아무도 유대인으로서 박해받는 자신의 절망적 처지를 억누르지 않았다. 우리가 "명료한 자기기만"(lucid self-deception)이라 부를 수 있는 용감한 방식을 시도함으로써, 그들은 절망의 망령(the specter of despair)을 물리치려 했다. 그들은 이 자기 모순적인 심리적 "게임"을 인식했지만 그럼에도 불구하고 "연기했다"는 사실은 그들이 절망에 굴복하지 않겠다는 결연한 의지가 과연 어느 정도였는지를 보여준다. 동시에, 이처럼 자기기만을 정확히 인식한 "게임"의 역설적인 성격은 생존을 위한 심리적 수단의 취약성과 한계를 함께 드러낸다.

프랑크와 힐레숨의 성격 개조 시도를 액면 그대로 받아들이는 것은, 우리가 그들의 절박함과 두려움을 완전히 이해하기를 꺼리는 마음을 반영하며, 그들의 엄청난 정신적 고통을 회피하려는 우리의 욕구를 드러낸다. 이러한 시도를 피해자들이 "모든 것에도 불구하고" 간직한 내면의 힘이 우세했다는 분명한 증거로 간주하는 것은, 결국 홀로코스트의 참혹함을 사소한 것으로 만드는 일이 될 것이다. "새로운 현실"을 꾸며내려고 했을 정도로 노력한 것은 그들이 자기의 심리적 자아를 재구성하는 일이 얼마나 어려웠는지를 보여준다는 사실을 인정하는 것이 중요하다.

힐레숨은 내면의 힘이 "관건이다"라고 주장하며, "완전한 무력감"에 대응했다. 프랑크는 자신이 단순히 "혼란, 비참함, 죽음"이라는 감각으로는 살아갈 수 없다고 주장한다. 이런 말의 결정적인 어조가 정확히 보여주는 것은 무력감, 혼란, 비참함, 죽음의 깊은 심연이, 생존하기 위해 허구적인 이상들을 꾸며내는 게 불가피하도록 만들었다는 점이다.

따라서 그 일기들은 강제이송과 집단수용소라는 현실 속에서 이러한 정신적 방어가 얼마나 취약했는지를 드러낸다. 두려움을 극복하고자 의식적으로 쌓은 장벽들은 사실상 그들이 느낀 절망이 어느 정도였는지를 드러낸다. 프랑크와 힐레숨의 고난을 조금이라도 이해하려면, 그들이 끊임없이 물리치고자 했던 공포를 직시해야 한다. 그래야만, 그들이 고통 속에서 구성해낸 하느님의 형상에 대한 통찰에 다다를 수 있을 것이다.

영원한 현재의 묵시적 종말과 직면하기

안네 프랑크와 에티 힐레숨이 사용한 이미지의 유사성은 놀라울 정도다. 힐레숨은 이렇게 말한다. "사방에서 파괴가 우리에게 밀려들고, 곧 포위망이 완성될 것이며, 아무도 우리를 도와주기 위해 올 수 없을 것이다. 남아 있는 작은 탈출구들마저도 곧 막히게 될 것이다."[26] 안네 프랑크 역시 악몽을 꾼다. "그 구름은 우리에게 점점 더 가까이 오고, 다가오는 위험에서 우리를 분리시켜주는 원은 점점 좁아지고 있다. 우리는 위험과 어둠에 그처럼 둘러싸여 있고, 우리가 필사적으로 탈출할 수단을 찾기 때문에 서로 부딪히고 있다."[27] 이 두 개의 인용문은 힐레숨과 프랑크가 운명을 기다리며 느낀 두려움과 절망이 어느 정도로 엄청났는지를 어렴풋이 암시해 준다. 자신들의 전면적이고 폐쇄된 갇힘을 강조함으로써, 구원의 불가능성을 전해준다.

프랑크와 힐레숨이 사용한 이미지는 개인적인 재난이라기보다 전 지구적이고 포괄적인 파국을 불러일으킨다는 점은 주목할 가치가 있다. 두 가지 묘사 모두에서 다가오는 종말의 총체성과 되돌릴 수 없음에 대

---

26) Hillesum, *Diary*, 141.
27) Frank, *Diary*, 416.

한 강조는 생존의 어떤 희망도 허용하지 않는 보편적이고 격변적인 사건에 대한 인식을 불러일으킨다. 닫혀가는 고리와 점점 줄어드는 원의 이미지는 단 한 영혼도 피할 수 없는 완전한 파괴의 감각을 전해준다. 두 작가 모두 묵시적 세계의 종말을 암시하는 이미지로 다가오는 죽음에 대한 자신들의 인식을 표현하고 있다.

프랭크 커모드는 다가올 묵시적 종말에 대한 의식이 항상 인간의 시간 인식 안에 존재해 왔다고 말한다. 종말에 대한 두려움은 인류의 역사 내러티브를 형성해 왔다. 그러나 세계사의 패러다임은 창조에서 시작하여 총체적인 파괴의 종말론적 비전으로 끝나지만, 묵시적 종말에 대한 가정은 항상 "신빙성을 잃지는 않았지만 증명되지는 않았다," 즉 "임박한 것이 아니라 내재하는" 것이었다.28) 그러나 커모드가 파악한 것처럼, 나치의 제3 제국은 "죽음을 타인들에게 투사하는 거짓 묵시 종말을 의식적으로 만들어냈다."29) 커모드는 파시즘을 통해 "세상이 유대인들을 학살하는 것처럼 허구에 맞추도록 바뀌었다"고 말한다.30)

최종 해결책은 그런 묵시 종말의 (불)가능성을 구체화한 것이었다. 그것은 문자 그대로 유대인 역사의 마지막 단계를 뜻했고, 따라서 묵시 종말이라는 신화적이며 내재적 관념을 임박한 것으로 만들었다. 이처럼 묵시 종말이 신화적 영역이 아니라 역사적 영역 안에 존재하게 된 것은 역사의 종말을 뜻했고, 따라서 시간의 종말을 뜻했다. 안네의 집에 숨은 유대인들과 베스터보르크에 수감된 유대인들은 그들의 역사가 더는 발전하지 않는 세계에 직면했다. 그들의 과거는 되돌릴 수 없이 지워졌고, 미래는 잔혹하게 부정되었으며, 유대인들은 임박한 파멸의 묵시 종말론

---

28) Frank Kermode, *The Sense of an Ending* (New York: Oxford University Press, 1967), 6, 8, 30.
29) Ibid., 38-39.
30) Ibid., 8.

적 현재에 운명지어져 있었다.

 프랑크와 힐레숨 모두, 시간 없는 현재에 갇혀 있다는 인식이 점점 커지면서 마비시키는 공포와 절망을 낳았다. 공습에 대한 묘사에서 프랑크는 갇혀 있는 유대인들의 절망적인 상황을 다음과 같이 드러낸다. "집이 흔들리며 진동했고, 폭탄이 떨어졌다. 나는 '도피 가방'을 더 가까이 끌어안았는데, 어딘가를 붙잡고 있고 싶었기 때문이다. 도망칠 곳이 없었고, 최악의 상황이 찾아온다면 길거리도 공습처럼 위험했을 것이기 때문이다."31) 힐레숨의 경우에도, 이해할 수 없는 상황에 갇혀 있는 절망감이 강제이송 전날 밤의 기록에서 드러난다.

 오늘 밤 나는 아기들에게 옷을 입히고 어머니들을 달래는 일을 도울 거다. 이것이 내가 희망할 수 있는 전부다. 그 때문에 나는 거의 나 자신을 저주할 뻔했다. 우리가 병들고 무방비한 형제자매들을 굶주림, 더위, 추위, 노출, 파괴에 내어주고 있다는 것을 생각하면 … 도대체 무슨 일이 벌어지고 있는가, 이런 일이란 무슨 미스테리들인가? 우리는 어떤 치명적인 메커니즘에 엮이게 된 것인가? 그 대답은 우리가 모두 겁쟁이라는 것일 수 없다. … 우리는 더 깊은 질문 앞에 서 있다.32)

 "치명적인 메커니즘"의 "더 깊은 질문"은 선택이라는 개념이 더 이상 의미를 갖지 않게 된 세상을 뜻한다. 그 덫은 완벽하다. 그것은 단지 제한된 공간과 신체적 제약만이 아니라, 문제를 숙고하고 결정을 내리는 정신적 활동에도 적용되기 때문이다. 유대인에게는 탈출을 시도하든

---

31) Frank, *Diary*, 375.
32) Hillesum, *Letters*, 126.

하지 않든, 서로를 돕든 돕지 않든, 죽음이 기다리고 있다. 그들의 예정된 운명은 모든 결정, 모든 도덕적 행위를 완전히 무의미하게 만들었다. 결정을 한다는 것은 행동을 선택함으로써 미래에 영향을 미친다는 인식을 전제한다. 그러나 유대인들의 운명은 어떤 결정이나 행동과 무관하게 이미 봉인되어 있었다. 그들의 파멸은 이미 최종 해결책에 의해 정해져 있었다.

프랑크와 힐레숨에게는, 유럽의 모든 유대인과 마찬가지로, 역사는 무시간성, 즉 삶 속의 죽음이라는 묵시 종말적 차원을 갖고 있었다. 프랑크는 자신의 삶이 더 이상 의미 있는 기억이나 목적 있는 계획을 지니지 않게 되었음을 명확히 인식하고 있었다. 그녀는 말한다. "나는 '전쟁 후'에 대해 이야기하곤 하지만, 그건 단지 허공에 지은 성(castle)일 뿐, 결코 실제로 일어나지 않을 일이다. 우리의 옛집, 여자 친구들, 학교에서 재미있던 일을 떠올리면, 마치 다른 사람이 살았던 삶 같지, 내 삶이 아닌 거 같다."33) 시간은 의미를 잃었고, 이것은 그녀를 과거로부터, 따라서 자아에 대한 인식으로부터 소외시켰다. 기대할 것이 아무것도 없었기에, 삶은 끊임없는 죽음의 공포가 깔린 우울한 일상이 되었다.

프랑크가 때때로 경험한 죽음의 공포는 압도적이었다. 그녀는 시적이고 은유적인 언어로 그것을 "납덩이처럼 무겁고" "미치도록 가까운 침묵이 모든 곳에 드리워져 있으며, 나를 붙잡고 마치 지하 세계로 끌고 갈 것만 같다"고 표현한다. 프랑크는 자신을 "날개가 잘린 채 새장 속에서 철창에 부딪히며 어둠 속을 나는 작은 울새"로 여긴다.34) 나중에 그녀의 절박함은 더욱 뚜렷해지며, 이렇게 묻는다. "우리는 어떻게 이처럼 거의 참을 수 없고 점점 더 심해지는 압박을 계속 견디어야 하는 걸까?"

---

33) Frank, *Diary*, 416.
34) Ibid., 411.

그리고 요청한다. "끝이 오게 하자, 설령 그게 힘들지라도."35)

힐레슘 역시 끝을 갈망하게 되었고, 이는 베스터보르크 수용소에서 아우슈비츠로 향하는 "거의 끊임없는 이송"과 함께 다가왔다. 그녀는 때때로 강제이송되는 사람들의 "공포와 절망을 목격해야 하는 것보다는 그냥 자신이 스스로 이송 열차에 올라타는 것이 차라리 더 쉬울 수도 있겠다"고 생각했다고 고백한다. "할당량을 반드시 채워야만"36) 기차가 출발하는 "수학적 규칙성"은 과거나 미래에 대한 모든 고려를 부조리로 전락시켰다. 시간은 반복적으로 끊임없이 일어나는 "수송"이라는 사건으로 측정되며, 이것은 진전에 대한 어떤 감각도 배제한 채, 점점 더 깊어지는 공포심을 불러일으킬 뿐이다.

프랑크는 공포와 우울을 이겨내기 위해 잠을 자려고 애쓴다. "시간이 더 빨리 지나가게 하고, 고요함과 끔찍한 공포를 잊기 위해서, 왜냐하면 그것들을 없앨 방법이 없기 때문이다."37)

피로, 불안, 우울이 점점 커지는 상황에서 힐레슘은 오직 현재에만 집중하려 애쓴다. 그녀는 마태복음의 구절, "그러므로 내일 일을 위하여 염려하지 말라. … 하루의 괴로움은 그날에 족하니라"를 인용하며, 현재의 여기, 지금에만 집중하려고 한다. 그녀는 이것이 "베스터보르크에서 버틸 수 있게 해주는 유일한 태도"라고 주장한다.38)

"잠으로 털어내기"나 "하루하루를 살아내기" 같은 실천적 해결책들은 프랑크와 힐레슘이 가장 밑바닥의 순간들에 절박하게 그 압박을 덜어내기 위해 시도한 방식이었다. 하지만 이러한 방식은 잠시만 도움

---

35) Ibid., 660, 662.
36) Hillesum, *Letters*, 27.
37) Frank, *Diary*, 411.
38) Hillesum, *Letters*, 100.

이 될 수 있을 뿐이다. 절망의 "지하 세계로 끌고 가는" 공포의 세력들에 맞서 싸움을 지속하기 위해서는 다른 수단들이 필요했다.

프랑크, 힐레숨, 슈타인, 그리고 베유는 모두 세상에 대한 책임과 타인에 대한 책임감을 통해 스스로를 지탱하려 했다. 우리는 슈타인이 교육 활동에 대한 사명감에서 자기를 긍정하는 저항을 보았으며, 또한 베유의 자기 소멸을 향한 계획에서도 저항을 보았다. 프랑크와 힐레숨은 모두 "재앙의 유대인들"로서, 유대인들의 고통스러운 과거와 속량적 미래, 즉 고난받는 동료 유대인들과 공유한 유산을 자랑스럽게 수용함으로써 저항했음을 살펴보았다.

그러나 묵시 종말적 파괴의 공포가 점점 심해지는 가운데, 이러한 저항 방식들은 충분하지 않았다. 대량학살에 대한 끔찍한 소식, 다락방과 그 안의 사람들을 뒤흔든 공습, 베스터보르크에서 아우슈비츠로 가는 끊임없는 수송 열차는 힐레숨에게 참을 수 없는 인간적 참혹함에 대한 트라우마적 광경을 보여주었다. 세상에 대해 함께 아파하는 이성과 책임감만으로는 그 희생자들을 정신적, 정서적 붕괴로부터 지켜줄 수 없었다. 커져가는 공포와 절망에 맞서려면 인간 세상의 현실 너머까지 도달하는 관점이 필요했다.

그들 주변에 가득한 파괴에 대한 인식은 신에 대한 물음, 신의 능력, 그리고 세상과의 관계에 대한 질문을 제기했다. 윤리와 인도주의에 대한 믿음을 유지하려 애쓰면서도, 프랑크와 힐레숨은 공포와 절망의 시기에 하느님과 자신의 관계에 대한 질문과 씨름하고 있었다.

인간으로부터 치욕적이고 비인간적인 배제를 경험하면서, 이 두 여성은 위로해주는 신의 현존 안에서 자신들의 인간성을 다시 확인할 필요가 있었다. 다가오는 종말이 점점 더 임박함에도 불구하고, 그리고 아마도 오히려 그 때문에, 이들은 더욱 강한 열망으로 신에 대한 인식을 확립하려 했다. 이런 인식은 세상의 종말, 즉 하느님의 창조 세계의 종말이 다가오는 역설적인 순간에 의미와 위안을 제공해줄 것이었다.

베유 역시 배제와 고통의 상황 속에서 신을 피난처이자 위안의 원천으로 찾고 있었다. 베유처럼 프랑크와 힐레숨도 하느님과 자아 사이의 사랑하는 상호의존 관계를 개념화하였다. 그러나 베유는 하느님과의 관계가 자아의 해체로 완결된다고 본 것과 달리, 프랑크와 힐레숨은 오히려 하느님과의 재구성된 관계 속에서 자아가 힘을 얻게 되는 것으로 이해했다.

묵시적 종말이 다가오는 세상에서 하느님의 이미지

프랑크와 힐레숨은 모두 신 안에서 위로와 평안을 추구한다. 프랑크는 자연 속에서 하느님의 위로하시는 현존을 느낀다. "단순한 자연의 아름다움 한복판에서, 우리는 모든 것이 그래야만 하고, 하느님이 사람들의 행복을 원하신다는 것을 느낀다. … 자연은 모든 공포를 가라앉히며, 폭탄이나 총성이 울려 퍼지는 순간에도 모든 고통을 쉬게 한다."[39] 힐레숨은 하느님의 존재를 자신의 내면 자아 깊숙한 곳에서 느낀다.

> 나는 언제나 하느님의 품 안에서 안전함을 느낄 것이다. 그들은 내 육신을 해칠 수 있을지 모르지만, 그것뿐이다. 나는 내가 상상조차 할 수 없는 극심한 잔혹함과 결핍을 마주하게 될 수도 있다. 그럼에도 불구하고, 이 모든 것은 하느님의 광대하심과 나의 내면의 수용력에 비하면 아무것도 아니다.[40]

---

39) Frank, *Diary*, 498.
40) Hillesum, *Diary*, 149.

이러한 신앙 고백은 강력한 구세주 하느님이라는 통상적 개념과는 다른 차원을 보여준다. 프랑크는 하느님께 "폭탄이나 총격전"의 현실로부터 구원해달라고 기도하지 않는다. 힐레슘 또한, 자신이 경험한 것이며 가까운 미래에 자신을 기다리고 있는, 말로 표현할 수 없는 "잔혹함과 곤경"으로부터 자신을 구해달라고 하느님께 애원하지 않는다.

하느님이 실제로 죽음으로부터 자신을 구해주시리라는 기대가 없기 때문에, 혹은 고통을 어느 정도 완화시켜 주리라는 기대조차 없기 때문에, 프랑크와 힐레슘은 이중적인 자각에 도달한다. 그것은 그들이 되돌릴 수 없는 묵시 종말적 현실을 목격하고 경험하고 있다는 인식이며, 또한 불가피하게 그들을 덮칠 끔찍한 테러에 대해 타협 없는 솔직함으로 마주할 수 있는 용기에 대한 자각으로서, 그들이 그런 자각을 통해 깨닫게 된 하느님은 그들이 살고 죽게 될 그 테러**에서부터**(from) 구원해주는 하느님이 아니라, 그 테러 **속에서**(in) 그들을 구원해주는 하느님이다.41)

역사가 되돌릴 수 없는 묵시 종말적 시점에 도달했기 때문에, 계시의 하느님은 더 이상 전통적인 섭리적 역할을 수행할 수 없게 되었다. 홀로코스트라는 현실 속에서, 역사의 주관자인 하느님은 홀로코스트의 역사 속에서 스스로를 부재하게 만든 듯했다. 프랑크와 힐레슘이 부르고 기도한 하느님은 강력하고 권위주의적인 하느님이 아니라, 사랑과 위로의 하느님이다. 그분은 희생자들의 목숨을 구해주는 하느님이 아니라, 고난받는 사람들이 가능한 한 오래도록 인간의 존엄성과 자존감을 유지하도록 지탱시켜주시는 하느님이다.

---

41) 여기서 "구원한다"는 말은 구원뿐 아니라 라틴어 *salus*와 관계되어 "건강"도 뜻한다. 후자의 의미에서 "구원"은 정신적 건강을 뜻한다. John Hobbins의 도움을 받았다.

프랑크와 힐레숨이 마음에 품은 하느님은 유대인들의 하느님과는 다르다는 점을 다시 강조할 필요가 있다. 그들의 유대인으로서의 "진정성"을 의심하는 비판자들에 맞서, 우리는 힐레숨과 프랑크가 자신들의 유대인 신분에 자부심을 느꼈으며, 고통받는 동료 유대인들과 연대했음을 지적했다. 그러나 프랑크와 힐레숨이 박해받는 유대인 공동체에 속해 있다고 의식했으며, 또한 유대인들은 더 나은 세상을 만들기 위해 선택되었다고 믿었다고 해서, 그들이 유대인들의 하느님 개념을 의식적으로 받아들인 것은 아니었다.

동시에 프랑크와 힐레숨은 그리스도교의 하느님을 전적으로 받아들이지도 않았다. 그들의 하느님 담론은 계몽주의 시대의 보편주의적 가치들(유대교와 그리스도교 모두에게서 나온 가치들)을 강조하는 에큐메니컬 신학에 의존한 것으로 보인다. 프랑크와 힐레숨은 하느님이라는 종교적 개념의 근본적인 교리적 차이를 대신해서, 존엄성과 자존감, 책임이라는 윤리의식 안에서 신성의 본질을 파악했다. 그들의 하느님은 그들의 자아를 넘어서게 하는 관점을 통해 그들의 두려움과 절망을 넘어설 수 있게 하는 것에서 자기를 계시하는 하느님이다.

겉으로 보기엔 그들이 하느님에게 말하는 방식, 심지어 기도하는 자세조차 그리스도교적 특징을 드러낸다. 극심한 두려움과 절망의 순간에, 프랑크는 "머리를 팔로 감싸고, 마루바닥에 무릎을 꿇고, 완전히 엎드려" 울면서 기도했다고 말한다.42) 힐레숨은 자신이 "무릎을 꿇을 수 없었던 여자"라고 반복해서 묘사하다가, 결국 "무릎을 꿇고 두 손을 모으는 법을 배운 여자"로 표현한다. 그녀는 이런 기도 자세가 "우리 유대인들 사이에서 세대에서 세대로 전해 내려오는 것이 아님"을 인정한다.43)

---

42) Frank, *Diary*, 586.

그렇다면 그들은 어떤 하느님에게 기도했는가? 생존에 대한 희망이 없는 믿음의 본질은 무엇인가? 잔혹함과 악의 세력이 지배하는 홀로코스트 세계라는 "다른 행성"44)에서 도대체 이런 믿음이 얼마나 의미가 있는가? 프랑크는 말한다. "나는 안전하지 않다는 걸 안다. 나는 감옥과 집단수용소가 두렵다. 그러나 나는 더 용감해졌고, 하느님의 손 안에 있다고 느낀다. … 하느님이 없다면 나는 오래전에 무너졌을 것이다."45) 프랑크의 두려움이 투사한 하느님 이미지는, 세상이 거대한 감옥으로 바뀌고 있다는 명백한 현실에도 불구하고 믿음을 갖도록 영감을 불어넣는 하느님이다. 홀로코스트의 참상이 끝난 후 유대인들 가운데 선의 본보기가 될 사람들에 관해 글을 쓸 때, 우리가 반드시 기억해야만 하는 것은 프랑크가 미래에 대한 희망을 표현했다는 사실이다. 그러나 일상의 현실로 돌아가면, 프랑크가 발견한 믿음은 종말론적 약속에 대한 믿음이 아니라, 지금 여기에서, 폭탄, 총격전, 집단수용소 한복판에서 자신을 "무너짐"으로부터 막아주는 믿음이다.

프랑크에게 신 개념이 등장한 것은 자연이 하느님을 반영하는 것으로 이해한 때문이다. 자연은 하느님이 존재한다는 증거가 되고, 자연의 아름다움과 평온함은 하느님의 위대하심을 증거한다. 프랑크는 자연 속에서 힘의 원천을 발견하는데, 자연의 영원성은 인류 역사를 대신한다. 인류 역사는 돌아올 수 없는 비극적인 묵시 종말적 시점에 도달했기 때문이다. 하느님은 적어도 일시적으로 인류 역사에서 사라졌지만, 그럼에도 불구하고 다시 등장하여 삼라만상의 장관 속에 현존한다.

아마도 프랑크의 최고의 작품이며 매우 감동적 단편인 "공포"(Fear)

---

43) Hillesum, *Diary*, 194.
44) 로렌스 랭거는 "아우슈비츠는 유럽의 폴란드에 있었지만 흔히 '안티 세계,' 분리된 행성으로 묘사된다"고 상기시켜준다(*Admitting the Holocaust*, 5).
45) Frank, *Diary*, 526.

에서, 그의 자서전을 해설하는 사람은 자연과의 교감 속에서 하느님을 발견할 것이다. 이 이야기에서 우리는 공습 당시에 다락방에 갇혀 있는 프랑크의 공포를 허구적인 "공포에 사로잡힘," 즉 폭탄 투하, 대공 포화, 폭발 당시에 그녀를 사로잡은 공포 이야기에서 파악할 수 있다. 프랑크는 어떻게 "공포가 내 마음과 몸을 후벼파고 나를 뒤흔들었는지," 어떻게 "내 주변의 사납게 날뛰는 대중으로부터" 도망쳤는지, 어떻게 "불타는 집들의 모습, 내 앞의 절박한 사람들과 그들의 일그러진 얼굴들과 함께" 달렸는지를 묘사한다.46)

마지막에는 자연과의 강력한 친화감이 평화와 위로의 느낌을 가져다준다. 그런 내면의 고요함은 하느님의 사랑하는 현존을 전해준다. "내가 자연과 더불어 혼자 있을 때 … 나는 두려움이라는 질병을 치유하는 방법은 한 가지뿐임을 깨달았다. 나처럼 두려워하는 사람은 누구든지 자연을 바라보고, 하느님은 대다수 사람이 생각하는 것보다 훨씬 가까이 계심을 알아야 한다."47)

프랑크의 단편의 결론은 우리에게 욥기를 상기시켜준다. 욥이 하느님을 찾는 것은 삼라만상의 영광이 하느님의 존재와 무한한 지혜를 증언한다는 증거임을 뜻하는 비전으로 끝난다. 그러나 욥의 하느님은 하느님의 경외를 불러일으키는 삼라만상에 비해 인간 존재의 중요하지 않음을 전해준다. 프랑크가 자연 속에서 분별한 하느님은 사랑으로 돌보며 고난을 치유하는 하느님이다. 그 단편에서 하느님이 자연 속에서 자신을 계시하는 것은 그녀의 "병"을 치유한다. 그것은 비인간화하는 테러 시대에 프랑크의 자서전적 주인공의 인간성을 재확인해준다. 프랑크가 들판과 별, 민들레, 클로버 잎사귀들에서 읽어낸 하느님의 메시지

---

46) Frank, *Tales*, 47-48.
47) Ibid., 49.

가 치유하는 이유는 그녀의 존엄성과 자존감을 회복시키기 때문이다. 프랑크는 끊임없는 공포에 질려 한 마리의 포획된 짐승처럼 되어버림으로써 존엄성과 자존감이 피폐해졌었다.

프랑크는 하느님에 대한 인식에서 특별한 성숙함을 보여준다. 그녀가 역사 안에서 하느님을 만난 것이 아니라 자연 속에 혼자서 하느님과의 친밀함 가운데 만났다는 사실은 종교적 교파들의 협소함으로부터 벗어난 신 개념을 나타낸다. 프랑크의 하느님 개념은 단지 역사적일 뿐 아니라 개인적이다. 그녀는 자연 세계에 대한 명상을 통해 하느님 이미지를 구성했고, 동시에 하느님과 인간의 상호작용을 다시 정의했다.

한편으로, 하느님은 역사 속에 일시적으로 부재함에도 불구하고 자연은 하느님의 존재를 재확인해준다. 다른 한편으로는 자연 속에 계시된 것처럼, 프랑크가 자연 속에서 분별한 하느님 이미지는 전통적인 전능하고 역사를 주관하는 하느님 이미지와 다르다. 프랑크는 하느님을 인간 세상에서가 아니라 자연의 영역에서 만난다. 자연의 아름다움과 고요함은 자비롭고 위로를 주며 치유하는 신성을 전해준다.

프랑크가 자연 속에서 발견한 하느님은, 인류가 자신에게 가한 끔찍한 "두려움이라는 질병"에서 치유되기 위해 우리 각자에게 필요한 하느님이다. 따라서 그 하느님은 더 이상 공동체적 하느님이 아니라 개인적 하느님이며, 복종을 요구하는 전지한 하느님이 아니라, 우리가 그분을 발견하기 위해 얼마나 준비되어 있는가에 따라 현존하는 하느님이다. 그 하느님은, 전쟁 이후의 신학자 존 파블리코프스키가 주장한 것처럼, "강하게 이끄는"(compelling) 하느님, 즉 "우리가 강하게 이끌리는 하느님"으로서 "치유하며, 힘을 주고, 긍정해주는 분"을 뜻한다.[48]

---

48) John T. Pawlikowski, "The Shoah: Continuing Theological Challenge for Christianity," in *Contemporary Religious Responses to the Shoa*, ed. Steven L. Jacobs (Lanham, Md.: University Press of America, 1993), 149-50.

프랑크가 파악한 개인과 하느님 사이의 관계는 베유의 생각과 분명히 다르다. 베유는 자기를 탈창조/해체하는 투명성 안에서 하느님과 결합함으로써 몰락으로부터 해방된다고 생각했다. 베유와는 반대로 프랑크는 자기에게서 인간적 품위를 빼앗아간 몰락시키는 공포로부터 해방시켜 줄 하느님을 찾았다. 베유처럼 "나"의 소멸에서 끝나는 것이 아니라 프랑크는 하느님과의 연결을 통해 자아를 회복시킬 것이다. 그러나 이 둘 사이의 상당한 차이에도 불구하고, 개인이 하느님을 찾는다는 생각은 프랑크와 베유 사이의 공통 근거를 마련해주는 것처럼 보인다.

프랑크와 베유 모두의 신학적 사상은 개인과 하느님의 상호의존성을 강조한다. 개인과 하느님 사이의 이런 관계의 차원은 물론 유대교 전통과 그리스도교 전통이 공유한 것이다. 하느님의 사랑은 신과의 교제를 적극적으로 찾는 사람들에게 계시된다. 둘 모두의 신학적 개념에서, 개인과 하느님 사이의 사랑하는 관계는 그냥 주어지는 것이 아니라 오히려 개인이 하느님의 사랑을 확인함으로써 창조되는 관계다. 베유에게 하느님의 사랑은 탈창조/해체의 행동에서 확인될 것이다. 프랑크에게는 사랑하는 하느님을 확인하는 것이 자연을 상처받은 자아의 치유자로 긍정하는 데 있다. 이처럼 자아 대 하느님의 관계에 대해 서로 다른 견해에도 불구하고, 프랑크와 베유 모두 하느님과의 상호작용에서 개인의 잠재적 역할을 강조한다. 사랑의 하느님과 교제를 이루는 것은 자아의 탈창조/해체를 통해서든 아니면 자아 회복을 통해서든, 적극적으로 하느님을 찾는 일이다.

따라서 프랑크의 하느님의 "강하게 이끄는" 측면은, 개인이 고통 속에 있을 때 도덕적으로 회복시키는 힘을 찾도록 동기를 부여하는 힘이다. 앞에서 언급한 것처럼, 이 하느님은 세상이 묵시 종말적으로 파괴되는 참사를 막을 것으로는 기대되지 않는다. 그러나 하느님은 개인에게 힘을 불어넣어 개인이 하느님의 창조물의 일부임을 깨닫게 함으로써 세상에서 자기 존엄성과 자존감을 찾도록 할 능력이 있다. 몰락한 자아를 치유하는 것은 자연 속에서 하느님을 발견하는 것만이 아니다. 그것은 무엇보다 먼저 자연과 교감하고 자연 속에서 신적인 내재성을 분별하도록 강하게 이끄는 욕구가 자신의 가치에 대한 새로운 인식을 가져다준다.

프랑크가 전쟁의 현실 바깥 자연에서 하느님과 연결된 것은, 힐레숨이 묵시 종말적 파멸로부터 벗어난 하느님을 찾은 것과 어느 정도 일치한다. 프랑크처럼 힐레숨도 상상의 "물리적" 공간을 만들어, 눈앞의 현실과 자신을 분리하고, 하느님과 친밀한 교제에 이를 수 있었다.

프랑크는 상상을 통해 자기 바깥에서 구원하는 힘을 찾게 된 반면에, 힐레숨은 내면의 여정을 시작했다. 프랑크는 자신이 쓴 단편을 통해 다락방의 "죽음의 덫"에서 벗어나, 들판의 외딴 자연 속에서, 통제할 수 없던 공포에서 해방되는 치유를 받았다. 힐레숨은 수도원의 예배당에서 기도하는 것을 상상함으로써 해방감을 느꼈다. 힐레숨은 "위협이 더욱 커지고, 테러가 매일 더욱 증가하게 되어, 수녀원의 독방 안에 은둔하여 어두운 보호 장벽이 나를 둘러싸고 있는 가운데서 기도하는 모습을 그린다"라고 썼다.

프랑크가 하느님 없이는 자기가 무너졌을 것이라고 고백한 것처럼, 힐레숨 역시 기도는 "내가 산산조각이 나는 걸 막아주고, 내가 존재를 상실하고 완전히 피폐하게 되는 걸 막아주는" 데 도움이 된다고 말한다.[49] 그러나 프랑크는 치유하는 하느님, 곧 자연과의 직접적이며 감각적인 만남에서 자신의 존엄성을 회복시켜주는 하느님을 발견하지만, 힐레숨의 기도는 자아의 영적인 영역에서 하느님을 발견하는 훨씬 복잡한

---

49) Hillesum, *Diary*, 113.

과정의 출발점이다.

힐레숨과 하느님의 대화는 힘, 도움, 보호를 간구하는 전통적 탄원에서 시작하여, 신에 대한 인간의 책임을 개념화하는 것으로 나아갔다. 탄원자로서 힐레숨은 하느님이 자신에게 세상을 직면할 능력을 주시고, 또한 냉혹하게 확대되는 테러로부터 꿈의 세계로 도망치지 않을 충분한 용기를 주시기를 간구했다. 그녀는 자신이 강해져서 타인들을 도울 수 있기를 원했다. 그녀는 "내가 닿을 수 있는 어떤 영혼을 위해서든지" 하느님에게 "중재자"가 되기를 원했다.[50]

이런 기도는 힐레숨이 느낀 불안, 즉 절망과 연약함 때문에 자신이 인류를 향한 책임을 완수하지 못할 것이라는 불안을 반영한다. 자신이 그런 시련에 맞서서 존엄성, 용기, 명예를 지키기를 갈망했던 것이다. 이 단계에서 힐레숨의 하느님은 "강하게 이끄는" 하느님, 즉 그녀가 사랑 안에서 자신에게 진실하도록 이끌고, 또한 고난받는 타인들을 위로하면서 자신의 존엄성과 자존감을 유지하도록 이끄는 하느님이다.

그러나 점차 다른 하느님 이미지가 등장한다. 그것은 보호가 필요한 신적인 보호자(the divine protector who needs protection), 속량받을 필요가 있는 신적인 속량자(the divine redeemer who needs to be redeemed)의 이미지였다. 이런 역할 전환은 희생자를 하느님의 보호자로 만든다. 이제 하느님의 존재를 확인해주어야만 하는 존재는 고난받는 사람이다. 역설적으로, 하느님이 무능력한 세상에서, 하느님의 존재는 그가 구원할 수 없는 사람들의 믿음에 달려 있다. 힐레숨은 가장 감동적인 일기 중 하나에서 자신이 하느님을 돕고 보호하겠다고 서약한다. 하느님은 자신을 도울 수도 없고 보호할 수도 없지만, 철저하게 사라져버린 세상 질서에 대한 흔적이라도 보존하기 위해, 하느님을 돕고 보호하겠다는 것이다.

---

50) Ibid., 169.

하느님, 내가 당신을 도와서, 내가 진이 빠지지 않도록 하겠습니다. 내가 미리 그걸 보증할 수는 없습니다. … 당신은 우리를 도울 수 없지만, 우리는 마지막까지 당신을 도와야 하며, 우리 내면에 있는 당신의 거처(Your dwelling place inside us)를 방어해야 합니다. … 나는 당신이 항상 편안하시도록 만들려고 노력하겠습니다. 내가 비록 좁은 감방에 갇혀 있고 구름이 나의 작은 창살을 지나가더라도, 오 하느님, 나에게 힘이 남아 있는 동안 당신에게 그 구름을 가져다드리겠습니다.[51]

프랑크가 하늘, 달, 들판을 창조주 하느님의 표상으로 파악한 것을 극적으로 수정하여, 힐레숨이 구름을 봉헌하는 것은 병든 하느님을 치유하여 창조주의 정체성을 회복하려는 절박한 시도가 되었다. 힐레숨은 점차 자신의 운명이 고난받는 인류를 돕는 데 국한되지 않는다고 이해하게 되었다. 오히려 돌이킬 수 없는 묵시 종말적 시점의 현실에서, 자신의 책임이 모든 것을 품어 안는 것이 된 이유는 그것이 고난받는 하느님을 돌보는 것을 뜻하기 때문이다. 다시 말해서, 책임은 희생자들을 구체적으로 물리적으로 지원하는 것만이 아니라 인간성의 기초인 도덕적 가치체계를 완전한 파멸로부터 구출하는 것도 포함한다는 말이다.

힐레숨의 하느님 이미지는 "강하게 이끄는" 하느님 개념을 초월한다. "강하게 이끄는" 하느님을 넘어서, 힐레숨은 방어하지 못하지만 신기하게 능력이 있는 하느님을 발견했다. 한편으로는 그 하느님이 방어하지 못하는 하느님으로서, 그 하느님의 생존은 고난받는 사람들로부터의 지원에 달려 있다. 다른 한편으로는 그 하느님이 능력이 있는 하느님

---

51) Ibid., 151-52.

인 이유는 역설적으로 그가 고난받는 사람에게 자신의 연약함의 능력을 발휘하기 때문이다. 희생자의 영적인 힘을 증명하는 것은 바로 무능력한 하느님이나 파괴된 가치들을 위한 책임 속에 함축된 힘이다.

힐레숨은 이런 힘을 내면화할 의무를 전제한다. 그녀는 "나의 가장 깊은 곳에 있는 것, 편의를 위해 내가 하느님이라 부르는 [힘]"에게 기도한다.52) 그래서 힐레숨은 완전한 도덕적 붕괴 현실에서 재발견되고 구출되어야 하는, 속량하는 도덕적 가치(the redeeming moral value)를 하느님이라고 정의한다. 하느님은 인간의 본질을 구성하는 신적인 불꽃(the divine spark)이기에 생존해야만 한다. 그리고 신적인 불꽃이 우리 안에 있기 때문에, 하느님은 전보다 더 힘이 있다. 신성의 그 빛나는 불꽃은 우리가 파괴의 비인간화하는 논리에 저항하도록 강하게 이끌며, 묵시 종말의 현실 속에서 우리가 용기를 내도록 이끌기 때문이다. 따라서 등장하는 것은 하느님과 인간/인간다움의 절대적이며 취소할 수 없는 상호의존성이다. 인간다움을 유지하기 위해서는 개인이 자신 안의 "하느님" 부분을 보호해야만 한다. 또한 하느님이 신으로 남아 있기 위해서는 개인에 의해 보호받고 지켜져야만 한다.

힐레숨은 베스터보르크 수용소에서 이렇게 썼다. "그렇다. 우리 인간의 궁극적 가치가 시험대에 올려졌다는 것은 사실이다."53) 힐레숨에 따르면, 인류 역사가 묵시 종말적으로 끝나가는 전대미문의 상황에서 그 시험을 통과하기 위해서는 인간 속의 그 성스러움의 용기를 보여주게 될 것이다.

배유의 신학을 간단히 언급하는 것은 힐레숨의 종교적 지향인 휴머니즘적 초점을 다시 강조하는 데 도움을 줄 것이다. 다시 말해서, 힐

---

52) Ibid., 155.
53) Hillesum, *Letters*, 36.

레슘과 베유뿐 아니라 프랑크에게도 개인은 신성과의 연속성에서 필수적이다. 그들이 살아가고 있으며 또한 죽어가는 묵시 종말적 현실 속에서는 하느님이 개입하여 전 지구적 재앙을 막아줄 거라는 희망이 사라졌기 때문에, 이제 하느님의 생존 문제는 그 어느 때보다 개인에게 달려 있다. 베유의 인식에서, 하느님의 완전한 사랑은 인간 자아의 탈창조/해체에 달려 있다. 힐레숨의 관점에서는, 하느님의 현존이 신적인 불꽃을 품을 수 있는 인간 자아의 재창조에 기반한다.

베유가 말하는 고통받는 사람의 구원이 그녀의 자기희생을 기꺼이 받아들이는 하느님과의 친교를 통해 얻는 것이라면, 힐레숨이 파악한 하느님의 구원은 심지어 묵시 종말적 파멸의 시대에도 "인간의 궁극적인 가치"를 살아냄으로써 하느님을 보호할 수 있는 고통받는 사람과의 친교 안에서 구원이 이루어진다고 본다. 이러한 전복적 사고는 프랑크와 힐레숨 모두의 종교 사상에 스며 있는 휴머니즘을 보여준다. 이들 모두는 속량/구원이 외부의 적인 테러에 저항할 용기뿐 아니라 내면의 공포와 절망이라는 적에 맞설 수 있는 용기에서 비롯된다고 믿는다.

공포에 맞서는 내면의 투쟁은 프랑크가 자연의 치유력을 이해한 데서 매우 뚜렷하게 드러난다. 프랑크가 인간적인 존엄성을 회복한 것은 자신의 육체적 안전에 대한 공포를 넘어 (자연과 타인들에게) 주의를 기울이게 만든 그녀의 힘이었다. 희생자에게서 존엄성과 자존감을 **빼앗**아가는 정치적 테러라는 외부의 적에 맞서는 투쟁은 힐레숨에게서 한층 두드러지는데, 힐레숨은 병들고 무능력한 하느님의 거처로 자신의 내적 자아를 은유적으로 확장시켰다. 힐레숨은 자신이 스스로 설정한 "가치들의 시험을 통과"했는데, 자신의 주의를 곤경에 처한 사람들에게 돌린 능력 덕분이었다. 힐레숨은 곤경에 처한 사람들에게서 고통당하는 하느님 이미지를 타자의 궁극적 표상으로서 분별했다. 무력하게 된 하느님은 고난받는 타자의 표상이며, 그의 곤경이 절박하다는 사실은 휴머니즘을 회복시키는 기적을 일으킨다.

프랑크와 힐레숨 모두에게서 등장한 하느님에 대한 생각은 그들이 테러에 저항하는 수단으로 작용한다. 하느님은 그들의 자아가 공포와 절망이라는 내면의 감옥을 초월하기에 충분할 정도로 자아를 구성하며, 자기에 대한 관심에서 벗어나는 데 동기를 부여하는 데서 자신을 계시한다. 이런 능력은 프랑크가 하느님을 자연의 아름다움 속에서 발견하고, 또한 힐레숨이 자신의 내적 자아를 무력한 하느님의 피난처로 인식한 데서 나타난다. 하느님은 가까이 있지만, 여전히 타자(Other)이다. 그는 내 안에 있거나 내 가까이 있지만, 그를 발견하는 것은 나에게 달려 있다. 내가 아닌 것에 나의 주의를 집중하기 위해서는 내가 어느 정도 나로부터 초연함을 유지해야만 모든 것을 삼키는 테러에 사로잡히는 것으로부터 해방될 수 있다.

따라서 하느님을 발견하는 일, 또는 타인을 발견하는 일은 고난받고 괴로운 자아에 완전히 몰입하는 데서 자신을 떼어놓고, 보다 객관적으로 자기를 파악하기 위해 나아가는 능력에 달려 있다. 하느님의 현존은 공포와 절망으로부터 해방시키는 자기 초월에서 나타난다. 이처럼 해방시키는 자기 초월은 어떻게 얻어지는가? 자전적 글쓰기의 예술은 비인간화시키는 공포와 결핍이라는 폭군으로부터 해방되는 하나의 중요한 방법을 시사한다. 자전적 글을 쓰면서 그 형식과 삶의 이야기를 선택하고 자기를 표현하는 방식을 찾기 위해 상상의 능력뿐 아니라 지적이며 윤리적이며 예술적인 능력까지 사용한 것은 저항을 보여준다. 자기 발견으로서의 글쓰기를 통해 현재의 묵시 종말적 현실을 초월하고 상대화하는 해방적 통찰력을 얻게 된 것이다.

제3부

자전적 글쓰기의 저항 행동

8장

예술과 자아가 만나는 지점

집단적 말살 시도의 희생자로서의 죽음은 … 개인이 집단의 일부로 파생되는 주체성을 철저히 상실하게 되는 탈주체화를 뜻한다. … 개인과 집단 주체성의 상호의존성은 인간 사회생활의 한 조건이다.

— 피터 하이두

말로 표현하는 것(utterance)은 단지 그 의미뿐만 아니라 타인에게 도달하는 행위도 포함한다. 표현하는 사람은 말한 것의 의미 속으로 사라지지 않고 말 자체와 함께 침묵의 존재로 남는다. 언어는 말하는 사람과 듣는 사람 사이의 비폭력적인 사회적 유대이다.

— 에디스 위스코그로드

(자서전, 일기, 편지 같은) 자전적 글쓰기는 여러 면에서 집단의식에 흔적을 남기려는 개인적 욕망의 표현이다. "말로 표현하는 것"은 "비폭력적인 사회적 유대"를 맺는 행위다. 개인의 삶의 이야기를 표현하는 것은 "개인과 집단 주체성의 상호의존성"을 회복하는 것이 목표다. 에디트 슈타인, 시몬 베유, 안네 프랑크, 에티 힐레숨의 자전적 글쓰기는

모두, 집단으로부터 추방당한 사람들의 집단 재진입 욕망을 명확히 드러낸다. 인간 이하의 존재이며 하찮고 혐오스러운 종자로 사회에서 추방당한 이들의 자전적 글쓰기 행위는 무엇보다 먼저, 작가 자신의 "탈주체화"에 대한 강력한 반박이다.

이 네 사람의 글쓰기 장르가 (자서전, 일기처럼) 자전적이었다는 사실이 보여주듯이, 이 작가들은 자신들을 그처럼 끔찍하게 인류에서 배제시킨 권력에 맞서 획일적 목소리로 항의하지 않는다. 슈타인과 베유는 자서전적 삶의 내러티브를 썼던 반면에, 프랑크와 힐레숨은 일기를 쓰는 데 초점을 맞추었다. 그 차이는 매우 중요하다. 비록 자서전과 일기 모두에서 그 내레이터와 주인공은 동일한 사람이며, 그 주제는 일차적으로 내레이터의 삶이다. 그러나 자서전의 관점은 주로 과거를 회고하는 것인 반면, 일기에서는 그 관점이 현재적(동시적)이다.[1]

"자서전은 하나의 자화상이다"라는 윌리엄 하워스[2]의 유비를 우리가 받아들인다면, 일기는 "만드는 중에 있는" 자화상이라고 할 수 있다. 자서전 작가는 그 진술 행위가 일어나기 이전까지 펼쳐진 자신의 삶을 묘사하지만, 일기 작가는 우리가 그 자화상이 펼쳐지는 과정을 따라갈 수 있게 한다.

이런 차이점이 특히 중요한 것은 그 본문의 의도를 알려주기 때문이다. 우리는 이미 이런 자전적 "표현"의 전체 의도가 상호주관성이라는 사회적 영역으로 다시 들어가려는 시도라고 규정했다. 이런 점에서 그 본문들은 한나 아렌트가 말한 것처럼, "우리는 말과 행동으로 인간 세상에 우리 자신을 밀어 넣는다"[3]는 점을 잘 보여준다.

---

1) 자서전의 관점에 대한 자세한 설명은 Philippe Lejeune, *On Autobiography* (Minneapolis: University of Minnesota Press, 1989), 4-5를 보라.
2) William L. Howarth, "Some Principles of Autobiography," in *Autobiography: Essays Theoretical and Critical*, ed. James Olney, 85.

"집단적 말살"이라는 테러에도 불구하고, 네 여성은 각자 자기의 삶의 이야기를 세상과 나누려고 자신의 개성을 주장한다. 그러나 이런 일반적 의도가 네 여성 모두의 "표현" 아래 깔려 있지만, 자서전 본문과 일기 본문 사이의 차이점은 그 작가들의 서로 다른 목표에 주의를 기울이게 한다.

앞에서 말한 것처럼, 글쓰기 행위는 글을 쓰는 개인(저자)과 저자(내레이터)의 페르소나 사이의 분열을 함축한다. 자전적 글쓰기에서는 저자와 내레이터가 동일하기 때문에, 그 분열은 작가의 정신적 공간에서 발생한다. 자기 이야기의 내레이터로서 저자의 의식은 주의를 기울이는 방향을 자기의 비참하고 무서운 현실에서부터 자기 이야기를 구성하는 현실로 바꾼다. 글을 쓸 당시의 희생자-작가의 주의는 이야기를 전달하는 데 초점을 맞추어, 이야기를 구성하고, 상호주관적인 사회적 유대 관계의 영역으로 재진입하려는 의도를 통해서 초점을 맞춘다. 비록 슈타인, 베유, 프랑크, 힐레숨의 경우에는 그런 재진입이 불가능했지만 말이다.

아마도 이처럼 자전적 글을 쓰는 의도의 망상적 성격(사회적 재진입이 불가능한 줄 알면서도 그런 의도 갖고 글을 쓰는 행위-옮긴이)을 의식한 것이 절망에 맞서 싸우는 투쟁의 진지함을 가장 잘 보여줄 것이다. 결국에는 부질없는 것으로 판명된다 해도, 작가는 주변의 분위기로부터 어느 정도 거리를 둘 것을 요구받는다. 임박한 육체적 및 정신적 소멸의 현실에서 그런 거리를 둘 수 있었던 것은 예술을 통해 비인간화에 저항하는 진지함을 증명한다.

위스코그로드가 말한 것처럼, 표현하는 사람은 그 말과 함께 침묵

---

3) Hannah Arendt, *The Human Condition* (Chicago: University of Chicago Press, 1969), 176.

의 존재로 남는다는 점은 자전적 글쓰기에서 특별히 중요하다. 이것은 우리가 이 책에서 다루는 네 여성의 경우에 더욱 중요하다. 정상적인 상황에서는 저자가 내레이터의 구성을 통해 말하는 자기 인생 이야기에서 침묵의 존재로 남는 것이 거의 보통이지만, 네 여성의 경우에는 저자가 침묵의 존재로 남을 운명이었다는 것이 그들 자신의 자전적 이야기를 쓸 당시의 상황을 아프게 상기시켜주는 것이 된다.

자전적인 글을 쓰는 행동이 목표로 삼는 것은 침묵의 저자, 그 자기를 감춘 채 표현하는 사람이 자기의 내레이터이자 주인공을 통해 목소리를 내게 만드는 것이다. 홀로코스트 상황에서 작가의 글쓰기는, 말로 표현하는 사람을 침묵시키는 테러의 지배에 도전하는 것이다. 비인간화시키는 파괴의 체제가 파괴하기 원했던 것이 바로 이런 개인 이야기의 독특한 목소리였다.

네 여성의 자전적 글쓰기는 완결되었든지 아니면 아직 진행 중이었든지 간에, 세상이 그들에게 침묵하도록 명령한 때에 자기 이야기를 쓴 것이다. 그렇다면 이런 자기표현이 전달하려 했던 구체적인 메시지는 무엇이었는가? 이처럼 **침묵을 강요당한** 사람들의 자전적 글쓰기가 어떻게 내면의 공포의 억압뿐 아니라 침묵을 강요하는 외부의 테러의 억압을 타파하려는 의도를 반영했는가?

그 본문들은 문학 양식과 메시지의 관점에서 볼 때, 최종 해결책의 위협에 직면해 불길한 예감이 들게 만드는 저자들의 불굴의 입장을 반영한다. 프랑크와 힐레숨의 목숨이 점차 재앙의 직전까지 다가감으로써 더욱 악화되는 불안정 때문에 일기를 쓰다가 중단되는 일이 많아졌다.

반대로, 슈타인과 베유는 그 참혹함으로부터 역사적으로, 지리적으로, 심지어 정신적으로, 거리가 상대적으로 떨어져 있어서, 자신의 과거의 삶을 살펴보면서 자기 삶에 대한 표현을 완성된 이야기로 구성할 수 있었다.

　　장르가 다양한 것처럼, 작가가 의도한 메시지는 상황에 대한 의식을 반영한다. 슈타인과 베유의 자기표현은 자신들의 종교적 자기규정을 묘사함으로써 세상에 닿으려는 의도를 전해준다. 슈타인과 베유는 모두 재앙이 악화되는 시점에도 종교적 자기주장이 여전히 효력이 있을 것이라는 망상을 키웠다. 그들은 더욱 악화되는 상황 속에서 자신의 "말과 행동"이 연관성이 있다고 분명히 믿었다. 심지어 그들은, 특히 슈타인의 경우에는 확실히, 자신의 메시지가 건너편의 적대적인 세상에 도달하여 흔적을 남길 수 있을 것을 희망했을 것이라고 주장할 수 있다.

　　프랑크나 힐레숨은 그런 희망을 품지 않았다. 대신에 그들은 자기의 일기 내용을 예술가로서의 자기 성장에 초점을 맞춤으로써 난공불락의 침묵의 장벽을 뚫기로 선택했다. 묵시 종말적 현재에서 과거의 이야기는 더 이상 효과가 없기 때문에, 프랑크와 힐레숨은 젊은 예술가의 자화상을 통해 테러에 맞서는 매일의 투쟁을 구축했다. 내면의 힘을 진정으로 탁월하게 보여줌으로써 그들은 자신의 예술을 통해 자신의 육체적 및 정신적 곤경을 하나의 유산(a legacy)으로 바꾸려고 애썼는데, 그 유산은 그들이 잘 알고 있는 세상을 위한 유산으로서 그들이 닿을 수 없는 세상이었다.

9장

슈타인과 베유

추방된 자전적 자아

> 글쓰기는 명백한 분열이라는 의심을 인정하는 데서 태어나며 그것을 다룬다. 요컨대, 자기 자신의 자리를 갖는 것이 불가능하다는 인식에서 비롯된다.
>
> — 미셸 드 세르토

슈타인의 ≪유대인 가족의 삶≫과 베유의 "영적 자서전"이 쓰인 배경과 관련하여, 두 작가의 "위치"의 "불가능성"보다 더 명확하게 그 배경을 보여주는 것은 없을 것이다. 유대인이라는 이유로 생명의 위협을 받고 교수직에서 쫓겨난 그들의 삶은 조국에서 불법자로 전락한 삶이었다. 나아가 최종 해결책이라는 명령은 이들을 단지 국민의 "위치"에서 쫓아낸 것뿐 아니라, 종교적 "위치"에서도 추방했다. 이 두 "유대인 출신 가톨릭 신자들"은 자신의 유대인 출신이라는 신분과 직면했으며, 자기의 출신에서 스스로를 떼어내려고 했다. 그들의 자서전은 상당 부분, 종교적 정체성의 박탈이라는 곤경 때문에 시작된 글쓰기였다.

바렛 만델은 다음과 같은 사실에 주목한다. 한편으로 "대부분의 자서전에 포함된 서문"은 자서전의 목적을 선언하며, 다른 한편으로는 "진술하지 않은 전제들이 … 자서전의 지평을 창조하는데,"[1] 이런 전제들은 본문을 주의 깊게 읽어야만 발견된다. 실제로 에디트 슈타인과 시몬 베유의 자서전은 모두 독자에게 메시지를 명확히 전달하고자 하는 의도를 담은 서문으로 시작된다. 동시에 그들이 분명하게 남긴 것은 언급되지 않은 박탈된 종교적 정체성이라는 "지평"의 흔적이다.

슈타인의 서문은 독일 청소년들에게 유대인의 삶을 가르치려는 의도를 밝히며 시작된다. 이것은 나치의 반유대주의 선전이 끼치는 심각한 영향을 반박하려는 목적이다. 그녀는 자신의 이야기가 독특하다고 주장하지 않는다. 오히려 서문에서 슈타인은 하멜른의 글뤼켈과 폴린 벤제로프의 자서전을 언급하며, 유대인 여성 자서전 작가의 전통 안에 자신의 작품을 자리매김한다.[2] 이처럼 다른 회고록들을 언급한 것은 반유대주의 선전에 대한 해독제로서 자기 자서전의 명시적 목적을 더욱 강하게 만든다. 슈타인의 관점에서 볼 때, 유대인 가정생활에 대한 개인적인 기록은 유대인을 혐오할 이유가 없다는 진정한 증거를 제시한다. 이미 존재하는 많은 개별적 기록에 하나를 더함으로써, 슈타인은 유대인 출신을 증오하는 고정관념을 불식시키기를 희망한다.

슈타인의 서문인 "나의 어머니가 기억하는 것들, 1815-1897년"은 슈타인의 조부모 세대 이야기로 시작되며, 슈타인의 부모, 특히 그녀의 어머니를 소개하고, 슈타인의 출생과 초기 생애를 설명한다. 이어지는

---

1) Barret J. Mandel, "Full of Life Now," in *Autobiography: Essays*, ed. Olney, 67-68.
2) 슈타인이 *Life in a Jewish Family*, 24에서 언급한 것처럼, Glückel von Hameln (1646-1724)의 회고록은 베를린에서 1920년에 출판되었다. Pauline Wengeroff (1833-1916)의 회고록 *Memoirs of a Grandmother: Pictures Out of the Cultural History of Russia*는 베를린에서 1913년에 출판되었다.

아홉 개의 장은 순차적으로 구성되어 있으며, 대가족의 일원으로서 그녀의 유년기를 기술한다. 이 이야기는 공감적이면서도 담담하고 사실적인 1인칭 시점의 내러티브로 전개된다. 이런 점에서 이 자서전은 정보를 전달하려는 초기 목적을 충실히 수행한다. 유대인 가족생활이라는 배경 속에서 이 이야기는 독일에 사는 한 유대인 여성의 개인적 경험을 보여준다. 마지막 열 번째 장 "1916년 프라이부르크에서의 구술시험(*Rigorosum*)"은 그녀의 박사학위 논문과 박사학위 취득 과정을 다룬다.

베유의 자서전은 편지 형식이라는 점에서 더욱 개인적 성격이다. 그녀는 추방의 위협을 피해 카사블랑카로 떠나면서 페랭 신부를 위해 자신의 "영적 자서전"을 썼다. 형식과 접근 방식에서 슈타인과 베유의 자서전은 몇 가지 점에서 비슷하다. 베유의 글 역시 슈타인의 글처럼 설명하는 방식이다. 슈타인의 목적이 독일 독자들에게 유대인 삶의 본질을 알리는 데 있다면, 베유의 목적은 자신이 세례받기를 거부한 이유를 페랭 신부에게 설명하는 데 있다.

베유는 자신의 "영적 상태"를 설명하여 페랭 신부가 그녀를 이해하고, 자신이 그녀에게 세례를 "받도록 이끌지 않은 것"을 후회하지 않도록 하고자 한다. 그리고 슈타인이 자기의 유대인 삶의 이야기를 체계적으로 말한 것처럼, 베유도 자신의 이야기를 방법론적으로 구성하여 자신의 그리스도교적 세계관의 모든 측면을 포함하도록 만든다.

베유는 자서전을 크게 세 부분으로 나눈다. 첫째 부분에서는 자신이 그리스도인으로 성장한 이야기를 하고, 자신의 신비 체험에 대한 이야기로 끝마치는데, 그 가운데 한 번은 자신이 그리스도에게 사로잡혔다고 느꼈다. 두 번째 부분은 자신의 비역사적(ahistorical) 그리스도교 신학을 설명하고, "비(non-)그리스도교 종교들과 이스라엘에 관한"[3] 자신

---

[3] Weil, "Spiritual Autobiography," in *Waiting for God*, 70.

의 견해가 교회의 역사적 개념을 받아들이지 않게 하는 이유를 설명한다. 끝으로 베유는 자신이 교회를 "집합적 단체"이며 "도그마의 수호자"로 비판하는4) 이유는 교회의 도그마적 입장이 반대자들에게 관용을 베풀지 않으며, 또한 교회가 사랑, 믿음, 지성의 개인적 목소리를 반대하기 때문이다. 이런 이유로 베유는 세례에 대한 거부를 철회할 수 없다고 고백한다.

외형적으로는 베유가 서문에서 자기의 "영적 자서전"의 목적을 밝힌다는 점에서 만델이 지적한 "서문"의 특징과 일치하는 것처럼 보인다. 베유가 약속한 것처럼, 그녀는 자신이 세례를 거부한 이유를 설명하면서 동시에 자신의 단호한 그리스도교 신앙을 열렬하게 주장한다. 그러나 만델에게 다시 돌아가자면, "진술하지 않은 전제들"의 "지평"이 도대체 무엇이기에 망명을 선택하고 뿌리가 뽑히는 마당에 자신을 다시 주장할 수밖에 없도록 만들었는가? 베유가 전에도 여러 차례 그렇게 했던 것처럼, 또다시 자신이 그리스도인으로서, 거의 모든 사람이 받아들인 그리스도교 교리를 거부하는 것을 정당화할 수밖에 없도록 만든 것이 무엇인가?

베유의 자서전에 나오는 한 문단이 그녀의 자서전 쓰기가 "타인들에게 도달하여" 사회적 유대의 주체성에 재진입하려는 시도라는 암시적 메시지를 보여준다. 자신이 그리스도인으로 성장한 이야기와 신비 체험들을 한 이야기를 설명한 후에, 그리고 교회의 역사적 근거에 대한 자신의 반대 입장을 열거한 후에, 베유는 자신의 영적 자아를 해명할 수밖에 없는 동기를 설명한다.

내가 [멀리] 떠나며, 아마도 죽을지도 모른다는 생각 때문에, 나는

---

4) Ibid., 79.

그것[자전적 서술]을 나만 간직할 권리가 있다고 믿지 않습니다. 결국 이 모든 문제는 나 자신에 관한 것이 아닙니다. 그것은 하느님과 관련된 것입니다. 나는 그 안에서 정말 아무것도 아닙니다. 만약 하느님 안에 오류의 가능성이 있다는 것을 상상할 수 있다면, 나는 이 모든 일이 단지 실수로 나에게 일어났다고 생각했을 것입니다. 하지만 어쩌면 하느님은 버려진 물건들, 쓰레기, 폐기물 같은 것들을 쓰시기를 좋아하시는지도 모릅니다.[5]

여기서 배유가 제시하는 영적 자기표현의 이유는, "서문"에서 세례를 받지 않은 것에 대해 페랭 신부에게 자기를 정당화한 것과는 다르다. 여기서 배유가 설명하듯, 그녀의 이야기는 변증론적 설명이 아니라 오히려 신의 명령에 순종하는 행위다. 사실상 하느님의 진리를 전달하는 무가치한 것들에 비유한 배유의 수사학은 그녀가 세상과의 관계에서 자신이 떠맡고 싶어 했던 위치의 성스러운 성격을 암시한다. 배유의 망명의 드라마와 죽음에 대한 예감은 그녀가 전달하는 메시지의 의미를 더욱 강하게 만든다. 자신을 하느님의 사랑하는 불법자로 정의한 것은 그녀의 사회적 위치를 높일 뿐 아니라, 그녀가 하느님의 메신저로서 전통적으로 조롱당하고 사회적으로 거절당한 예언자의 반열에 위치시킨다. 한편으로는 배유가 자신을 하느님의 도구로 표현한 것은 하느님의 메시지를 전달하는 역할 가운데 그녀를 자리매김한다. 다른 한편으로는 그것이 배유가 하느님의 명령에 불순종할 수 없으며 그 메시지를 전해야만 하는 예언자임을 밝힌다.

배유가 하느님의 진리를 담지한 사람이라고 주장한 것은 이중적 의도의 "지평"을 보여준다. 배유가 스스로 자신을 하느님의 메신저로

---

[5] Ibid., 72.

표현한 것은 그녀가 세례받지 않은 그리스도인이라는 정체성을 갖는 것을 "정당화한다."6) 동시에 그런 사명 의식은 앞으로 닥칠 망명 생활의 시련에 대한 공포와 불안을 완화시킨다. 자신의 견해를 세상과 공유하려는 소명 의식은 자신의 망명과 죽음의 가능성을 자신이 "선택받았음"을 실증하는 것이라고 믿게 했다. 베유의 자서전의 이런 함축적 "지평"은 그녀가 유대인이며 동시에 그리스도인으로서 "위치의 불가능성"에 대해 의식하고 있음을 보여준다. 그 지평은 베유가 자신이 불법자로서 외로움과 붕괴에 대한 공포를 어느 정도까지 덜어내고 싶어 했는지를 보여준다. 베유는 그 고난과 고통 속에서 자신의 고립을 세상과 다시 연결되는 특별한 방법으로 파악하려고 시도했다.

베유가 페랭 신부에게 말한 마지막 문장, 즉 "내가 그리스도의 십자가 처형을 생각할 때마다 나는 질투의 죄를 범합니다"라는 말은 그 "자서전"의 밑에 깔린 의도를 확인해준다. 그것은 베유가 세상에 대한 새로운 비전의 담지자로 신비하게 변화함으로써, 사회적으로 추방당한 고통을 피하려는 강렬한 열망을 드러낸다. 그녀는 자신의 그리스도인 정체성의 발전을 회고하는 것처럼 글을 쓰고 있지만, 실제로는 세상과의 관계에서 자신이 차지하길 바라는 특별한 "장소"에 대한 비전을 향해 자신을 써 내려가고 있는 것이다.

제임스 올니는 "시간을 속량/구원하는 것(to redeem time)이 자서전 작가의 주요 동기 중 하나, 어쩌면 **가장** 중요한 동기, 실제로 자서전 작가의 **유일한** 진정한 동기일 수 있다"고 주장한다.7) 베유가 자신의 "미래

---

6) 몇 문단 뒤에 베유는 교회에 관한 자신의 반대 입장의 타당성을 진술한다. "나는 내 편에서 권리상 교회의 신자라는 것이 적법하다고 생각하지만, 사실상은 아니다. 하느님이 나에게 다른 것을 하도록 확신을 주지 않는 한, 나는 그것이 나의 의무라 생각한다"(75).
7) Olney, "Some Versions of Memory," 240.

자서전"을 그리스도와 같은 고난을 받는 자로 구성한 데 비해, 슈타인의 자기 내러티브는 과거의 자전적 속량/구원을 솔직하게 보여주는 예시처럼 보인다. 베유의 글이 삶의 이야기와 사상의 내러티브를 합성한 것이라면, 슈타인의 글은 자신의 생애 이야기를 연대기적이고 사실적으로 전달하는 데 초점을 맞추고 있다.

슈타인의 자서전은 "진술하지 않은 지평"이 없는 것처럼 보이지만, 올니가 자서전에서 **시간**이 속량/구원된다는 점을 강조한 것은 슈타인의 자기표현에서 "진술하지 않은 지평"에 주목하도록 만든다. 슈타인의 본문에서 시간의 형상화(figuration, 추상적 시간에 구체적 형태를 부여하는 것-옮긴이), 특히 속량되지 않은 시간(unredeemed time)의 형상화를 자세히 살펴보면, 자서전의 흥미로운 숨은 의미가 드러난다. 실제로 속량되지 않은 시간의 숨은 의미는 베유의 시간 처리 방식과 비교할 때 더욱 두드러진다. 두 자화상 모두 굳이 말로 표현하지 않은 "종교적 시간"이라는 점에서 비슷한 특성을 보여준다. 베유에게 속량된 시간은 그녀의 "그리스도인 시간"이며, 이것은 그녀의 그리스도인으로서의 의식의 발전을 뜻한다. 반면 슈타인은 그녀의 "유대인 시간"을 속량하는데, 이것은 그녀의 유년기와 청소년기를 뜻한다. 베유가 자신의 민족적 출신을 거부한 의도는 그녀의 역사적 자아를 나타내는 것을 배제한다. 슈타인은 오직 유대인으로서의 삶에만 초점을 맞추는 단일한 목적 때문에 현재 그리스도인으로서의 자아를 무시한다.

우리는 8장의 첫 인용문과 말로 표현하는 것은 그 침묵의 전달자(silent bearer of the language)를 타인에게 열어주는 것이라는 개념을 상기해야 한다. 이 두 여성 자서전 작가의 경우, 자아를 드러내는 방식이 부분적이라는 점에 주목할 수 있다. 두 사람 모두 자신의 내러티브를 전개하는 데서 어떤 측면은 의도적으로 침묵시켰기 때문이다. 베유의 경우,

원래의 유대인 자아는 반드시 침묵되어야 했는데, 이것은 새로운 그리스도교적 비전의 전달자로서의 그녀의 특별한 "장소"를 보장하기 위해서였다. 그러나 왜 슈타인은 유대인이라는 정치적으로 신뢰를 받지 못하는 정체성을 강조하면서도, 자신의 합법적 "장소"—그리스도인이며 카르멜 수녀—를 침묵시키려 했는가?

슈타인의 회고록에서 개종 이야기가 빠졌다는 결론은 우연이 아니었다. 슈타인은 자신의 자서전을 후설과 함께한 박사학위 수여의 축하 장면으로 끝맺는다. 마지막 장면은 라이나흐 부인과 괴팅겐을 떠나는 장면이다.

유대인 철학자 아돌프 라이나흐의 아내였던 라이나흐 부인은 슈타인의 종교적 개종에 결정적 역할을 했다. 그녀가 1917년 전쟁 중 남편의 죽음을 경건하게 받아들인 것이 슈타인이 개종하도록 영감을 불어넣었다.[8] 슈타인의 자서전 마지막에 등장하는 라이나흐 부인의 존재는, 슈타인이 1916년 박사학위를 받은 이후의 삶을 일부러 기술하지 않으려는 의도적 결정을 뒷받침한다. 라이나흐 부인과 함께 괴팅겐을 떠나는 장면은 그녀의 이후 개종 이야기를 예고하는 암시이지만, 그녀는 자신의 회고록에서 이를 철저히 배제했다. 자서전 전체에서 미래의 개종을 암시하는 언급이 완전히 사라졌다는 점은, 그녀가 자신의 자서전을 철저히 유대인 시절에 한정하려는 의도를 드러낸다.

이 점이 바로 슈타인의 회고록을 번역한 조세핀 쾨펠 수녀를 불편하게 만든 요소이다. 그녀는 《유대인 가족의 삶》의 "번역자 후기"에서, 이 자서전의 내용 구성과 결말에 관해 문제를 지적한다. 쾨펠 수녀는 슈타인의 개종과 소명 이야기가 누락된 점을 안타까워하고, 그 자서전이 이야기 중간에서 갑자기 끝나는 것에 의문을 제기한다. 그런 아쉬

---

8) Herbstrith, *Edith Stein: A Biography*, 24.

움 때문에 쾨펠 수녀는 슈타인의 ≪유대인 가족의 삶≫이라는 제목에 ≪미완의 자서전≫이라는 부제목을 덧붙였을 것이다.

쾨펠은 슈타인의 개종 이후 이야기가 없는 이유에 대해, 슈타인이 네덜란드로 피신한 후, "에디트는 그런 종류의 글을 쓸 시간이 없었을 것이다"라고 설명하려 한다.9) 그러나 동시에, 쾨펠은 이 원고가 1939년 슈타인의 요청으로, 큰 위험을 무릅쓰고 독일에서 국경을 넘어 네덜란드로 밀반출되었다고 밝힘으로써, 글 쓸 시간이 없었을 것이라는 자신의 추측을 반박한다. 이처럼 쾨펠 수녀는 슈타인이 자기 자서전에 대해 얼마나 큰 중요성을 부여했음에 틀림없는지를 무심코 강조한다.

그 원고를 밀반출하는 데 따랐던 위험에도 불구하고, 슈타인이 그 기록에 단 한 장을 덧붙였다는 점은 중요한데, 덧붙인 장은 박사학위 완성과 라이나흐 부인과 괴팅겐을 떠난 일에 관한 장이다. 슈타인이 이 원고의 회수를 주장한 것은 그 마지막 이야기를 주목하게 만드는데, 그것은 그녀가 유대인으로서의 삶의 마지막 장면이다.

슈타인이 위험을 무릅쓰고 이 원고를 밀반출하려 했다는 사실은 그녀가 카르멜 수녀로서, 그 자전적 이야기의 내레이터이자 주인공으로 등장하는 자신의 유대인 자아에 가까이 있으려는 무의식적 욕망을 반영한 것인가? 슈타인이 유대인 자아에 가까이 있으려는 욕구는 특히 당시 그녀의 가족이 느꼈던 위험에서 볼 때, 자신의 유대인 정체성을 억누를 수 없음을 보여준 것인가? 이런 추측을 검증할 방법은 없지만, 슈타인이 자서전을 의도적으로 미완성으로 남겼다는 점은 그녀의 윤리적 진실성과 그 자서전의 교육적 메시지에 대한 헌신을 증거한다고 주장할 수 있다.

독일 청소년들에게 유대교에 관한 교육을 시키려 했던 목적에 충

---

9) Stein, *Life in a Jewish Family*, 462.

실했던 슈타인은 자기의 작업 목표를 위태롭게 할 요소들을 제거했다. 실제로 슈타인이 분명하게 자서전을 쓴 의도를 밝힌 것은 그녀가 나중에 개종한 것과 소명을 언급하지 않은 이유에 대한 합리적 설명을 제공해준다. 당시의 정치적 상황에서 개종한 이야기 자체가 유대인들에 대한 관용을 증진시키려는 그녀의 의도를 해칠 수 있었다. 자신의 유대인 과거를 속량하고자 했던 프로젝트의 효과를 확실히 하기 위해, 슈타인은 자신의 그리스도인 현재를 억눌러야 했던 것이다.

　슈타인과 베유 모두 자기의 종교적 정체성의 "시간들"을 조작하여 자서전의 의도를 실현하려 했다. 그들은 자신에 대한 표현을 당시에 붕괴하는 휴머니즘에 대한 인식과 맞춰 표현했다. 각자 자신만의 방식과 태도로, 인류 사회의 도덕적 해체에 기여할 수 있는 메시지를 세상에 전하고자 했다. 두 사람 모두 자신의 인생 이야기를 통해 메시지를 건너편 세상에 전달하려 했다. 슈타인과 베유는 독자들이 반감을 가질 수 있는 자아의 측면들, 그리고 자신들이 세상에 전하고자 했던 사회-종교적 메시지 가운데 독자들이 받아들이기 어려울 측면들을 배제함으로써 독자들이 더 잘 귀를 기울일 수 있도록 했다.

　이러한 태도는 그들의 표현이 상관성이 있고, 그 결과로 상호주관적인 사회적 유대 관계를 맺는 것이 여전히 가능하다는 낙관적 믿음을 드러낸다. 우리는 안네 프랑크와 에티 힐레숨의 일기에서, 죽음의 공포가 점점 가까워짐에 따라 이런 재연결에 대한 희망이 사실상 사라지는 것을 보게 된다. 그들은 공포에 맞서 구원의 메시지를 가지고 세상과 소통하려 하기보다는, 일기를 내면으로 향하게 하여, 조용히 성장하는 예술가의 목소리를 표현하는 데 집중했다. 세계가 자신의 존재를 완전히 거부하고 있다는 사실을 인식한 그들은, 상상력과 창조력의 역량을 피해자의 무력감과 절망에 맞서게 하는 과정을 시작한 것이다.

10장

프랑크와 힐레숨

일기 쓰기를 통해 성장한 예술가

[예술의] 유일한 목적은 현실에 다른 형태를 부여하는 것이며, 그 현실은 감정의 근원으로서 보존하지 않을 수 없는 현실이다.

— 알베르 카뮈

안네 프랑크와 에티 힐레숨의 일기 형식의 글쓰기(힐레숨의 경우, 베스터보르크 수용소에서 암스테르담에 있는 네덜란드 친구들에게 보낸 편지도 포함된다)는, 두 여성이 자기 자신 안의 어떤 부분—힐레숨이 "하느님" 혹은 "인간의 궁극적 가치"라고 부른 것—을 지키기 위해 벌인 투쟁을 증언한다.

프랑크와 힐레숨 모두의 일기 속에 나오는 내적 성찰은 매우 높은 윤리적 기준을 드러낸다. 이들의 일기는 비인간화의 시기에도 인간다움을 유지하려는 노력, 나치의 테러로 인간성 혹은 인간적 이미지를 빼앗기지 않으려는 투쟁을 감동적으로 증언한다. 그러나 그 일기들은 단지 윤리적 성찰에 관한 기록만은 아니다. 그 일기들은 또한 젊은 예술가로서의 두 저자의 성장에 대한 증언이기도 하다. 이들의 예술적 정체성은 역사적으로 전대미문의 시련에 의해 형성되었다는 점을 기억하는 것이 중요하다. 동시에 이 현실은 그 예술가들에게 자신의 시련을 예술적 양식으로 형성하는 전대미문의 과업을 안겨주었다.

두 명의 일기 작가가 직면했던 난관을 파악하려면, 우리는 엘리 위젤의 유명한 말 가운데 많은 생존자와 전후 홀로코스트 연구자들이 인용한 다음과 같은 말을 상기하면 된다. 즉 "홀로코스트 문학 같은 것은 없으며, 있을 수도 없다."[1] 위젤을 비롯한 많은 사람들이 믿었던 것처럼, 홀로코스트 경험을 회고하는 문학은 불가능한 것이 사실이지만, 당시 그 현장에서 그 경험을 어떻게 표현하는가 하는 문제는 남아 있다. 홀로코스트 이후 저자의 곤경을 예상하듯이, 홀로코스트 당시의 예술가들은 두 가지 상충되는 감정과 싸웠는데, 한편으로는 그 경험을 표현할 적절한 언어를 찾는 데 실패한 좌절감이며, 다른 한편으로는 그 끔찍함을 표현하려는 억제할 수 없는 욕구이다.

홀로코스트라는 "비현실적 현실"(unreal reality)을 표현할 적절한 언어를 찾는 데 따르는 좌절감에도 불구하고, 일기 작가들은 가능한 한 오래 글쓰기를 지속했다. 그들이 홀로코스트의 현실에 맞서서 자기표현을 한 동기는, 부분적으로 자기 교육의 과정으로서, 부분적으로는 세계와 대화를 시도한다는 환상적 시도로서, 혹은 부분적으로 홀로코스트의 세상 속에서 신을 찾기 위한 탐색이었다.

---

1) Rosenfeld, *A Double Dying*, 14에서 재인용. 홀로코스트 이후의 다른 철학자들, 작가들, 사상가들은 로젠펠트가 언급한 홀로코스트 예술의 가능성을 부인한다(ibid., 13-14를 보라). 홀로코스트를 예술로 재현하는 문제에 관해서는 Lawrence L. Langer, "In the Beginning Was the Silence," in *The Holocaust and the Literary Imagination* (New Haven: Yale University Press, 1975)를 보라.

홀로코스트의 생존자인 알프레드 칸토르의 말은 홀로코스트의 재난을 당하던 **당시에** 예술을 창조하려는 동기의 중요한 측면을 밝혀준다. 그는 테레지엔슈타트, 슈바르체헤데, 아우슈비츠 등지에서 수백 점의 스케치를 그렸다. 그는 예술가로서 "'관찰자'의 역할을 맡음으로써, 나는 아우슈비츠에서 벌어지고 있던 일들로부터 잠시나마 나 자신을 분리할 수 있었고, 그래서 정신의 실타래를 좀 더 잘 붙잡을 수 있었다"고 말했다.2)

관찰자로서의 자기 분리(self-detachment)는 홀로코스트에서 창조적 과정의 결정적 역할을 했다. 바로 이 예술가-관찰자의 정체성을 채택함으로써, 칸토르는 자신이 처한 고통스러운 현실에서 잠시나마 벗어날 수 있었다. 예술을 통해 경험을 표현하려는 의도는, 그 경험이 의미하는 위협의 즉각적 현실성을 줄여주었다. 이처럼 고통받는 자아로부터 예술적 몰입을 통해 자신을 분리해내는 능력은 칸토르의 생존에 본질적인 요소로 작용했다.

여기서 홀로코스트 이후의 증언과 홀로코스트 당시의 증언 사이에 중요한 차이가 드러난다. 홀로코스트 이후의 증언을 통해 생존자는 과거의 경험으로 돌아가 그것을 다시 살아내려 시도하며, 때로는 그 고통스러운 과거를 떨쳐내기 위해 그렇게 한다. 그러나 견딜 수 없는 고통의 한복판에 있었던 당시에는, 희생자가 자신을 그 끔찍함으로부터 거리를 두기 위한 시도로 그것을 기록한다.

칸토르의 관찰은 두 일기 작가의 삶에서 예술이 갖는 기능을 보여준다. 실제로 그들의 예술은 아우슈비츠의 궁극적인 끔찍함에 도달하지 못했고, 도달할 수도 없었다. 수용소 안에서 예술을 창조하는 것은 거의 불가능했기 때문이다. 심지어 강제수용소에서 작품을 만든 불과 몇 명

---

2) Langer, *Admitting the Holocaust*, 54에서 재인용.

가운데 한 사람인 칸토르조차 자신이 그린 스케치들이 발견될 것을 두려워해서 그것들을 없앴다. 그는 전쟁이 끝난 후에 그 스케치들을 다시 그렸다.3) 따라서 그 일기들을 홀로코스트의 궁극적 끔찍함에 대한 증언으로 제시하는 것은 나의 의도가 아니다. 그러나 죽음을 당할 운명에 처한 작가들로서, 그 일기들은 최종 해결책의 완전히 절망적인 상황에서 예술적 창조성이 그들의 정서적 지지기반이었음을 증언한다.

프랑크와 힐레숨이 고집스럽게 글쓰기를 계속한 것—여기서 우리는 헬레숨이 아우슈비츠로 가는 기차 속에서 "우리는 노래를 부르며 수용소를 떠났다"4)고 엽서에 써서 기차 밖으로 던진 것을 기억해야 한다—은 그들이 예술을 자신의 인간성과 인간다움의 수호자로 파악했음을 증거한다. 자신들의 소명을 예술가로 주장한 것은 자신들의 경험을 표현하기 위한 적절한 언어와 문학 양식을 찾은 데에 반영되어 있다. 그들의 소명은 인간을 짓밟는 잔혹한 시대에 자기표현을 위한 주장 속에 울려 퍼진다. 동시에 자신들의 증언이 역사적 기능을 갖게 될 것이라는 그들의 의식은 그들이 자전적 글쓰기의 도덕적 의미에 대해 더욱 분명하게 인식하게 되었음을 증명한다.

새로운 내러티브 양식의 불가능한 가능성

역사가 기존의 문학 형식을 무효로 만든다는 생각은 전후 시대에 흔한 상투어가 되었다. 예를 들어, 폴 리쾨르는 이렇게 말한다. "우리는 아마도 더 이상 내러티브를 전개할 수 없는 시대의 끝자락에 도달했을 것이다. … 인간 존재는 더 이상 나눌 수 있는 경험을 가지고 있지 않기

---

3) Ibid.
4) Hillesum, *Letters*, 146.

때문이다. … 그럼에도 불구하고, 모든 것을 고려할 때, 우리는 아직 이름 붙이지 못한 새로운 내러티브 양식이 이미 탄생하고 있다고 믿어야 할 필요가 있을 것이다."5) 매우 선견지명이 있었던 듯이, 힐레숨과 프랑크는 기존의 문학 장르가 홀로코스트의 경험을 전달하기에는 부적절하다고 내다보았다. 베스터보르크 수용소의 "비현실적인 현실"을 지켜보며, 힐레숨은 이렇게 썼다. "여기서 누군가는 동화책을 쓸 수 있어야 한다. … 이곳의 비참함은 현실의 모든 경계를 넘어섰고 이제는 비현실이 되었다. 내가 때때로 수용소 안을 걸으며 혼자 은밀하게 웃는 이유는 완전히 기괴한 상황 때문이다."6) 또한 프랑크는 다락방의 이야기를 전하려는 어떤 시도도 터무니없다고 생각하며, 이렇게 말한다. "내가 만약 '비밀 다락방'의 이야기를 로맨스 소설로 출판한다면 얼마나 흥미롭겠는가를 상상해보라. 제목만으로도 사람들은 이걸 추리소설이라고 착각하기에 충분할 것이다. … 내가 많은 이야기를 해도, 당신은 우리 삶에 대해 거의 알지 못할 것이다. … 그것은 거의 형언할 수 없을 정도다."7)

일기를 "새로운 내러티브 양식"으로 보는 것은 용어상 모순처럼 보인다. 일기는 명확히 정의된 문학 장르로 자리 잡은 형태이기 때문이다. 로렌스 로젠월드에 따르면, 일기는 명시되지 않은 독자를 향한 날짜 순서로 된 양식이며, 그 기능은 작가 자신의 삶의 사건들과 측면들을 기록하는 데 있다.8) 날짜 체계 덕분에, 일기는 일종의 역사적 기록이다. 일기를 이야기로 쓴 의도는 다른 사람들과—비록 사후일지라도—공유

---

5) Paul Ricoeur, *Time and Narrative*, trans. Kathleen McLaughlin and David Pellauer, 3 vols. (Chicago: University of Chicago Press, 1984), 2:28.
6) Hillesum, *Letters*, 88.
7) Frank, *Diary*, 578-79.
8) Lawrence Rosenwald, *Emerson and the Art of the Diary* (New York: Oxford University Press, 1988), 5를 보라.

될 수 있고, 일기를 쓸 당시의 일반적인 역사적 배경에 비추어 검증될 수 있도록 한 것이다.

힐레숨과 프랑크는 자신의 경험을 다른 사람들과 공유할 가능성에 대해 매우 회의적이었다. 자신의 기록을 문학적 장르로 구성하려는 시도 속에서, 그들은 "동화," "로맨스," "추리소설" 같은 장르를 고민했고, 자신들이 이야기로 엮으려 했던 사건들의 특징을 "비현실적," "기괴한," 그리고 "형언할 수 없는" 이야기로 특정했다. 경험을 자세히 설명할 필요성에 직면했을 때, 그들은 전대미문의 경험을 익숙한 언어로 표현하는 문제에 봉착했다. 그러나 그들을 불안하게 만든 것은 단지 독자들과의 공통 기반을 찾기 어려운 가능성뿐만 아니라, 그들이 겪고 있는 상황의 비현실적이고 형언할 수 없는 본질에 대한 그들 자신의 혼란이었다.

그러나 프랑크와 힐레숨의 일기가 존재한다는 사실 자체는, 그들이 충격과 혼란 속에서도 자신의 존재의 "비현실적인 현실"을 기록해야 한다는 강한 충동을 느꼈다는 것을 보여준다. 그들이 일기를 매일 쓴 것이라 띄엄띄엄 간헐적으로 쓴 것은 예측 불가능하고 불규칙한 상황에 대한 표현의 가능한 형식이었을 것이다. 그러나 공포가 심화되는 상황에서, 기록 행위와 기록된 사건 사이의 거리가 좁혀질수록 감정적 난관이라는 문제에 봉착한다.

일기를 쓰는 행위는 직전의 과거에 대한 재구성을 요구한다. 힐레숨과 프랑크의 상황에서, 이러한 재구성은 붕괴, 결핍, 그리고 공포와 다시 만남을 뜻한다. 하지만 두 사람 모두 사건들뿐만 아니라 그 사건이 불러일으킨 감정과 반응을 기록해야 한다는 억제할 수 없는 욕구를 표현했다. 우리는 이미 프랑크가 다락방에 도달한 참혹한 소식들이 불러온 악몽들과 싸우는 모습을 보았다. 그리고 우리는 그녀의 끔찍한 우울과 공포에 대한 고백들도 보았다. 힐레숨도 끔찍함에 대해 비슷한 반응을 보인다. 그녀는 하루 종일 수용소에서 일한 후, "내가 어두움 속에 누워 눈이 타들어 가듯 아픈 것은 인간이 고통받는 장면들이 내 앞에서 끊임없이 펼쳐지기 때문이다"라고 썼다.9)

일기가 일상의 사건들에 대해 모방적이고 정확한 표현과 그것이 남긴 심리적 충격에 대한 표현에 초점을 맞춘 것은 일기의 존재 이유에 대한 문제를 제기한다. 도대체 왜 두 사람 모두 다가오는 종말의 분명한 징후들과 그 징후들이 불러온 공포 속에 글을 쓰는 것에 집착했는가? 왜 그들은 희생자로서의 자신을 억누르기보다 오히려 그것을 숙고하려 했는가? 즉, 모든 안정성과 안전감을 붕괴시키는, 두렵고 해독 불가능한 현실을 명확히 표현하려 했는가?

이 질문들에 접근하기 위해서, 우리는 묵시 종말적 파괴의 모방적 재현이라는 문제를 고려할 필요가 있다. 그런 파괴 현실을 재현한 것은 아리스토텔레스가 말한 모방적 플롯, 즉 사건들을 치밀하게 선택해서 배열한 것이 모방적 플롯이라는 개념을 뒤엎는다. 미메시스(mimesis)는 아리스토텔레스가 정의한 것처럼 "모방의 매체"10)로서 "플롯의 통일성"을 전면에 내세우며, 이것은 "하나의 행동"을 중심으로 "그럴듯하거나 필연적" 사건들을 적절히 선택하는 데 기초한다. 행동의 통일성은 "무수히 다양한 … 한 사람의 인생 사건들" 중에서 선택하는 방식으로 형성된다.11) 이야기의 방향은 청중을 향하며, 특히 이야기 구조가 비극적일 경우 효과적으로 카타르시스를 일으킨다면, 그것은 듣는 이들로 하여금 "공포와 연민으로 떨고 녹아내리게"12) 할 것이다. 아리스토텔레

---

9) Hillesum, *Diary*, 151.

10) Aristotle, "Poetics," in *Criticism: The Major Texts*, ed. Walter Jackson Bate (New York: Harcourt, Brace & Company, 1952), 20.

11) Ibid., 24-25.

12) Ibid., 27.

스는 효과적인 카타르시스를 유발하려면 "비극적인 플롯이 비이성적인 부분들로 구성되어서는 안 된다"고 주장하며, "시인은 불가능할 것 같은 가능성(improbable possibilities)보다 가능할 것 같은 불가능성(probable impossibilities)을 선호해야 한다"고 말한다.13)

아리스토텔레스의 이러한 원리를 안네 프랑크의 다락방과 에티 힐레숨의 베스터보크 수용소의 상황에 적용해보면, 고전 문학 전통이 홀로코스트라는 전대미문의 현실 앞에서 얼마나 부적합한지를 드러낸다. 사건의 선택이라는 점에서 보면, 선택할 수 있는 범위는 극히 제한적이었다. 유대인들의 격리와 강제이송, 집단학살이라는 현실에서, 공포와 연민의 반응은 전적으로 그럴듯하지 않은 것으로 보였다. 사실, 이해라는 반응 자체가 매우 어려웠다. 두 명의 일기 작가가 깨달았듯이, 그들의 이야기는 경험한 사건이 너무도 파격적이어서 이해를 넘어서는 것이었기 때문이다. 이처럼 펼쳐지는 "플롯들"은 너무도 기이하여, 우리가 이미 본 것처럼, 저자들 자신조차 그것을 문학작품의 기존 분류 기준으로 설명하는 데 어려움을 겪었다.

장르에 대한 저자들의 모호한 태도는 홀로코스트 사건에 대한 문학적 관습의 해체를 나타낸다. 리쾨르를 빌리자면, "새로운 내러티브"는 작품과 청중 사이의 소통이 붕괴되었음을 보여준다. 청중은 더 이상 작품 속에서 익숙한 장르적 표지를 인식할 수 없게 되었다.

아리스토텔레스의 원칙과는 반대로, 유대인 학살에 대한 힐레숨과 프랑크의 증언에서는 사실성이 오히려 불가능하고 비이성적인 것으로 드러난다. 두 일기 모두 홀로코스트라는 "불가능할 것 같은 가능성"이라는 전대미문의 문제에 맞서고 있다.

이러한 재난이 전개되는 "가능성"에 대한 의식은 일기 작가에게

---

13) Ibid., 36.

그 상황의 종국성(finality)이 그 어떤 것도 참조할 수 없게 만드는 현실을 직면하게 만든다. 일반적으로 삶은 예술가에게 무수히 많은 선택지를 제공하며, 예술가는 그 가운데서 자신의 이야기를 구성할 수 있는 요소들을 선택한다. 하지만 홀로코스트 상황에서는 믿기 어렵게도 삶 자체가 가해자들에 의해 정교하게 기획된 인공물이 되었다. 그것은 곧 묵시 종말적 파괴의 그림자 속에서 공포스러운 죽음을 기다리는 무력한 존재들이 "출구 없는"(no-exit) 지옥과 같은 덫에 갇혀 정체된 삶을 살아가는 것이 되었다.

아리스토텔레스의 시학(ars poetica)에서 예술의 기능은 의식적 선택과 압축을 통해 삶을 재형성하고 재구성하는 데 있다. 하지만 역사의 묵시 종말적 파괴 현실에서는 공포의 덫에 갇힌 것이 필연적으로 피해자의 삶을 아무것도 선택할 수 없는 무기력 상태로 축소시켰다. 그러나 의식적인 선택으로서의 글쓰기는, 숙명론과 공포의 무력증을 상쇄하는 생명력의 징표가 된다. 우리는 여기서 아리스토텔레스의 패러다임이 정반대로 뒤집어지는 것을 보게 된다. 그는 예술을 모방적 구성물, 즉 삶의 무한하고 끝없는 가능성에 대한 고도로 인위적인 재현으로 설계한 바 있다.

박해라는 외적인 테러와 공포와 불안이라는 내적인 무기력에 의해 삶이 정지된 현실 속에서, 아리스토텔레스의 "가능할 것 같은 불가능성"(problable possibility)이라는 전제가 뒤집힌다. 유대인 집단학살 희생자들의 일기들은, 최종 해결책이라는 냉혹한 명령의 삶 속의 죽음(death-in-life)이라는 현실에서 삶으로서의 예술(art-as-life)이라는 "불가능할 것 같은 가능성"(improbable possibility)을 제시한다.

정신적 생존의 보호 장치로서의 예술

힐레숨과 프랑크 모두에게 글쓰기 행위는 역사적 증언의 기능을 초월하는 것이었다. 그것은 정서적 지지였고, 삶의 유일한 존재 이유였으며, 절망으로부터의 유일한 구원이 되었다. 힐레숨이 쓴 바와 같이, "내게 가장 끔찍한 일은 더 이상 연필과 종이를 허락받지 못해 내 생각을 명료하게 정리할 수 없게 되는 날일 것이다. 그것들은 나에게 없어서는 안 되는 것이다. 그것들이 없으면 나는 무너져 완전히 파멸되고 말 것이기 때문이다."14) 프랑크도 힐레숨의 감정을 반복한다. "이 모든 것 중에서 가장 밝은 지점은 적어도 내 생각과 감정을 글로 쓸 수 있다는 것이다. 그렇지 않으면 나는 완전히 질식해 버릴 것이다."15)

다락방의 덫에 갇힌 상태에서의 "정지된 시간"과 베스터보르크 수용소에서 아우슈비츠 수용소로 떠나는 열차의 규칙적 출발이라는 절망 속에서, "불가능할 것 같은 가능성"을 기록하는 행위는 예술적 창조성을 생명 유지 체계로 정의한다. 예술 행위가 회복의 수단인 이유는 필연적인 죽음을 수동적으로 기다리는 "숨막힘"을 반전시키기 때문이다. 글쓰기가 생명줄(lifeline)이 되는 이유는 그것은 생각과 감정을 정당화하고, 유대인 희생자의 개별성이 말살된 현실에서 개인의 중요성을 다시 강조하기 때문이다.

공포와 불안, 절망을 인정하는 것은, 묘사된 감정의 마비시키는 부정성을 상쇄하는 감정적 생명력의 존재를 증명한다. 동시에, 글쓰기 과정에서 감정의 강도가 약하게 되는 것은 임박한 죽음이라는 마비시키는 예감을 일정 부분 차단하게 만든다.

---

14) Hillesum, *Diary*, 140.
15) Frank, *Diary*, 541.

예술에 집중하는 것이 절망에서 구원해주는 이유는 그것이 육체적 생존에 대한 상시적 불안을 초월하기 때문이다. 사실상, 예술적 창조성은 정신적 생존의 보호 장치가 된다. 글쓰기는 죽음 의식에 대항하는 감동적이고 생명력 있는 힘이 된다. 예술적 행위의 치료적 기능에 대한 이런 인식은 프랑크의 주장, 즉 "내가 글을 쓰면 모든 걸 털어낼 수 있다. 나의 슬픔은 사라지고, 새로운 용기가 생겨난다"16)는 주장에 빛을 비춰준다.

힐레숨 역시 프랑크가 느낀 생존에 대한 강박적인 불안으로부터의 자유에 공명하면서, "나는 어떻게 하면 내 창조적 능력을 물질적인 관심의 올가미로부터 해방시킬 수 있는지를 안다"고 말한다.17)

글쓰기는 언어를 통한 소통을 뜻한다. 소통 행위에 참여하고 있다는 의식은 희생자를 침묵으로 몰아넣은 시련에 맞서 정신적 방어 장벽을 세운다. 하지만 외부 세계와의 격리라는 명령 아래에서, 소통의 과정은 내면의 자아로 옮겨간다. 자기 자신과의 대화를 통한 자기 서술은 자기 소외, 정신적 해체의 위협을 완화시킨다. 강도를 당한 사건 이후, 다락방의 겁에 질린 사람들 사이에서 프랑크의 일기를 불태울지 논의했을 때, 프랑크는 격렬히 말한다. "내 일기는 안 돼요! 내 일기가 사라지면 나도 함께 사라지는 거예요!"18) 저자 자신이 분명히 인식했듯이, 일기는 제정신과 온전함의 감각을 유지하는 닻으로서, 그녀의 삶에 대한 의지를 유지하는 데서 불가결한 것이 되었다.

힐레숨에게 소통은 생명줄로서 반드시 문자 형식일 필요는 없다. 그녀에게 소통은 마음속에서 이루어지는 것이자 보호의 감각을 창조하

---

16) Ibid., 588.
17) Hillesum, *Diary*, 186.
18) Frank, *Diary*, 595.

기 위한 기도로 인식되어야 한다. 수용소의 현실에서, 궁극적인 은총은 시적인 언어이다. "하느님, 한 줄의 시를 제게 주십시오. 종이나 빛이 없어서 써내려 갈 수 없다면, 저녁때 조용히 당신의 위대한 천국에 드리는 기도로 말씀드릴 수 있게 해주세요. 그러나 가끔은 제게 한 줄의 시를 허락해주세요."19) "한 줄의 시"는 하느님과의 대화를 회복함으로써 두려움을 달래는 힘을 지닌다. 하느님은 그녀의 내면에 거하시며, 이 소통은 강제수용소의 대재앙을 넘어서는 평온함을 부여해 준다.

폴 틸리히는 이렇게 주장한다. "[현실과의 모든 만남에 대한] 가장 근본적인 표현은 언어로서, 언어는 인간에게 구체적으로 주어진 것으로부터 추상할 능력을 주며, … 그것으로 돌아가고, 그것을 해석하고 변화시킬 수 있게 해준다. 가장 생생한 존재는 언어를 갖고 있으며, 언어를 통해 주어진 것의 굴레에서 해방된 존재다."20) 홀로코스트라는 "구체적으로 주어진" 현실에 대한 증언으로서, 두 일기는 언어가 해방의 힘을 지니고 있음을 통렬하게 보여준다. 작가들이 그들의 현실의 끔찍함을 묘사하기 위해 찾은 말들은 잠시만이라도 끔찍한 현실로부터 그들 자신을 해방시킨다. 이상하게도, 단어들은 공포와 절망에 맞서는 보호 장벽을 세운다.

이러한 의미에서, 죽음의 현실을 단어를 통해 "추상화하고, 해석하며, 변화시키는" 창조적 능력은 삶의 긍정에 이른다. 언어로 상황을 서술하는 것은 희생자에게 힘을 부여하는데, 그녀의 목소리는 묵시 종말적 파괴의 고요를 깨뜨리기 때문이다. 동시에, 현실을 형성하는 단어는 그 끔찍함으로부터 거리를 두게 하는 통제의 감각을 부여한다.

---

19) Hillesum, *Diary*, 182.
20) Paul Tillich, *Love, Power, and Justice: Ontological Analyses and Ethical Application* (New York: Oxford University Press, 1967), 77.

예술의 해방적 목소리

사울 프리들랜더의 적절한 통찰은 압도적 비극의 시기에도 예술적 탐구의 중요성을 밝혀준다. 그는 이렇게 말한다. "현대의 파국의 현실과 의미가 새로운 목소리를 찾아 나서게 만들며, 특정한 목소리를 사용하지 않는 것이 이러한 파국의 의미를 구성한다."21) 홀로코스트의 현실에서, 말로 표현된 끔찍한 의미는 역설적으로 해방, 통제, 심지어 위안을 불러일으킨다. 현실의 구체성은 즉각적인 일기 형식을 통해 다시 체험된다. 짧은 시간 동안, 위협적 현실은 예술적 관심의 대상으로 바뀐다.

어떻게 예술적 활동은 육체적 생존에 대한 압도적 관심을 대체할 수 있는가? 삶을 기록하려는 욕망은 어떻게 임박한 전멸의 상시적 위협을 완화할 수 있을까? 나는 예술가가 실제 경험과 그것을 일기로 기록하는 사이에 존재하는 시간을 사용하는 방식이, 글쓰기를 통해 억압적 현실로부터 감정적 해방을 가능하게 하는 데 필수적이라고 주장한다.

일기는 "시간의 책"22)으로서 두 가지 시간 개념을 가리킨다. 사건이 발생하는 동안의 시간과 그것을 기록하는 동안의 시간이다. 그 일기가 작성된 전대미문의 상황에서는, 기록하는 동안의 시간이 다락방의 무시간적 정체에 대한 의식과 베스터보르크 수용소로부터 끊임없이 계속되는 강제이송이라는 무시간적 정체에 대한 의식을 무시한다. 더 중요한 것은, 기록하려는 의도가 그 경험에 대한 작가의 관점을 변화시킨다는 점이다. 현실을 날것의 재료로 인식하는 관찰자의 시선은, 그것을 곧바로 형상화하려는 글쓰기의 의도를 통해, 그 경험이 불러일으킨 절

---

21) Saul Friedlnader, "Introduction," in *Probing the Limits of Representation*, 10.
22) Rosenwald, *Emerson and the Art of the Diary*, 6.

망감을 우회하는 태도를 만들어낸다.

앙리 베르그송은 예술적 창조의 영감 단계와 그것을 예술 작품으로 구현하는 것 사이에 흥미로운 상관관계를 관찰한다. "예술가는 자신의 영혼 깊은 곳에서 그것을 끌어올리며 그림을 그려낸다. … 그 구상에 소요되는 시간은 창작 그 자체와 하나이다. … 그것은 중요한 과정이며, 마치 하나의 생각이 성숙해가는 것과 같다."23)

베르그송에 따르면, 예술 작품은 예술적 아이디어가 처음 생겨나는 시간과 그것이 예술적 표현의 형태로 구체화되는 시간 모두의 산물이다. 이러한 의미에서, 일기라는 독특한 형식—사건이 전개됨에 따라 간헐적으로 기록되는 형식—은 끊임없고, 거의 중단되지 않으며, 창조적인 시간의 사용을 보여준다. 경험은 그것을 기록하려는 의도를 낳는다. 예술가의 창조적 상상 속에서 내러티브로 변형된 경험은 거의 즉각적으로 일기로 전환된다. "현미경적 문학적 글쓰기"24)로서의 예술로서, 일기의 각 항목은 그 경험과 기록하기 사이의 짧은 시간 동안 착상되어 기록되는 하나의 구분되며 창조적인 행동이 된다.

일기 작가 각자에게, 예술에 대한 일상의 집착은 그 경험의 구체성—다락방에 숨어 있거나, 베스터보르크 수용소의 궁핍한 이들을 돌보는 일이거나—속에 지속적이며 마음속에 흐르는 예술 활동을 불어넣는다. 발생하는 모든 일이 창조적 글쓰기의 소재가 될 수 있다는 의식은 매일의 생존에 의미와 연속성을 불어넣는다.

스티븐 카글은 "일기의 삶은 흔히 그 작가의 삶에서의 … 긴장에서 비롯된다. [이 긴장은] 일기를 지탱시키는 힘이 된다"25)고 주장한다. 그

---

23) Henri Bergson, *Creative Evolution* (London: Macmillan & Company, 1911), 359-60.
24) Rosenwald, *Emerson and the Art of the Diary*, 22.
25) Steven E. Kagle, *American Diary Literature, 1620-1799* (Boston: Twayne

는 인생의 변화무쌍함이 지속적 일기 쓰기의 필요성을 만들어낸다고 주장한다. 그러나 힐레숨과 프랑크의 구체적 상황에서는, 무기력과 정신적 마비는 창의성을 이끄는 긴장을 만들어내지 못하며, 오히려 창작의 추진력은 일기 자체에서 비롯된다. 최종 해결책의 현실에서 일기의 존재 자체가 생명을 유지시키는 긴장을 만들어낸다. 일기 쓰기를 향한 결연한 태도는 생명을 유지하는 긴장을 만들어낸다. 삶을 예술로 다시 창조하는 활동은 절망의 무기력함에 굴복하는 끔찍한 선택과 충돌하기 때문이다.

따라서 일기는 작가의 의미 있는 존재감에 필수적인 것이 된다. 프랑크는 일기를 자신의 또 다른 자아로 생각한다. "어디에서도 내 감정을 표현하지 못하지만, … 일기에서는 완전히 표현할 수 있다. 일기는 때때로 나 자신처럼, 고통이나 기쁨에 운다."[26]

다락방에 갇힌 제한된 생활이 프랑크의 진솔하고 충동적인 반응을 억누르지만, 글쓰기는 자유와 자발성의 감각을 제공한다. 그녀는 글쓰기를 통해 자신의 자아와 내면의 감정, 느낌, 반응을 인식하며, 이처럼 일기를 쓰는 과정이 그녀의 삶에 활력을 준 이유는 글쓰기가 개인으로서의 존재감을 확인시켜주기 때문이다.

힐레숨은 여기서 한 걸음 더 나아가, 글쓰기를 단순히 의미 있는 자아를 재확인하는 수준을 넘어선다. 그녀는 글쓰기가 삶에서 의미를 드러내는 것이 아니라, 오히려 그녀의 삶 전체를 의미 있는 전체로 형성하는 힘이라고 파악한다. "몇 마디씩 적고 싶다는 그런 갈망이 너무 강하다!" "여기 이 페이지 위에서 나는 내 실을 잣고 있다. 그 실은 내 삶을, 내 현실을, 마치 하나의 연속된 선처럼 관통한다."[27]

Publishers, 1979), 17.
26) Frank, *Diary*, 521.

일기의 각 항목이 창조하는 연속성의 감각은 "강한 통제감"을 불어넣는다. 글쓰기를 통해 자신의 존재감을 형성하는 것은 힘을 부여한다. 더 나아가, 힐레숨은 삶이 오직 하나의 내러티브**로서만** 의미를 가질 수 있음을 시사하는 듯하다.

일기라는 삶의 내러티브는 묵시 종말적 파괴의 무의미함 속에서 의미를 유지시켜 주는데, 이것은 역사적 연속성이라는 환상을 창조함으로써 가능하다. 달력에 따라 기록된 덕분에 일기는 과거에서 미래로 이어지는 진행을 보여주며, 이는 묵시 종말적 시간에 대한 감각을 상쇄시키는 진행이다. 일기의 "현미경적" 기록을 통해, 오늘 쓴 일기는 어제 쓴 일기를 뒤따르며, 내일의 일기를 전제한다. 모든 기록은 다음 기록에 대한 기대감을 만들어내고, 미래에 대한 기대를 창출한다. 바로 이 간헐적이며 날짜가 매겨진 일기 쓰기가 기록된 삶에 활력을 불어넣는다.

일기는 결코 완성된 책이 아니라, 로젠월드가 말하듯이 "필연적으로 미완성 원고이다. 일기 작성자의 삶 동안 일기는 끝나지 않고 열려 있으며, 언제든 새로운 것을 덧붙일 수 있다."[28] 덧붙일 수 있을 뿐 아니라, 우리는 로젠월드의 관찰을 이어받아, 새롭게 읽고 재고할 수 있다고도 말할 수 있다. 새로운 관점을 얻을 수 있고, 과거는 재평가될 수 있다. 진화하는 기록으로서 일기는 일기 작성자가 과거를 "거슬러 읽고" 또한 미래를 "향해 쓰게" 하며, 이미 묘사된 사건을 다시 불러내고 그들의 삶의 역사적 흐름에서 지워졌던 부분들을 재구성하게 한다.

예를 들어, 프랑크는 자신의 일기 몇 장을 넘기다가 예전의 자신이 이기적이고 사려 깊지 못했다고 느끼고, 미래에는 달라지기로 결심했다고 쓴다. 일기는 기록이자 그녀의 성장을 이끄는 원동력이 되었다. 그녀

---

27) Hillesum, *Diary*, 91.
28) Rosenwald, *Emerson and the Art of the Diary*, 12.

는 이렇게 말한다. "나는 1년 전을 뒤돌아보니 그것이 어떻게 일어났는지 설명할 수는 없지만 … 양심이 명확하지 않기에 앤을 이해하고 용서하려고 노력해 왔다." 그리고 덧붙인다. "이 일기는 내게 큰 가치가 있다. 이제는 회고록이 되었기 때문이다."29) 힐레숨도 비슷한 자기평가의 필요성을 표현하며 이렇게 쓴다. "나는 예전에 쓴 일기를 다시 읽기로 했다. 다 찢어버리지 않기로 했다. 어쩌면 나중에 그것들이 나를 예전의 나와 다시 만나게 해줄지도 모른다."30) 그녀에게도 일기는 끊임없이 변화하는 자아의 개인사 기록이 된다. 과거와 미래를 빼앗아 간 테러의 명령에도 불구하고, 일기는 비록 "현미경적"이고 제한된 형식으로 그 작성자의 역사성을 재확인시킨다.

그러나 일기는 단순히 사적인 삶의 기록이 아니다. 프랑크와 힐레숨 모두 자신들의 경험이 전대미문의 역사적 사건을 반영하고 있음을 알고 있었다. 그러므로 일기가 개인에 대한 비역사화를 거부한 증거일 뿐 아니라, 자신의 경험을 묵시 종말적 맥락 속에서 표현할 수 있는 언어를 찾으려는 일기 작성자의 노력임을 보여준다.

홀로코스트 증언의 예술

프랑크가 자기 일기가 증언의 가치를 갖고 있음을 인식했다는 것은 그녀가 전쟁이 끝난 후 출판하기 위해 일기를 다시 베껴 쓰기로 작정한 데서 잘 드러난다. 런던의 네덜란드 정부가 전쟁이 끝나면 전쟁의 포괄적 역사를 쓰기 위해 사적인 문서들이 필요하다고 선언한 것에 대해 반응하면서, 프랑크는 자기 마음을 키티(안네 프랑크의 상상의 친구

---

29) Frank, *Diary*, 438.
30) Hillesu, *Diary*, 166.

로서, 그녀가 사랑했던 아동 문학가 Cissy van Marxweldt의 소설들에 나오는 쾌활한 소녀-옮긴이)에게 털어놓았다. "너도 오래전부터 알다시피, 나의 가장 큰 소원은 훗날 기자가 되고, 그다음에는 유명한 작가가 되는 거야. … 전쟁이 끝난 후 ≪진짜 비밀 다락방≫(*Echt Achterhuis*)이라는 제목의 책을 출판하고 싶단다. 내가 성공할지 여부는 알 수 없지만, 내 일기는 큰 도움이 될 거야." 프랑크의 일기에 대한 비판적 판본 편집자들이 지적하듯이, 프랑크는 1944년 5월 20일부터 기존 일기를 다시 베끼고 수정하기 시작했다.31)

따라서 프랑크의 일기는 단순한 개인 생활 이야기가 아니라, 일반 독자층을 향해 숨어서 지내던 시련을 증언하려는 기록이었다. 프랑크는 체계적이고, 고통을 참아가며, 그녀가 "형언할 수 없다"고 표현한 세상 속에서의 삶을 기록하려 했다. 그녀는 키티에게 말을 건네며, "믿을 수 없는"32) 상황을 정확히 묘사하기 위해 언어와 씨름했다.

일기의 편지체 형식을 결정지은 인물 키티는, 프랑크가 역사 기록자로서 스스로 동기를 부여하는 방식을 이해하기 위한 열쇠다. 키티는 점령당한 유럽의 현실 밖에 있는 상상의 절친이다. 먼 거리에 있는 상상의 절친을 설정한 것은 이야기의 여러 차원에서 기능을 수행한다.

가장 분명한 차원에서, 키티의 설정은 ≪비밀의 다락방≫(*Het Achterhuis*)이 겨냥한 독자층의 모델이 된다. 이 수신인-외부자는 프랑크의 일기가 최종 해결책의 위협을 직접 경험하지 않은 사람들을 위한 증언임을 표시한다. 전쟁의 참혹함이나 유럽 유대인들의 조직적 학살에 대해 아무것도 모르는 수신인을 상정함으로써, 프랑크는 전개 중인 재앙적 전쟁에 무지한 독자를 위해 스스로를 연대기 작가로 자리매김한

---

31) Frank, *Diary*, 61. 다시 베껴 쓴 일기는 비판적 판본에서 버전 "b"로 나온다.
32) Frank, *Diary*, 578-79.

다. 따라서 프랑크는 강제이송에 관한 소문, 암스테르담 공습, 연합군 진격 소식 등을 자세히 기록한다. 그녀는 자신의 개인사를 세계대전이라는 현실 속에 위치시킨다.

> 오늘 아침에도 모든 것이 다시 나를 괴롭혀서, 아무것도 제대로 하지 못했다. 밖은 끔찍하다. 날마다 점점 더 많은 불쌍하고 비참한 사람들(유대인들)이 가방 하나와 약간의 돈만 가지고 끌려간다. 가는 도중에 그 소유물마저 빼앗긴다. 가족들은 찢겨나가고, 남자, 여자, 아이들이 모두 헤어진다. … 땅은 폭격으로 갈라지고, 매시간 수십만 명이 러시아와 아프리카에서 죽어간다. 아무도 이 현실을 막아낼 수 없고, 전 세계는 전쟁을 벌이고 있으며, 비록 연합군에게 유리하게 된다고 해도 끝은 아직 보이지 않는다.[33]

이 차원에서, 수신인-외부인과 경험을 나누려는 프랑크의 의도는 홀로코스트 생존 작가들이 지닌 목적과 비슷하다. 예를 들어, 엘리 위젤, 펠라기아 레윈스카, 프리모 레비 등의 작가들이 전쟁 후에 자신들의 증언을 후세에 남겨야 한다는 강한 의무감을 느껴 글을 썼던 것처럼, 프랑크도 그 상황에 익숙하지 않은 먼 미래의 독자를 위해 글을 쓴다.

또 다른 차원에서, 독자를 "수신인"으로 설정한 태도는 프랑크가 자신의 이야기를 단지 후세를 위해서만이 아니라, 비록 멀리 떨어져 있지만 이미 존재하는 특정 청중을 위해 전해야 한다는 필요성을 드러낸다. 이 필요성은 일기에서 "대화체" 서술로 더욱 잘 드러난다. 수신인의 존재는 각 항목의 머리말 "친애하는 키티에게"와 끝맺음 "너의 앤"에서 극적으로 재확인될 뿐 아니라, "반드시 너에게 말해야 해", "네가 알아

---

33) Ibid., 331.

야 한다고 생각해", "네가 물었으니 … 답해야 해!"와 같은 직접 화법의 진술, 논평, 언급을 통해 자주 드러난다.

편지체 형식에서 잘 드러나듯이, 이 일기는 누군가 읽도록 하는 의도로 작성되었다. "저기 있는" 독자를 의식하는 것은 수신인의 치료적 기능을 강조한다. 특별한 친구—비난하지 않고 들어줄 준비가 된 신뢰할 만한 친구—를 창조한 것은, 프랑크가 두려움과 절망을 덜어줄 외부의 공감 어린 귀를 찾는 예술적 전략을 보여준다. 누군가 자기 이야기를 들어준다는 의식은 당시 상황의 절망 속에서 오는 좌절을 덜어내는 데 도움을 준다. 그러나 **순진한** 청자를 설정한 것은, 비난받아 마땅한 역사적 시대라는 맥락에서 적절한 자기표현을 위한 더 정교한 전략임을 증명한다.

앞서 언급했듯이, 키티는 전쟁의 영향을 전혀 받지 않은 인물이다. 많은 경우, 독자의 백지상태(tabula rasa) 의식은 이야기를 전하는 방식과 화자의 목소리에 영향을 준다. 순진한 수신인을 대상으로 이야기를 전달하려는 의도는, 그의 관심을 끌기 위해 혁신, 변주, 그리고 종종 익살스러운 표현을 필요로 한다. 프랑크의 "좋은," 즉 희망에 찬 순간에 그녀는 이렇게 끔찍한 현실을 표현하는 데에는 "세상 물정 모르는" 사람에게 적합한 수사학이 필요하다는 것을 깨닫는다.

프랑크가 "형언할 수 없는 것"을 묘사하기 위한 다양한 수단과 방식을 의도적으로 찾으려고 노력한 것은, 그녀가 예술가로서 성장한 것을 보여준다. 더 중요한 것은, 즉각적인 수신인과 전후에 역사를 읽게 될 독자 모두를 교육시키려는 그녀의 의도가, 설령 잠시만이라도 자신의 상황의 심각성을 줄여주는 힘을 부여한다는 점이다. 그녀는 이렇게 쓴다. "나는 우리의 은신 생활을 위험하지만 낭만적이고 동시에 재미있는 모험으로 여긴다. 내 일기 속에서, 나는 모든 고난을 즐겁게 다룬다.

… 나는 젊고 강하며, 위대한 모험을 하고 있다."34)

글쓰기를 통해 프랑크가 얻은 힘(potency)의 감각은, 자신을 예술가로 정체화하도록 해준다. 그녀의 예술은, 그녀가 예언적으로 주장하듯, 자신이 죽은 후에도 살아남을 것이다. "나는 나중에도 글을 쓰고 싶다. … 심지어 죽은 다음에도 계속 살아가고 싶다. 따라서 하느님이 나에게 이런 선물을 주시고, 나 자신을 발전시키며, 글을 쓰고, 내 안에 있는 모든 것을 표현할 수 있는 재능을 주신 것을 감사드리고 싶다."35)

프랑크의 예술적 열정이 넘치는 순간을 평가할 때, 우리는 그것이 매우 드물게 희망으로 가득했지만, 절망과 마비시키는 공포로 인해 그 희망이 상쇄되던 순간이었다는 점을 기억해야 한다. 그녀가 "내 안에 있는 모든 것을 표현하고 있다"는 주장은 결코 완곡어법이 아니다. 그녀의 자기 묘사는 절망과 우울감을 생생하게 묘사하면서도 솔직한 젊은 낙관주의를 보여준다. 그녀는 두려움이 자신을 창백하게 만들고, "배가 아프고 심장이 두근거린다"고 고백한다. 심지어 죽은 뒤에도 예술을 통해 계속해서 살아갈 것이라는 그녀의 기대는, 다가오는 끔찍함과 위대함이라고는 전혀 없는 죽음의 예감으로 상쇄된다. "나는 지하 감옥에 혼자 있는 내 모습을 본다. … 때로는 길가에서, 혹은 '비밀 다락방'이 불타고 있거나, 그들이 우리를 잡으러 오는 것을 본다. … 나는 모든 것을 실제로 벌어지고 있는 것처럼 보고, 그것이 곧 나에게도 일어날 수 있다는 느낌을 받는다."36) 시시각각 변하는 기분은 다락방에서 겪는 불확실성과 긴장의 엄청난 고통을 잘 보여준다. "나 겨우 열네 살인가?" 프랑크는 이렇게 묻는다. "나는 내 또래가 좀처럼 겪어보지 못한 일을

---

34) Ibid., 628-29.
35) Ibid., 569.
36) Ibid., 415.

겪었다."37)

공포의 순간들은 프랑크가 전쟁 이야기를 쓰는 작가로서, 현실에서 싸우고 있을 뿐 아니라 자신의 일기에서도 싸우는 영웅적인 투쟁을 더욱 분명하게 보여준다. 공포에 압도되어 "가서 침대 속에 파묻혀 절망 속에 눕고 싶다"38)고 생각했지만, 그 이야기는 그녀가 포기하지 않았음을 증명한다. 그녀는 계속 글을 썼고, 원고를 다시 베끼고, 고치고, 절망 속에서 기록을 남겼다. 그것은 인류에 대한 "형언할 수 없는" 범죄, 그리고 유대인에 대한 전면전의 경험을 전할 증인이 되기 위해서였다.

나는 이렇게 "높음"과 "낮음" 사이를 솔직하고도 명확하게 기록한 프랑크의 일기는 그녀가 예술가로서 소명을 받았다는 부정할 수 없는 증거라고 말하고 싶다. 예술가의 책임은 자신의 두려움을, 아무 죄 없는 세계—키티로 상징되는—에 대한 증언으로 바꾸는 것이다. 그리고 이 책임은 두려움보다 강했다.

힐레숨에게 예술적 소명 의식은 프랑크 못지않게, 어쩌면 상황상 더 극적으로 다가왔다. 베스테르보크 수용소의 참혹한 현실에 노출된 힐레숨은, 자신이 목격하는 잔혹함을 묘사하려 애쓰는 일을 결코 멈추지 않았다. 그녀는 그 잔혹함이 무엇인지 잘 알았고, 곧 자신도 희생자가 될 것을 알고 있었다. 암스테르담의 비유대인 친구들에게 보낸 편지에서, 그녀는 상상할 수 없는 것을 기록해야 한다는 어려움과 필요성을 모두 인정했다. 1943년 8월 24일, 또 한 번의 강제이송 전날 밤, 그녀는 이렇게 썼다.

나는 이런 밤을 묘사하기에는 어떤 말과 이미지도 충분하지 않다는

---

37) Ibid., 623.
38) Ibid., 415.

말을 여러 번 했지만, 그래도 너에게 조금이라도 전하려고 애써야 한다. 여기서 우리는 언제나 유대인 역사 한 조각에 대한 귀와 눈이 되어야 한다는 느낌을 갖지만, 때로는 조용하고 작은 목소리가 될 필요도 있다. 우리는 여기서 벌어지는 모든 일 속에서 서로 긴밀히 연결해야 한다. … 전쟁이 끝난 후에 완성될 거대한 모자이크에, 우리 각자가 자기만의 작은 돌 한 조각을 보태는 것이다.[39]

힐레숨은 자신을 "작고 조용한 목소리"의 작가로 인식하는 듯하다. 그는 유대인 역사가 되돌릴 수 없는 묵시 종말적 지점에 이른 상황에서 자신이 보고 듣는 것을 묘사할 적절한 단어와 이미지를 찾느라 애썼다. 프랑크와 힐레숨 모두, 변화하는 현실을 효과적으로 재현하는 글쓰기에 작가로서의 전망을 걸었다. 전쟁 후, 프랑크가 자신의 일기를 ≪비밀의 다락방≫(*Het Achterhuis*)이라는 제목으로 출판하기 위해 일기를 편집했던 일을 떠올려보자.

앞서 본 바와 같이, 프랑크는 "형언할 수 없고, 믿을 수 없으며, 믿음을 넘어선" 현실을 묘사하는 자신의 한계를 인정했고, 자신의 이야기를 분류하기에는 기존 문학적 관습이 적절치 않음을 인식했다. 힐레숨은 이보다 더 나아가, 이 전대미문의 재앙의 방대함을 담기 위해서는 "새로운 형식"의 예술이 필요하다고 표현했다. 그녀는 친구들에게 보낸 또 다른 편지에서 베스터보르크 수용소를 기록하는 일이 지닌 객관적 어려움을 다음과 같이 설명하려 했다.

위대한 시인이 아니고서는 [베스터보르크의 연대기를 쓸 수 없을 것이다] … 유럽 전체가 점점 하나의 거대한 수용소로 변하고 있다.

---

39) Hillesum, *Letters*, 124.

유럽 전체가 결국 이 쓰디쓴 경험을 겪게 될 것이다. 가족이 뿔뿔이 흩어지고, 소지품을 약탈당하며, 자유를 빼앗기는 모습만 단순히 기록하는 일은 곧 지루해질 것이다. 철조망과 채소 찌꺼기 수프를 묘사한 그림 같은 이야기로는 외부인에게 그것이 어떤 것인지 전달할 수 없다. 게다가 역사가 지금의 경로를 계속 밟아 나간다면, 과연 얼마나 많은 외부인이 남아 있을지 의문이다.[40]

흥미로운 점은, 힐레숨이 유대인에게 가해진 잔혹 행위와 전 세계 전쟁의 총체성에 대해 한 관찰이, 프랑크가 다락방 밖의 끔찍한 상황을 묘사한 것과 울림을 같이 한다는 것이다. 그러나 힐레숨의 접근은 문학적 재현이라는 난제를 강조한다. 그녀의 어조에는, 세계가 역사적 종말을 향해 가는 지금 기록 행위 자체가 불필요하고 무력해진다는, 자기를 향한 쓸쓸한 아이러니가 담겨 있다. 끊임없이 되풀이되는 잔혹함 속에서 시간은 멈춰 버린다. 강제수용소의 변함없는 획일성과 선택지의 부재는 이야기를 불가능하게 한다. 아리스토텔레스적 의미에서, 마음을 사로잡고 카타르시스를 주는 플롯을 만들 수 있는 사건의 선택이 불가능하다. 전 세계가 묵시 종말적 파괴의 최종 국면에 서서히 휩쓸리고 있기에, 카타르시스를 통해 위로를 경험할 청중은 없다. 비극의 감동은 사라지고, 재앙의 평범함이 고통을 일상의 일부로 만든다. 총체적인 억압은 고난을 진부하게 만든다.

그럼에도 불구하고, 힐레숨은 자신의 세계의 "비현실적인 현실"을 기록하려고 애쓴다. 이런 점에서 힐레숨은 절망의 무력감을 생생한 악몽과 두려운 환상의 묘사로 맞섰던 프랑크보다 더 멀리 나아간다. 힐레숨은 재앙의 두려운 "단조로움"을 예술적 도전으로 전환함으로써 그것

---

[40] Ibid., 23.

에 맞서 싸운다. 힐레숨의 글쓰기는 상당한 정도까지 공포의 현실에 부합할 수 있는 수사학을 찾는 것으로 볼 수 있다. 실제로 그녀는 자신의 예술적 헌신을 단호하게 선언한다.

> 나는 이 가느다란 만년필을 마치 망치처럼 휘두를 것이고, 나의 단어들은 우리의 운명과 과거에는 결코 없었던 역사의 한 조각을 있는 그대로 두드려내는 수많은 망치질이 될 것이다. … 몇몇 사람들은 오직 이 시대의 연대기 작가가 되기 위해서라도 살아남아야 한다. 나는 그들 중 한 사람이 되고 싶다.41)

언어를 망치에 비유하는 은유는 힐레숨이 자신의 시대의 기록자가 되려는 예술적 사명을 얼마나 진지하게 받아들이고 있는지를 보여준다. 어쩌면 이 망치의 은유는 "있는 그대로," 그리고 "과거에는 결코 없었던" 역사를 서술하는 어려움을 전달하는 것일지도 모른다. 홀로코스트의 예술에 대한 홀로코스트 이후의 회의주의가 등장하기 훨씬 전에, 힐레숨은 홀로코스트라는 사건이 삶과 예술을 비대칭적인 관계 속에 가두어버렸다는 사실을 깨달았다.

파괴의 규모와 잔혹성은 예술적 가능성을 압도했다. 연대기, 즉 사건을 직선적으로 서술하는 방식만이 유일하게 가능한 재현 형식으로 남았다. 그러나 연대기라는 장르조차도 최종 해결책의 현실 혹은 비현실 속에서는 다른 의미를 띤다.

홀로코스트의 희생자였으며 나치의 박해로부터 벗어나기 위해 스스로 생을 마감한 발터 벤야민42)은 "연대기"를 "세계의 불가해한 흐름

---

41) Hillesum, *Diary*, 146.
42) 벤야민은 스페인에서 게슈타포를 피해 은신처를 찾던 중에 자살했다.

속에 [사건들을] 끼워 넣는 방식에" 관심을 둔 "역사적 이야기"라고 정의했다.43) 그러나 최종 해결책이라는 현실 속에서, 과연 역사의 의미를 전제하는 것이 여전히 가능했는가? 벤야민은 역사 서술자로서 연대기 작가가 말할 수 있는 모든 것을 재가하는 것은 바로 죽음이라고 주장한다. 다시 말해서, 역사적 해프닝들의 순서에 의미를 부여하는 것은 죽음, 또는 종말에 대한 인식이라는 말이다.44) 그러나 유대인 집단학살의 현실 속에서, 과연 여전히 죽음에 의미를 부여할 수 있었을까?

홀로코스트의 연대기 작가가 더 이상 사용할 수 없는 언어는 죽음으로 끝나는 개인의 삶 속의 자연 질서에 대한 감각이나, 시간의 불특정한 끝에서 묵시 종말로 마감될 역사의 종말론적 과정을 전달하는 언어다. 묵시 종말적 파괴가 역사 속에서 실현되고 있다는 사실은 전통적인 연대기 개념, 즉 역사 속의 의미를 긍정하는 전통적인 연대기 개념을 부정한다. 이런 현실은 "새로운 내러티브"를 요구한다. 그 내러티브는 유럽 유대인들의 절멸이라는 "불가능해 보이는 가능성"에 맞설 수 있는 내러티브여야 한다. 실제로 힐레숨은 홀로코스트의 연대기 작가로서 자신이 직면한 과제를 분명히 인식하고 있었다.

> 나는 우리의 모험담을 연대기 작가가 되어 기록할 것이다. 나는 그것들을 새로운 언어로 만들고, 혹시 내가 그것을 쓸 기회를 얻지 못하더라도 그 언어를 내 안에 저장할 것이다. 나는 점점 둔해지고, 다시 살아나게 될 것이다 … 생명이 다시 내 안에서 끓어오르고, 증언이 필요할 때 그것을 감당할 단어를 찾을 때까지.45)

---

43) Walter Benjamin, *Illuminations*, trans. Harry Zohn (New York: Schocken Books, 1969), 96.
44) Ibid., 94-97ff.
45) Hillesum, *Diary*, 165.

홀로코스트라는 대격변의 현실에 대해 증언하기 위해, 예술가는 새로운 예술을 탄생시켜야 한다. 일기의 끝 무렵, 힐레슘은 자신이 결코 예술가로서 충분하지 않으며, 묵시 종말적 공포의 역사는 자신이 구사하는 언어로는 영원히 포착할 수 없다는 걸 인식한다. "나는 결코 할 수 없을 것이다." 그녀는 한탄한다. "삶이 나에게 살아있는 문자로 새겨준(spelled out for me in living letters) 것을 글로 옮길 수 없을 것이다."46)

살아있는 문자는 문학 텍스트로 변환하기에는 너무 압도적이다. 파괴의 살아있는 문자가 전하는 연대기는 그 죽음을 진술하지 않으면 그 특징이 사라진다. 그 연대기는 죽음의 이야기이며, 작가가 '단조로움'의 공포와 생기 없는 삶의 부조리를 표현할 언어가 없다.

그러나 홀로코스트 경험을 연대기로 바꾸지 못한 힐레슘의 좌절, 심지어 절망에도 불구하고, 그녀가 홀로코스트 예술을 개념화한 것을 고려하는 것은 중요하다. 홀로코스트를 표현하기에 부합하는 예술에 대한 그녀의 이미지는 극히 강력하다. 이 예술의 언어는 **새롭다.** 작가로서 그녀는 단어를 **벼려서**(forge) 이야기를 **두드려**(beating out) 만들어야 하며, 펜을 **망치**(hammer)로 바꾸어 생명이 다시 **끓어오를**(bubble) 때 증언이 **탄생**(borne)하게 해야 한다. 연대기의 예술은 결코 무기력하고 수동적이어서는 안 된다. 이러한 이미지들이 보여주듯, 이 예술은 힘(망치)과 가능성(탄생)을 모두 보여줄 것이다.

이처럼 강렬한 이미지는 "위대한 시인"만이 파괴의 연대기를 쓸 수 있다는 힐레슘의 생각을 잘 드러낸다. 비할 데 없는 위상의 예술가만이 예술과 삶 사이의 잃어버린 대칭을 회복하는 새로운 예술을 창조할 수 있다. 아리스토텔레스와 벤야민이 주장했듯이, 이야기하거나 연대기

---

46) Ibid., 178.

를 쓰는 예술은 삶에 의미를 부여한다. 연대기를 구성하는 일은 하나의 예술 작품으로서 삶의 온전함과 질서를 함축한다. 예술과 삶의 상호 보완성은, 질서와 온전함에 대한 모든 감각을 지워버린 공포의 지배로 인해 파괴되었다. 따라서 위대한 시인은 붕괴와 해체 속에서 온전함을 재확인하고 절망과 공포 속에서 희망을 되찾기 위해 불가능한 일을 해낼 수 있다.

힐레숨은 비록 실패를 선언했지만, 자신의 개인적 영역에서 예술과 삶의 대칭을 회복할 수 있었던 것처럼 보인다. 예술과 삶의 조화로운 상호 보완성에 대한 감각은, 사랑의 힘이 예술과 삶을 하나의 온전함으로 합치는 깨달음 속에서 얻어진다.

> 작가들과 시인들, 그리고 책상 위의 꽃들에 둘러싸여 나는 삶을 사랑했다. 그리고 (지금은) 사냥당하고 박해받는 사람들로 가득한 막사들 사이에서, 나는 삶을 사랑한다는 확신을 발견했다. 그 음습한 막사들에서의 삶은 이 보호되고 평화로운 방에서의 삶과 다를 바 없었다. … 모든 것은 그저 하나의 거대하고 의미 있는 전체였다.47)

그러므로 우리는 힐레숨의 실패를 너무 성급히 단정해서는 안 된다. 그녀의 글에서 드러나듯, 힐레숨의 윤리는 전대미문의 공포 속에서 삶을 사랑하는 새로운 언어로 전해지는 "새로운 내러티브"를 보여준다. 이런 의미에서 그녀의 일기와 편지는 대량학살의 현실 속에서도 삶을 긍정하는 사랑의 증거이다.

하지만 동시에 우리는 힐레숨의 윤리를 "사랑이 모든 것을 이긴다"는 식의 감상적인 버전으로 단순화해서는 안 된다. 힐레숨은 "막사들의

---

47) Ibid., 177.

생각하는 심장, … 전체 강제수용소의 생각하는 심장이 되고자"48) 했다. 이 "생각하는 심장"이라는 자기 이미지는 고난당하는 사람들과의 감정적 동일시를 부각시키는 동시에, 이성의 범위를 넘어선 상황에서도 "생각하는" 것을 필수적인 것으로 강조한다. 실제로 강제수용소 상황 속에서 느끼고 사고하려는 의도 자체가 힐레숨의 글쓰기가 "새로운" 내러티브-연대기임을 밝혀준다. 이 내러티브는 단순히 강제수용소의 사건들만을 전해주는 것이 아니다. 강제수용소의 끔찍한 참상 한복판에서 쓰여진 이 일기는 단순한 기록이 아니라, 이성적으로 사고하는 자비심의 연대기이다. 이것은 창조적 사고로 형성된 글쓰기 행위이며, 인간이 고난당하는 현실 속에서 인류애를 기록한다.

"수용소에는 시인이 필요하다." 힐레숨은 말했다. "그곳에서 삶을 경험하는 사람, 즉 거기 있으면서 시를 노래할 수 있는 사람 말이다."49) 힐레숨 자신이 그런 시인이라고는 생각하지 않았더라도, 이 말은 그녀의 예술과 윤리가 만나는 지점을 보여준다. 시인이 된다는 것은 예술가로서의 태도로 공포를 살아내는 능력을 뜻한다. 즉, 두려움과 절망에 맞서는 보호 장벽을 세울 수 있는 능력을 뜻한다. 동시에 그 경험을 "노래할" 수 있는 능력은 홀로코스트 증언의 새로운 언어가 형성한, 그리고 통제한 민감성과 공감적 동일시의 비범한 수준을 보여준다.

따라서 힐레숨과 프랑크 모두 증인이 되겠다는 약속을 완수했다고 볼 수 있다. 고통과 투옥의 세계를 "노래하는" 데서, 두 사람은 각각 시인이 되었다. 최고의 저항 행위로서, 각자는 자신과 자기 민족을 파괴하는 것을 목표로 한다는 것을 알게 된 경험을 예술적 창조의 원천으로 변모시켰다.

---

48) Ibid., 191.
49) Ibid., 190.

자서전과 일기는 모두 개인적 글쓰기의 장르다. 이 책에서 논의하는 네 여성은 독재자의 테러 통치와 만난 트라우마적인 경험에 대한 반응으로서 자기표현을 보여준다. 그러한 의미에서, 이 기록들은 억압에 직면한 용감한 자기주장을 보여준다. 슈타인과 베유의 자서전적 글쓰기는 현재를 변화시키기 위한 시도로서 과거의 내러티브를 얼마나 중시했는지를 보여준다. 슈타인은 비록 그 자신이 유대교 신앙에는 속하지 않았지만, 유대인으로서의 자기 생애 이야기를 통해 독일인 반유대주의자들을 재프로그램하려 했다. 베유는 그리스도인과 그리스도교 신비주의자로서의 자기 성장 이야기를 전함으로써 교회를 개혁하려 했는데, 비록 그녀가 자신을 교회 바깥에 자리매김하면서 (혹은 바로 그렇기 때문에) 그렇게 하였다.

일기 형식의 글쓰기를 통해, 프랑크와 힐레숨은 자신들 앞에 펼쳐지는 현재 안에서 스스로를 표현하면서, 자기들의 내러티브가 자기들에게는 허락되지 않을 미래를 위한 내러티브가 되도록 구상했다. 프랑크가 독자-외부자를 향해 자신의 일기를 다시 썼던 것, 그리고 힐레숨이 새로운 예술 언어를 찾았던 것은 모두 종말을 향해 치닫고 있는 세상에 대해 증언할 책임을 느꼈다는 그들의 인식을 전달해주는 것이었다.

동시에, 이러한 자전적 기록들이 순전히 사회-역사적 영향만을 목적으로 쓰인 것은 아니라는 점을 유념할 필요가 있다. 자전적 글쓰기를 통한 탐구는 그 저자가 세상에 자신을 소개하는 행위이다. 세계를 향한 개인적 삶의 이야기로서, 자전적 기록은 저자-내레이터-주인공의 젠더(gender)에 의해 규정된다. 실제로 저자가 젊은 여성 혹은 남성으로 성장하는 이야기는 자전적 글쓰기의 핵심을 이룬다. 여성/남성 정체성에 대한 의식은 그 주체의 자기인식에 불가피하게 영향을 미치며, 주변 세상과 그 사회 구조에 대한 의식은 그 환경과 성별 지향적 상호작용을 형성한다.

최종 해결책의 현실 속에서, 이 네 사람의 자기에 대한 기록은 그 저자들의 여성 젠더 문제를 제기한다. 여성이라는 사실이 홀로코스트의 현실에 맞서는 방식에 얼마나, 또 어떻게 영향을 주었는가? 당시 상황에 대한 그들의 대응을 젠더 특유의 것, 즉 여성적 감수성에 영향을 받은 것으로 볼 수 있는가?

이 질문들은 타당하지만, 답은 여전히 모호하다. 한편으로는 사회적 상호작용의 방식을 성적 구분에 돌리는 것은 불가능하며, 특정 젠더 고유의 감수성을 입증하는 것도 불가능하다. 그러나 다른 한편으로는, 개인이 자아 및 세계와의 상호작용에서 젠더 의식이 갖는 중요성을 부정할 수도 없다.

제임스 영이 주장했듯이, 홀로코스트에 대한 각 피해자의 대응은 그녀의 세계관에 따라 달랐으며, 그 세계관은 그들이 성장한 이데올로기적, 종교적, 윤리적 분위기에 의해 형성되었다. 나는 네 여성이 각자 대응한 방식은 그들의 여성 젠더 의식에 의해 상당한 영향을 받았다고 주장한다. 여성이 세계와의 관계 속에서 차지하는 위치를 각자가 어떻게 인식했는지가 그녀의 저항 방식에 영향을 미쳤다. 사실상, 여성성(womanhood)과 여성의 운명에 대한 그들의 관점, 그리고 처음에는 인간성을 말살하고 그다음에는 희생자들을 전멸시키려는 것을 목표로 삼았던 지배 아래에서 네 여성이 자신의 독특성을 주장한 방식 사이에는 서로 의존된 패턴을 발견할 수 있다.

제4부

저항과 여성성

11장

공포 통치 속의 젠더 의식

외부 세계는 아마도 우리를 회색의, 획일적이며 고난받는 유대인 집단으로만 여길 것이며, 우리 사이에 존재하는 깊은 골과 심연, 그리고 미묘한 차이에 대해서는 아무것도 모를 것이다. 그들은 결코 이해하기를 원하지 않을 것이다.

— 에티 힐레숨

에티 힐레숨이 유대인들에 대한 비인간화 정치에 맞서서 개성을 주장한 것은, 공포 통치에 대한 대응에서 여성성의 기능을 논의하는 데 중요한 의미를 지닌다. 성적 정체성 측면에서 에디트 슈타인, 시몬 베유, 안네 프랑크, 에티 힐레숨 모두 여성이라는 공통점을 지니고 있었지만, 여성성과 여성으로서의 자기인식에 대한 그들의 이해는 상당히 달랐다. 네 사람 모두 이중적 관점, 즉 여성의 사회적 역할에 대한 나름의 견해와 자기 자신의 여성성에 대한 특수한 태도를 구체적으로 표현했다는 점에서 이중적인 관점을 보여준다.

여성의 사회적 역할에 대한 견해는 서로 많이 달랐다. 슈타인은 여성을 도덕적 개혁의 원동력으로 파악한 반면에, 베유는 주로 여성성을 폄하하는 관점을 가졌으며, 프랑크는 여성의 사회적 자기실현 가능성을 무한하다고 본 반면에, 힐레숨은 여성들이 타고난 한계에서부터 스스로 벗어날 수 있는 능력에 대해 회의적이었다. 그들 자신의 여성성에 대한 그들의 견해도 서로 달랐다. 슈타인은 여성으로서의 자기주장을 했으며, 베유는 자신의 여성성을 전적으로 부정했고, 프랑크는 감정적으로 독립적인 여성 예술가로 성장하는 자기를 긍정했으며, 힐레숨은 "약한" 의존적인 여성에서부터 인류에 대한 사랑으로 해방된 여성으로 변화했다.

프랑크와 힐레숨의 일기를 검토하면서, 야스민 에르가스는 두 여성 작가 모두 "자신들의 여성됨의 방식을 만들고 재검토하려고 반복적으로 시도하지만, 궁극적으로 젠더는 두 번째 위치로 밀려난다. 나치즘이 그들을 규정하듯이 그들도 자신을 규정해야 했는데, 무엇보다 먼저 유대인으로 규정해야만 했다"고 주장한다.[1]

최종 해결책이 모든 유대인에게 그들의 유대인 정체성이 그들을 죽음으로 이끌 것이라는 냉혹한 현실을 안겨준 것은 사실이다. 이런 의미에서, 그 끔찍한 명령은 유대인을 힐레숨의 표현대로 "회색의, 획일적이고, 고난받는 집단"으로 만들었다. 그러나 이렇게 죽임을 당하도록 저주받은 유대인들은 그 사형선고에 대해 어떻게 반응했는가? 테러가 획일성을 강요했음에도 불구하고, 그 반응은 획일성이었는가, 아니면 힐레숨이 말한 "깊은 골과 심연, 그리고 미묘한 차이들"을 드러내는 것이었는가?

해방 이후 서유럽의 (사회와 문화에) 동화된 유대인 여성인 이 네 사람은 유대인 정체성과 마주하게 되었을 때, 그 정체성은 차별 없이

---

[1] Yasmine Ergas, "Growing Up Banished: A Reading of Anne Frank and Etty Hillesum," in *Behind the Line: Gender and the Two World Wars*, ed. Margaret Randolph Higonnet et al. (New Haven: Yale University Press, 1987), 85.

추방과 죽음을 의미했다. 네 여성 가운데 아무도 자신의 중요한 정체성을 유대인이라고 생각하지 않았던 바로 그 정체성 때문에 박해를 받게 된 공동 운명이었음에도 불구하고, 그들은 그 상황에 대해 각기 다른 태도를 보였다. 네 여성 각자가 글쓰기를 통한 지적 활동을 수행했다는 사실은 그들이 독립적인 사고방식을 유지했음을 증거하며, 그들의 자전적 글쓰기는 개성을 주장했음을 보여준다. 따라서 젠더 문제는 유대인을 하나의 집단 학살 대상으로 축소시킨 가해자의 시각에서 볼 것이 아니다. 피해자의 시각에서 볼 때, 젠더 정체성 문제는 박해에 대한 개별적 대응에서 중요한 위치를 차지한다.

앞에서 논의했듯이, 유대인 정체성과의 대면은 양가적인 반응을 불러일으켰다. 네 여성 모두 동화된 환경에서 자랐기 때문에, 자신의 유대인 정체성이 사형선고에 해당한다는 사실을 깨닫게 된 것은, 유대인 정체성을 거부한 것에서부터 유대인 피해자와의 희생적 동일시까지, 그 재앙에 대한 침묵에서부터 "재앙의 유대인"으로서의 자기 긍정까지 다양한 반응을 낳았다. 우리는 슈타인이 자신의 유대인 과거를 공개적으로 수용한 것과 베유의 반유대주의적 태도, 프랑크가 다른 유대인이 고통받는 동안 자신이 "안전하다"는 사실에 느낀 죄책감, 그리고 힐레숨이 베스터보르크에서 자원 봉사한 모습을 보았다.

그렇다면 이 네 여성의 최종 해결책에 대한 대응에서 젠더 의식은 어떤 역할을 했는가? 그들은 자신을 유대인 여성으로 인식했는가, 유대인 여성 젠더로 인식했는가, 아니면 단순히 유대인으로 태어난 여성으로 보았는가? 그들 각자의 세계에서 품게 된 소명감, 즉 교육자(슈타인), 종교 개혁가이자 사회적 반역자(베유), 미래의 유명 작가(프랑크), 베스터보르크의 기록자(힐레숨)라는 각각의 소명감은 그들이 세상에 대한 여성의 책임에 대한 인식을 통해 어떻게 형성되었는가? 유대인으로서 사회적으로 멸시받고 배제된 상황에도 불구하고, 그들은 어느 정도까지 세상에 대한 의무감을 느꼈는가?

슈타인과 베유의 젠더 및 유대인 정체성에 관한 견해는, 여성이자 유대인으로서의 자기 정체화 방식에서 나타나는 극명한 차이를 보여준다. 슈타인의 성(젠더) 평등 개념은 유대인 가정의 딸로서의 자기 확신을 분명히 하는 자기주장을 보여주는 반면, 베유는 여성의 타고난 열등성을 전제로 했기에, 그녀는 여성으로서 자기를 부정했으며, 이런 태도는 또한 그녀가 유대인으로서의 자기를 부정한 것을 이해하는 데 실마리를 제공한다.

슈타인과 베유의 대조적인 입장은, 프랑크와 힐레숨의 여성성에 대한 인식 발달을 이해하는 데 도움을 준다. 이 두 "재앙의 유대인"은 일기의 자기표현 속에서 자신의 여성성을 탐색하는 작업을 결코 멈추지 않았다. 프랑크의 다락방과 힐레숨의 베스터보르크 수용소라는 극도로 제한적인 상황 속에서도, 여성으로서의 자각은 그들의 자기 이미지, 열망, 그리고 세상에 대한 반응을 형성하는 데 중요한 요소였다. 우리는 그들이 지닌 여성의 특별한 사회적 책임 의식이 어떻게 최종 해결책의 현실 속에서 독립심과 도덕적 성숙에 기여했는지를 살펴볼 것이다.

12장

슈타인과 베유

여성의 본성과 운명

나는 나 자신의 섹슈얼리티(sexuality)의 관점에서 내 인생에 대해 여성들에게 이야기하고 싶다. 그것은 단지 개인적 문제일 뿐 아니라, 정치적 문제이기도 하기 때문이다.

― 시몬 드 보부아르

여성 역할 모델의 의미화

에디트 슈타인과 시몬 베유의 민족-젠더 정체성과 그들이 다른 여성 인물들을 언급하는 것 사이에 흥미로운 연관성이 드러난다. 이미 언급했듯이, 슈타인은 자서전 서문에서 자신을 유대인 여성들의 자서전 전통과 연결시키기 위해 두 유대인 여성 회고록 작가인 하멜른의 글뤼켈과 폴린 벤제로프의 저작과 자신의 저작을 결부시켰다. 슈타인은 자신의 유대인 생활 기록을 "이미 인쇄되어 있거나 곧 출판될 다른 기록들과 나란히 놓일 수 있는 하나의 증언"으로 남기고 싶다고 밝혔다.

슈타인은 자서전의 각주에서 글뤼켈의 회고록에 대한 서지 정보(Alfted Veilchenfeld 출판, Jüdischer Verlag, Berlin, 1920)와 벤제로프의 ≪러시아 문화사의 장면들≫(*Bilder aus de Kulturgeschichte Russlands*, 베를린, Verlag Poppelaner, 1913)을 밝힌다. 이처럼 슈타인이 자신의 유대인 생애 이야기를 유대인 여성들의 자서전 전통 속에 자리매김하고, 이 여성들의 저서에 관한 상세한 서지 정보를 제공함으로써, 자신이 유대인 여성들의 삶의 내러티브와 공통분모를 인식하고 있음을 보여준다.

이 여성들은 누구였는가? 두 사람 중 더 잘 알려진 하멜른의 글뤼켈은 17세기 독일의 부유한 유대인 상인 가문에서 태어나 어린 시절, 아내, 미망인, 그리고 어머니로서의 삶을 연대기적으로 기록했다. 이 삶의 이야기 외에도, 그 책에는 영적-종교적 사안에 관한 글뤼켈의 묵상이 담겨 있다. 그녀는 종종 즉흥적으로 지은 기도를 통해 하느님에 대한 신앙을 고백한다.1) 당시에 여성이 쓴 회고록으로서는 드문 사례로, 글뤼켈의 자서전은 그녀의 뛰어난 지성과 종교 교육을 잘 보여준다.

우리는 또 19세기 러시아의 부유한 유대인 가문 출신으로서 자신의 삶을 회고록에 담은 폴린 벤제로프도 알고 있다. 그녀의 저술은 교육받은 유대인 여성 작가의 또 다른 드문 사례이다.2) 벤제로프는 전통적 유대인 삶에 대해 많은 사랑과 애정을 담아 묘사했으며, 많은 유대인이 유대교 전통을 버리게 만든 하스칼라(Haskalah, 유대인 계몽주의) 운동의 등장을 안타까워했다.3) 슈타인은 이러한 정보를 기반으로, 자신이

---

1) 참조. Ellen M. Umansky and Dianne Ashton, eds., *Four Centuries of Jewish Women's Spirituality: A Sourcebook* (Boston: Beacon Press, 1922), 35.
2) 참조. Judith R. Baskin, ed., *Women of the Word: Jewish Women and Jewish Writing* (Detroit: Wayne University Press, 1994), 88 n. 12.
3) 참조. *Encyclopaedia Judaica*, 16 vols. (Jerusalem and New York: Macmillan

글뤼켈과 벤제로프처럼 지적 역량을 자전적 글쓰기를 통해 드러낸 유대인 여성들과 공통점을 지닌다고 여겼음에 틀림없다. 슈타인의 글에 나타나듯이, 글뤼켈과 벤제로프가 유대인 삶의 경험을 다른 사람들과 나누고자 했던 것처럼, 슈타인 자신도 그런 의도를 갖고 글을 썼다. 그녀는 그들의 회고록을 자기 글의 선례로 참조하며, 자신의 자전적 글쓰기를 정당화했으며, 또한 유대인 여성의 자기 내러티브가 유대인의 삶을 세상에 가르치는 교육적 가치를 지닌다고 확신했다.

베유는 정반대 입장을 보인다. 베유에게 가장 큰 영향을 미친 여성은 로자 룩셈부르크였다. 사회주의자로서 베유는 룩셈부르크의 반군국주의, 국제적 연대를 존경했지만, 노동계급의 평화주의적 대의가 성공할 것이라는 룩셈부르크의 낙관주의는 베유에게 없었다. 1930년대 말과 1940년대 초에, 베유는 비록 룩셈부르크의 사회주의 원칙들에 찬동했지만, 노동자들이 혁명적 의식을 갖게 될 것이라는 룩셈부르크의 낙관적 믿음을 공유할 수는 없었다.[4]

베유가 룩셈부르크의 사상을 높이 평가한 것을 여성의 세계 참여에 대해 인정한 것으로서, 슈타인이 여성의 자전적 글쓰기를 통한 지적 활동을 옹호한 것과 비슷한 것으로 볼 수도 있을 것이다. 특히 베유와 룩셈부르크가 모두 유대인 출신 여성 사회주의자였다는 점에서, 이러한 해석은 설득력을 가질 수 있다. 그러나 베유의 다음 발언은 민족-젠더를 공통분모로 룩셈부르크와의 유대감의 근거로 보는 것을 부정한다. 룩셈부르크 저작에 대한 서평에서 베유는 룩셈부르크가 "근본적으로 이교도"라고 주장하며, 또한 룩셈부르크는 "인생에 대해 스토아적인 개념을 발산할 뿐 아니라, … 불행에 대해 남자다운 태도를 발산하는데, 이

Company, 1971-72), 16, 450.
4) Lawrence Blum and Victor J. Seidler, *A Truer Liberty: Simone Weil and Marxism* (New York: Routledge, 1989), 9.

런 태도는 보통 스토아주의라는 용어가 뜻하는 것이다"5)라고 주장한다.

앞에서 인용한 시몬 드 보부아르의 말은 매우 불행한 인용문 선택처럼 보이듯이, 베유는 룩셈부르크를 "이교도"이자 "남자다운"이라고 묘사한다. 그러나 유대인이자 열정적인 여성이었던 룩셈부르크를 이렇게 잘못 표현한 것은 베유 자신의 태도, 즉 여성성과 유대인 정체성을 모두 부정했던 베유 자신의 태도를 고려할 때 우연이 아니다. 룩셈부르크는 혁명가였고, 동화된 유대인이고, 아렌트가 지적하듯이, 여성해방운동에 대해 "반감"을 가졌으며 "남성적인" 특성을 존중했다.6) 순결이라는 가치만 제외하면—앞으로 우리가 살펴보겠지만 이것은 베유에게 매우 중요한 덕목이었다—룩셈부르크는 베유에게 훌륭한 본보기가 된 듯하다.

슈타인과 베유가 선택한 여성들의 역할 모델은 그들 자신이 여성이자 유대인으로서 스스로를 어떻게 인식했는지를 보여준다. 슈타인이 하멜른의 글뤼켈과 폴린 벤저로프를 선택한 것은 전통적 유대인 삶에 대한 친화성을 확인시켜 주는 반면, 베유가 룩셈부르크를 존경한 것은 베유 자신이 유대인 정체성을 버리고 노동자 계급을 위한 국제적 투사의 코스모폴리탄적 정체성을 채택하려는 열망을 반영한다. 룩셈부르크의 "이교도성"과 "스토아주의"라는 개념은, 특히 그리스적 윤리 같은 이교적 윤리로 교회의 유대교적 기원을 대체하고자 하는 베유의 열망을 암시한다. 또한 이런 특정 여성 인물을 자신의 삶의 모델로 선택한 것은 여성의 사회적 위치에 대해 그들이 반대하는 관점을 드러낸다. 슈타인이 여성 자서전들을 지지함으로써 여성들의 삶과 그 삶의 이야기 모두

---

5) Pétrement, *Simone Weil: A Life*, 184에서 재인용.

6) 참조. Hannah Arendt, "Rosa Luxemburg: 1871-1919," in *Men in Dark Times* (New York: Harcourt, Brace & World, 1968), 44, 45.

를 정당화했다면, 베유가 그린 룩셈부르크의 이미지는 베유가 자신을 "남성적인" 여성, 또는 더 정확히는 남성처럼 행동하는 여성으로서 자리매김하려는 열망을 보여준다.

신화적 평등성과 생물학적 열등성 사이에서

슈타인과 베유가 선택한 여성 모델이 보여주는 서로 다른 태도는 젠더에 대한 그들의 관점에서의 근본적 차이를 반영한다. 슈타인의 견해에 따르면, 남성과 여성은 구별되지만 평등하며, 베유의 견해에 따르면, 여성은 남성과 본질적으로 다르고 선천적으로 열등하다. 슈타인과 베유가 자신들의 개념을 뒷받침하려 했던 시도는, 결과적으로 젠더 차이의 신화적이며 생물학적 기원으로 거슬러 올라갔다. 슈타인은 성평등을 성서의 창조 이야기에 대한 재해석을 통해 주장한 반면, 베유는 여성의 섹슈얼리티에 대한 자신의 해석에서 젠더 불평등을 정당화했다.

슈타인은 1928년부터 1933년까지 뮌스터 연구소에서 일하는 동안 여성 문제에 관해 강의하면서, 여성의 조건에 대한 관점의 윤곽을 잡는다. 창조 이야기에 대한 그녀의 신학이 남성과 여성의 관계에 대한 그녀의 관점을 구성한다. 슈타인은 에덴동산에서 아담과 하와가 위계적인 관계가 아니었다는 것을 성평등의 증거로 본다. 슈타인의 관점에서, 타락 이전의 상태에서 아담과 하와는 동등한 상대였다. 하와는 '에제르 케네그도'(*Eser kenegdo*)로 지정되었는데, 슈타인은 이를 "그를 향한 돕는 자"로 해석한다. 에덴의 남자와 여자는 동일하지 않지만 "한쪽이 [다른 쪽을] 보완하는" 관계였다.[7] 그러나 타락은 남자와 여자의 완벽하게 균

---

[7] Edith Stein, *Essays on Woman*, trans. Freda Mary Oben (Washington, D.C.: ICS Publications, 1987), 59.

형 잡힌 위치를 부수었고, "성(sex)의 관계는 … 주인과 노예의 잔혹한 관계가 되어" 남자가 여자를 자신의 욕망을 채우기 위한 수단으로 삼게 되었다.8)

슈타인의 창조 이야기 해석은 오늘날의 페미니스트 신학의 원형적 사례라 할 수 있다. 오늘날의 페미니즘 신학자 필리스 트리블이 창조 이야기를 해석한 방식은 슈타인을, 그 이후 발전된 페미니즘 종교 사상의 선구자로 보는 해석을 뒷받침하는 듯하다. 트리블이 '에제르 케네그도'를 "상대방에 상응하는 돕는 자"로 보고 "여자는 남자와 동등하다"9)는 결론을 내린 것은 남녀 간의 조화롭고 균형 잡힌 관계라는 슈타인의 초기 인식을 재확인하는 것이다.

트리블은 또한 남성 우월주의가 에덴의 이상적 질서를 왜곡한 것이라고 보는 슈타인의 견해를 반복하는데, 그 이상적 질서는 성별 간의 평등에 기초해 있었다. 그녀는 "우리 여성과 남성이 아는 고통과 억압은 이제 우리의 타락의 표지이지, 우리의 창조의 표지가 아니다"라고 주장한다.10) 더 나아가 트리블은 페미니스트 성서 해석이 "변화를 위한 가능성, 하느님 아래에서의 우리의 진정한 해방으로 되돌아가기 위한 가능성을 열어준다"고 말한다.11) 이런 관점은 사회적 억압의 근원을 탐구함으로써 원래의 조화로운 존재를 회복하려는 슈타인의 의도를 반복하는 것이다.

슈타인과 오늘날 페미니스트 신학자들은 남성의 여성에 대한 우월의식이란 성별 간의 완벽한 균형이라는 원래 질서를 훼손한 부자연스러

---

8) Ibid., 71.
9) Phillis Trible, "Eve and Adam: Genesis 2-3, Reread," in *Womanspirit Rising*, ed. Carol P. Christ and Judith Plaskow (San Francisco: Harper & Row, 1979), 75.
10) Ibid., 80-81.
11) Ibid., 81.

운 상태라고 본다.12) 그러나 베유는 여성의 열등함이 자신의 성적 특성에 내재한 선천적 조건이라고 본다. 타락 이전에 아담과 하와가 남성과 아내로서 균형잡힌 상태로 공존했다는 것에 근거해서 자신의 주장을 펼친 슈타인과는 달리, 베유는 성적인 절제를 전제로 하여 성별을 이해한다. 베유는 "정결(chastity)은 거룩함의 원천이며 은총(Grace)에 비유될 수 있다"고 주장한다.13) 성적인 절제는 에너지를 성적인 대상보다 더 가치 있는 대상에게로 전환시킨다.

베유에 따르면, 특히 예술가 남성들은 절제를 통해 예술적 에너지를 생성할 수 있지만, "성적 본능의 충족은 … 그처럼 발전된 에너지의 한 부분을 그들에게서 빼앗아간다."14) 베유는 "만일 정액이 … 남성의 몸 안에서 파괴되면, … 남성은 다른 어떤 방식으로도 획득할 수 없는 더 높은 형태의 에너지를 처분해버리게 된다. 정결은 고급 에너지를 저장하는 것이다"라고 말한다.15)

따라서 남성의 정결은 은총의 원천이자 창조성과 거룩함의 통로가 된다. 그러나 베유가 여성의 창조성과 거룩함의 가능성을 논의할 때, 그녀는 괄호 속에서 다음과 같은 질문을 던진다(!). "(여성에게는 [정결에 견줄 만한] 에너지원이 없단 말인가? 천재성의 문제에서 그들이 열등하고, 심지어 성인 됨(sainthood)의 측면과 관련해서도 열등한 것은 이것에서 비롯되는가?)"16) 이런 수사적 질문들은 여성의 "천재성"과 "성인

---

12) 슈타인과 오늘날 페미니즘과의 일치하는 것에 대한 자세한 설명은 나의 논문, "Edith Stein: A Reading of Her Feminist Thought," *Studies in Religion* 23, no. 1 (1994), 43-57을 보라.

13) Weil, *Notebooks*, 591.

14) Ibid., 578.

15) Ibid., 577.

16) Ibid.

됨"에 관한 자연스러운 열등함을 당연시한다. 여성들에게는 추상성 및 객관성과 같은 가치가 없다고 보는 입장은 정결을 주장하는 데 필수적 요소인데, "분리(detachment) 없이는 정결 같은 것은 없다"[17)는 이유 때문이다.

결국 베유는 "여성 역시 초월적인 에너지원이 있어야 한다. … 그렇지 않다면 임신은 성의 결합을 필요로 하지 않을 것이다"[18)라는 다소 애매한 확신을 제시한다. 따라서 베유의 관점에서 여성의 에너지원은 정결이 아니라 임신이다. 그녀는 여성이 에너지가 전혀 없다고 보진 않지만, 성적인 금욕을 통해 축적되는 최고 형태의 에너지를 여성에게 부여하지 않는다. 또한 "임신"이라는 개념은 분명히 정결하지 않고 "순수한" 관계보다 못한 관계를 함축한다.

슈타인과 베유는 여성의 조건에 대해 상반된 접근을 제시한다. 슈타인은 여성에 대한 불평등을 에덴의 이상적인 질서가 왜곡된 것으로 보지만, 베유는 그것을 성별 간의 생물학적 차이에서 비롯된 자연스러운 질서로 본다. 이러한 차이는 두 사람이 여성의 사회적 지위에 대해 취하는 입장을 드러낸다. 슈타인은 정치 생활에서 여성의 평등한 권리와 의무를 강하게 지지하지만, 베유는 여성의 사회적 억압과 착취 문제에 관해 완전히 침묵한다.

여성의 불평등에 대한 관점

슈타인의 여성에 관한 강의는 당시 독일의 파국적인 사회정치적 상황과 직결되어 있다. 그녀는 경제 위기와 나치당의 위협적인 부상을

---

17) Ibid., 421.
18) Ibid., 577

"거대한 문화적 격변의 시작"19)이라고 부르며 대응했다.

슈타인은 테러 통치의 등장을 명확하게 파악했다. 그 사회는 "기계적으로 조직된 구조이며, … 단지 생물학적 기초에 의해서만 결정된다"고 보았다.20) 당시의 불길한 정치적 분위기는 "결혼과 가족생활의 붕괴"와 완전한 도덕적 해체로 이어졌다.21) 그녀는 나치즘이 "지난 수십 년 동안의 해방적 성취"를 무효로 만들었고,22) 여성의 역할을 "아리안 혈통의 아기를 낳는" 생물학적 기능으로만 제한했다고 지적했다.23)

슈타인은 이 상황을 바로잡기 위해 "우리 시대와 우리 국민의 큰 병폐"를 치유할 조치를 취해야만 한다고 주장했다.24) 여성은 결코 국가의 민주적 자유를 지키는 적극적 역할에서 면제될 수 없다고 강조했다. 슈타인에 따르면, 모든 사람은 "거대한 국민의 한 멤버로서 **공동 고난자** (co-sufferer)"이며, 또한 "전체 국민의 **공동으로 책임이 있는** 멤버"이다. 따라서 여성들도 정치적으로 적극 활동해야 한다. 또한 슈타인은 당시 상황을 "여성에게 즉각적인 관심을 요구하는 문제이며 … 아내와 어머니, 자매와 딸들은 반드시 나라의 운명에 적극적으로 참여하도록 고무되어야 한다." 여성들은 "자신의 정치적 권리를 어떻게 사용하는가에 따라 전체 정치적 상황이 달려 있다는 사실을 반드시 기억해야 한다."25)

슈타인은 나치의 아리안 순혈주의라는 반유대인 정책을 분명하게

---

19) Stein, *Essays on Woman*, 253.
20) Ibid., 197.
21) Ibid., 136.
22) 독일 여성들의 경제적, 정치적, 문화적 성취에 대한 자세한 논의는 Mary Nolan, "'Housework Made Easy': The Taylorized Housewife in Weimar Germany's Rationalized Economy," *Feminist Studies* 16, no. 3 (1990), 579-606을 보라.
23) Stein, *Essays on Woman*, 145.
24) Ibid., 256.
25) Ibid., 140-41ff.

언급하면서, 독일 국민의 여성 전체의 이름으로 입장을 밝힌다. 여성 해방의 패배에 대한 그녀의 반대뿐 아니라, 악화되는 상황에 여성들이 적극적으로 대응하라고 촉구하는 권면은, 여성들이 애국자이자 시민으로서 동등한 지위를 갖는다는 그녀의 전제를 보여준다. 여성이 정치 공동체에 참여하는 것은 남성과 여성이 공동으로 자기 나라의 민주적 미래를 결정할 공동 책임이 있다는 것을 뜻한다.

여성의 사회적 평등을 근본적인 권리로 보는 페미니스트 활동가로서 슈타인의 입장에서 볼 때, 베유가 사회주의자로서 여성 노동자가 남성 동료들에 비해 불평등한 위치에 있다는 사실을 잘 알고 있으면서도 침묵한 것은 상당히 당혹스럽다. 유대인들과 여성들 모두를 위한 동등한 권리를 주장한 슈타인과 달리, 베유는 두 집단 모두에 대해서 완전한 침묵을 지켰다. 우리가 이미 살펴본 것처럼, 베유는 박해받는 유대인들의 운명에 대해 침묵했으며, 고통받는 이들을 위해 자신을 희생하려는 그녀의 신념에 비추어, 여성들을 향해 베유가 별로 반응하지 않았다는 점은 더욱 두드러지게 보인다.

네빈이 지적한 것처럼, 베유는 비록 자신이 직접 공장에서 노동하는 동안 여성 노동자들의 착취에 주목했지만, 여성 노동자들이 받는 억압에 대해 전혀 반응하지 않는 상태로 남았다. 베유는 여성 프롤레타리아 노동자가 받는 끔찍한 대우를 알고 있었지만, 여전히 거리를 둔 관찰자의 태도를 유지했다. 베유가 여성 공장 노동자의 빈곤과 비인간적인 노동 환경을 묘사하며, 그것이 남성 노동자의 상황보다 더 심각하다고 지적했지만, 그들의 착취에 대해 항의하지 않았다. 또 베유는 포르투갈 시골 여성들의 비참한 삶을 보면서 그들의 노예 상태를 깨달았지만, 그리스도교의 본질에 대한 신비주의적 통찰에 집중했고, 뻔뻔스러운 사회적 불의로 규탄하기보다 그 고통의 신비주의적 의미에 주목했다.[26]

여성들이 피해를 입고 있는 문제에 대해 베유가 비판하지 않은 태도는, 그녀가 혁명적이며 사회적인 대의에 열정적으로 개입하고, 또한 자신을 대변할 수 없는 고통받는 이들을 위해 항상 투쟁한 경력을 고려할 때 매우 놀랍다. 예를 들어, 베유는 "중국의 아이들이 고통을 받고 있는데 너는 어떻게 웃을 수 있느냐?"라고 동료 학생을 호되게 꾸짖은 것으로 기억된다.27) 그러나 베유가 공장의 여성 노동자 동료들의 열악한 환경과 잔혹한 대우에 항의했다는 기억은 없다.

베유는 분명히 페미니즘 운동과 여성 해방 투쟁을 알고 있었음에 틀림없다. 베유는 현대 페미니즘의 창시자인 시몬 드 보부아르와 동시대인이었고, 적어도 한 번은 그녀와 만났다. 그러나 베유는 결코 여성의 권리에 대해 이야기하지 않았고, 여성을 특별한 관심이 필요한 억압받는 집단으로 지목한 적이 없었다. 실제로 드 보부아르가 회상한 것처럼, 두 사람의 만남에서 베유는 "세계를 먹여 살릴 혁명"을 요구하며 끊임없이 도덕적 설교를 늘어놓았다.28)

베유는 노동자, 농민 등 역사 속의 모든 억압받는 사람들의 대의를 위해 헌신적이고 두려움 없는 투사였고, 뉴욕에서 짧게 머무는 동안에도 할렘의 흑인들을 위해 싸웠지만, 그럼에도 불구하고 베유는 여성 억압과 착취 문제에는 완전히 무관심했다.

베유가 룩셈부르크와 그녀의 사회주의 강령을 지지한 것과, 여성 노동 대중과는 거리를 둔 것 사이의 불일치는 베유가 여성 일반에 대해 품고 있던 폄하적인 태도를 여실히 드러낸다. 룩셈부르크처럼 인생의 온갖 흥망성쇠를 "남성적 스토아주의"로 견뎌낸 여성만이 베유의 존경

---

26) 참조. Nevin, *Simone Weil: Portrait*, 18-19.
27) Ibid., 8.
28) Ibid에서 재인용.

과 찬사를 받았다. 다시 말해서, 여성에게 특유한 정서적 욕구와 여성성을 기꺼이 포기할 수 있는 여성만이 관례상 남성의 영역으로 여겨지는 정도의 성스러움과 천재성에 도달할 수 있다는 말이다. 실제로 베유가 사랑했던 동화와 그리스 비극에 대한 해석들에는, 역경 속에서도 순수함과 꿋꿋한 결심으로 끝까지 견디려는 모티프가 늘 나타난다.

그림 형제의 "여섯 마리 백조 이야기"에서는 마녀에 의해 백조로 변해버린 오빠들을 위해 그 여동생은 흰 아네모네꽃으로 셔츠 여섯 벌을 만드느라 6년 동안 침묵하며 바느질을 한다. 베유는 이 이야기에 대해 "아네모네로 셔츠를 만들고 침묵을 지키는 것—이것이 힘을 얻는 유일한 방법이다. … 아네모네꽃으로 셔츠를 만드는 것은 거의 불가능하고, 이 어려움이야말로 6년간의 침묵의 순수함을 다른 걸로 바꾸는 모든 행동을 막아준다. 세상에서 유일한 힘은 순수함이다"라고 평했다.29) 오빠들을 구하는 여동생의 헌신, 순수한 선의가 악을 이기는 승리, 그리고 오빠에게 온전히 집중하는 여동생의 모습은 "아몬드 나무"와 같은 다른 동화에 대한 베유의 언급에서도 반복된다. 이 동화에서는 계모가 오빠를 죽이고, 여동생은 아버지를 기쁘게 하기 위해 애를 쓰고, 계모를 죽이고, 오빠를 되살린다.30)

이처럼 형제자매 관계에서 정결을 강조한 것은 베유가 필적하려 했던 그리스 비극의 여주인공들인 일렉트라와 안티고네에 대한 언급에서도 드러난다. 일렉트라에 대해 베유는, "친절하고 보호하는 존재[오빠 오레스테스]가 죽음으로써 완전히 버림받을 때 [고통이] 정점에 이른다. 그다음에는 그를 되찾고 구원하는 일이다"라고 지적했다.31)

---

29) Petrement, *Simone Weil: A Life*, 36에서 재인용.
30) Weil, *First and Last Notebooks*, 161-62.
31) Ibid., 32

안티고네 역시 자기희생, 자매애, 정의를 위해 고난을 감수하는 똑같은 특성을 지닌 인물로, 베유가 작성한 그리스도 이미지 목록에 포함되어 있다.32) 한 편지에서 베유는 "소포클레스의 안티고네가 말한 아름다운 구절, 즉 '나는 증오가 아니라 사랑을 나누기 위해 태어났다'는 구절"과 자신을 동일시했다.33) 베유가 1942년에 런던에 도착하자마자 잠시 투옥된 것에 관해 쓰면서, 자신을 "여전한 안티고네"라고 말한 것은 의미가 있다.34)

베유가 존경한 문학 속 여성 인물들은 그녀가 특히 남성적인 것으로 보았던 덕목을 보여준다. 베유에게 남성의 성스러움은 성적인 금욕과 떼려야 뗄 수 없는 것이었다는 점을 기억해야 한다. 이야기들 속의 자매들은 정결, 순결, 그리고 형제들을 위해 자신을 희생하려는 결단력을 추구한다. 이렇게 진정으로 가치 있는 여성의 이미지, 즉 "남성적인" 성스러움에 도달할 수 있는 여성의 이미지는 베유 자신의 여성성 인식과 일치한다. 우리는 베유가 자신의 민족 정체성을 지우려는 욕망과 연관되어 자신의 육체를 부정하고 육체적 욕구까지 부정한 것에 대해 이미 살펴보았다. 베유가 여성의 섹슈얼리티를 경멸한 것은 자신의 몸을 금욕적으로 대함으로써 자신의 여성성을 없애려 했다는 점을 밝혀준다. 베유가 몸을 부정한 것은 자신의 젠더와 민족성 모두를 부정하는 이중의 의미를 전해준다.

베유가 여성성을 부정하게 된 뿌리는 어느 정도 그녀의 성장 과정과 오빠와의 관계에서 찾을 수 있다. 그녀의 친구이자 전기 작가인 시몬 페트르망에 따르면, 베유의 어머니는 시몬을 남자아이로 키우려 했다고

---

32) Ibid., 322.
33) Weil, *Seventy Letters*, 91.
34) Ibid., 161.

한다. 부모는 그녀를 "시몬"(Simon)이라 불렀고, 베유는 부모에게 편지를 쓸 때 자신을 남성 젠더로 지칭했다. 페트르망은 베유가 여자로 태어난 것은 큰 불행이라고 말했다고 회상한다.35)

베유는 수도자와 같은 옷을 입고 독신을 지켰다.36) 또한, 베유는 동화들에서 오빠들을 구한 정결한 여성들과 자신을 동일시했다는 사실은 그녀와 오빠 사이의 경쟁심을 반영했다. 수학의 천재였던 오빠와의 경쟁은 그녀를 절망 직전까지 몰아갔다고 그녀는 "영적 자서전"에서 밝힌다.

이러한 정신분석적 추측은 베유가 성적인 금욕을 선택한 것에 대한 그녀 자신의 진술로 뒷받침된다. "영적 자서전"에서 베유는 "순결의 개념이 … 내가 열여섯 살 때 내 마음을 사로잡았다. … 산 풍경을 바라보며 묵상하던 중 그것이 조금씩 내 안에 거부할 수 없게 자리잡았다"고 회고한다.37) 그녀가 성적으로 "순수"하게 남고자 한 신비한 이유는 사회심리학적 설명, 즉 자신의 여성 젠더를 거부하려는 결심이 자신의 유대인으로서의 자기 부정과 연결되어 있다는 설명으로 보강된다.

교육부 장관에게 보낸 편지에서, 베유는 자신의 독신에 대한 설명을 덧붙였다. 포도밭에서 일하던 중 고용주가 "당신은 농부와 결혼해 아이를 낳아도 좋을 만큼 훌륭하다"고 칭찬했지만, 이에 대해 "그는 모른다. … 단지 내 이름 때문에, 내가 본래적 결함을 갖고 있다면 그것을 자녀들에게 물려주는 것은 비인간적인 일일 것"이라고 말했다.38)

이 진술은 베유가 정결을 지키고 아이를 낳지 않음으로써 완전히

---

35) Petrement, *Simone Weil: A Life*, 27.
36) Ibid., 27-28.
37) Weil, *Waiting for God*, 65.
38) Petrement, *Simone Weil: A Life*, 444에서 재인용.

동화되는 전략을 보여준다. 유대인이라는 정체성을 부정하기 위해서라도, 그녀의 여성성은 부정되어야 했다. 결혼과 출산을 통해 인정되는 베유의 여성성은 그녀의 이름 속에 나타난 유대인 출신임을 재확인해줄 것인데, 이것을 그녀는 "본래적 결함"으로 생각했다. 베유의 자기 부정에 비추어 보면, 그녀가 유대인 신분과 여성성을 부정한 것은 서로 불가피하게 연결되어 있다.

유대인 여성의 운명

　베유는 여성이 열등한 특성을 지닌다고 이미 전제한 뒤, 자신이 여성 대열에 속하는 것을 완전히 거부했다. 여성으로서의 자기 부정과 "남성적"이고 성스러운 여성 인물들에 대한 그녀의 존경심은, 로자 룩셈부르크, 안티고네, 그리고 자기 자신처럼 극히 소수의 예외적인 여성만을 인정했다는 사실을 보여준다. 베유는 이렇게 자신의 정체성, 특히 민족적 정체성과 성별 정체성 모두로부터 벗어난 자아상을 만들고자 했다.
　전쟁 이전에, 베유는 이념가이자 공장 노동자로서 노동조합을 열렬히 지지했고, 자신을 정치적 활동가이자 보편적인 약자들의 불굴의 옹호자이자 수호자로 생각했다. 그녀는 인류와 휴머니즘에 완전히 헌신하는 이상주의자의 자아상을 만들고자 했으며, 개인적인 모든 애착에서 완전히 금욕을 실천했다. 이처럼 완전히 헌신하는 혁명가의 이미지는 민족성과 성별의 차이를 최소화할 수 있게 했다. 인류를 위한 이타적 노동자의 자기 이미지는 여성으로서, 그리고 유대인으로서의 전적인 자기 부정을 함축했다.
　전쟁 당시에는, 여성으로서의 열등성을 지우려는 베유의 욕망은 그녀의 계획 속에 분명하게 드러난다. 우리는 베유가 부상당한 군인들을 돌보며 유럽 전장에서 전사할 여성 간호사 분대를 이끌고 싶어 했다는 사실을 기억해야 한다. 이 간호사 임무에 적합한 여성에 대한 베유의 조건은, 여성성에 대한 그녀의 낮은 평가를 드러낸다. 즉, 여성적 본성의 약점을 극복할 수 있는 여성만이 그 임무에 참여할 수 있다는 것이다. 실제로 베유는 그 임무를 수행할 만한 여성이 흔치 않다고 판단했다. 그들은 용감해야 하며, "어느 정도 냉정하고 강인한 결단력을 지니고," 동시에 "고통과 괴로움을 위로하는 데 필요한 부드러움"을 보여줄 수 있어야 했다.39)

우리는 또 베유가 적진 후방의 레지스탕스 임무에서 죽기를 자원했던 사실을 기억해야 한다. 우리는 이미 이러한 임무의 이유가 베유 자신이 유대인이라는 정체성에서 지워줄 장엄한 순교 행위에 대한 열망 때문이었다고 지적한 바 있다. 그녀의 여성으로서의 자기 부정은 자기희생에 대한 또 하나의 측면을 보여준다. 즉, 그 영웅적 행위의 규모는 유대인 추방자로서의 낙인을 지워줄 뿐만 아니라, 그녀의 성스러움에 대한 자질을 드러내고, 여성으로서의 열등성을 지워버릴 것이다. 희생양으로 자신을 내어놓으며, 베유는 남자보다 더 남자다워질 것을 약속했다. "이런 종류의 임무에는 여성도 남성만큼 적합하며, 여성이 어떤 정도의 위험이라도 받아들일 … 충분한 결단력, 냉정함, 희생정신을 갖고 있다면, 남성보다 더 적합하다"고 주장한다.40)

로버트 콜스는 ≪시몬 베유: 현대의 한 순례≫에서 베유의 실현되지 못한 순교에 대해 논의하고, 그 마지막을 장엄한 이미지로 끝낸다. "그녀는 아마도 자신의 낙하산이 지면 가까이 내려올 때—중력—나치의 총에 맞아 … 마침내 사라지고, 자기 영혼은 전쟁의 하얀 손수건을 멀리

---

39) Weil, *Seventy Letters*, 153.
40) Ibid., 154.

뒤에 남겨놓은 채 은총으로 솟아오르는 모습을 보았을 것이다."[41]

콜스가 그린 베유의 이런 이미지는 그녀가 세상에 남기고 싶어 했던 기억과 잘 맞아떨어지는 듯하다. 세상은 그녀가 최고의 희생 행위를 통해 어떻게 자신의 영혼을 불러일으켰는지를 기억할 것이며, 그녀의 몸은 어떻게 유대인과 여성성이라는 "기본적인 결함"의 중력에서 해방되고 정화되어, 프랑스의 흙에 다시 뿌리를 내린 것을 기억할 것이다.

베유 안에서 여성 혐오와 유대인 혐오가 서로 연결되어 있다는 사실은 결코 새로운 일이 아니라는 점을 주목하는 것이 중요하다. 오히려 그것은 여성과 유대인을 연결했던 당시의 차별적 태도에 동화된 것을 반영한다. 조앤 커팅-그레이가 베를린의 살롱 주인이었던 유대인 라헬 베른하겐의 전기를 쓴 아렌트의 분석을 인용하며 지적했듯이, 계몽주의 안의 자유주의에 대한 반응은 유대인과 여성 모두에게 등을 돌렸다. 커팅-그레이는 이렇게 지적한다. 점점 더 해방된 사회 계층이 된 유대인과 여성을 반대한 것은 "새로운 민족주의적이고, 인종적으로 순수한 독일 집단들이었고, … 반페미니즘(antifeminism)은 반유대주의와 **똑같은 형태**를 취했다."[42]

샌더 길먼은 오토 바이닝거(Otto Weininger)의 저작에 대한 논의에서 여성과 유대인들에 대한 이런 부정적 속성을 지적하는데, 바이닝거가 1903년에 발표한 철학서 ≪성과 성격≫(*Sex and Character*)에서 유대인의 자기혐오와 여성 혐오를 결합했다는 것이다. 바이닝거는 여성 혐오와 반유대주의에 대한 가장 흔한 주장들 사이에 유사성을 발견했는데, 그것은 둘 다 잘못된 논리를 사용하고, 정신질환에 걸리기 쉽고, 강

---

41) Coles, *Simone Weil: A Modern Pilgrimage*, 41.
42) Joanne Cutting-Gray, "Hannah Arendt, Feminism, and the Politics of Alterity: 'What Will We Lose If We Win?'" *Hypatia* 8 (Winter 1993), 41 (강조는 원문에).

박적으로 거짓말을 한다는 것이었다.43)

유대인과 여성에 대한 베유의 발언은 바이닝거의 주장과 매우 흡사하다. 바이닝거는 "유대인과 여성은 '천재성'이 없다", "유대인과 여성의 천재성이라고 불리는 것은 과장된 자아도취에 불과하다", 그리고 여성성과 마찬가지로 유대인은 "'창조성이 없도록 저주받았다'"고 전제했다.44) 비록 베유는 유대인의 열등성과 여성의 열등성을 결코 노골적으로 연결짓지는 않지만, 바이닝거의 비난은 이 두 짓밟힌 집단에 대한 베유의 경멸적인 시각을 반영한다.

베유가 이해한 바로는, 자신이 가치 있는 여성, 특히 유대인 여성으로서 가치를 증명하려면, 전형적으로 남성적인 특성을 드러내야만 한다. 오직 그럴 때만 비로소, 여성들은 국가와 세계의 구원을 위한 자기희생의 거룩함에 이를 수 있다고 베유는 보았다. 이런 입장은 슈타인의 입장과는 전혀 달랐다. 슈타인은 자신이 유대인 출신임을 자랑스럽게 인정했다. 또한 베유는 여성이 자기파괴라는 "남성적인" 행위에서 최고의 성취를 이룬다고 보았지만, 그와 반대로 슈타인은 오히려 여성이 타고난 여성적 특성으로 인해 세상의 구원자가 된다고 보았다.

우리는 슈타인이 여성의 정치적 참여에 대한 책임을 강조하고 있음을 지적해 왔다. 그러나 여성의 정치 활동은 세상에 대한 여성의 근본적인 도덕적 의무에 비해 부차적이다. 슈타인에 따르면, 여성은 "모든 사람이 기계화되고 인간성을 잃을 위험이 있는 이곳에서 복된 균형추 역할"을 할 잠재력이 있다.45) 그렇다면 이런 질문이 제기된다. 슈타인의 관점에서 왜 여성이 남성보다 도덕적 개혁자가 되기에 더 적합한가?

---

43) Gilman, *Jewish Self-Hatred*, 245.
44) Sander L. Gilman, *The Jew Body* (New York: Routledge, 1991), 134ff.
45) Stein, *Essays on Woman*, 48.

또한 슈타인의 견해로는, 여성은 어떻게 인류에게 휴머니즘을 회복할 것인가?

배유와 정반대 입장에서, 슈타인은 여성이 사회에 대한 가장 크게 공헌하는 것은 남성과의 구별성을 기르는 데 있다고 주장한다. 그녀는 여성 참정권 운동이 가져온 해방의 성과를 지지하면서도, 남녀의 구별 없는 평등에는 강하게 반대한다. 남녀 간 절대적 무차별성은 성별 간의 구분을 말소하는 것이며, 그 결과 여성의 필요, 역할, 역량을 완전히 무시하는 것이 된다.

슈타인에 따르면, 이러한 평등 개념은 사실상 여성이 **"남성으로"**[46] 사회에 들어가기를 요구한다. 이런 평등 개념은 여성을 해방시키기는커녕 남성 중심의 사회관에 예속시키는 것이다. "전통적으로 남성적 직업 분야에 들어간 여성은 … 자신의 본성과는 맞지 않는 조건 속에서 살고 일하는 존재가 되도록 강요받는다."[47]

슈타인이 성별 말소의 해로운 결과를 인식한 것은 오늘날의 성평등 논의를 내다본 것이다. 슈타인은 여성의 특수성이 지워질 때 여성이 패배한다는 것은 현대 사상가들의 논의 속에서도 반복된다. 예를 들어 이반 일리치는 "젠더가 없는 경기에서는 … 양쪽 젠더가 모두 벗겨지고, 중성화되며, 결국 남성이 위에 올라선다"[48]고 주장했다. 일리치는 젠더를 토착어에 비유하며, "사람은 태어날 때부터 젠더를 부여받는다. … 젠더는 세계 안에서 본질적인 상호 보완성을 함축한다"고 주장한다.[49]

따라서 슈타인은 여성의 타고난 여성적인 특성을 주장하는 오늘날

---

46) Ibid., 247. (강조는 원문에).
47) Ibid.
48) Ivan Illich, *Gender* (New York: Pantheon Books, 1982), 178.
49) Ibid., 81.

의 페미니즘 경향을 예견하며, "남성과의 급진적 평등이라는 미끼"를 던져 여성을 본성에서 벗어나게 하고, "여성의 본성과 운명을 무자비하게 무시"하는 이들을 비판한다.50) 그렇다면 슈타인이 보기에 여성의 본성은 남성과 어떻게 구별되며, 또한 여성적 본성은 여성에게 어떤 운명을 부여하는가?

슈타인의 여성관은 여성의 "내재적 여성적 가치"(intrinsic feminine value)에 초점을 맞추며, 그녀는 이를 여성의 속량/구원하는 잠재력(redemptive potential)의 원천으로 보고, 남성보다 훨씬 우월하다고 여긴다. 여성의 성장과 발전 능력은 남성의 타고난 역량을 능가한다. "남성은 더 **객관적으로** 보인다"고 말하지만, 슈타인은 그 객관성이 남성을 규율 속에 예속시킨다고 주장한다. "**여성의 태도는 개인적이다.**" 따라서 여성은 "**완전한 인간**"의 자유를 얻을 가능성이 더 많다. 여성이 개인적인 성향을 타고났다는 사실이 윤리적으로 훨씬 가치가 있는 이유는 "인간의 인격은 모든 객관적 가치보다 훨씬 귀하기" 때문이다.51)

베유는 여성의 재생산 능력을 천재성과 거룩함을 축소시키는 것으로 보지만, 그와 반대로, 슈타인은 여성의 윤리가 "어머니로서의 사명"에 확실하게 근거한 것으로 본다. 모성의 가치는 여성이 "모든 생명체의 유기적 성장을 이해하고 촉진하며, 각각의 독특하고 개별적인 운명을 이해하게 한다."52) 여성의 어머니로서의 특별한 구별성에 대한 슈타인의 개념은 이반 일리치의 주장, 즉 "집을 둥지와 차고로부터 구별하는 특별한 공간은, **오직** 살아있는 몸을 낳는 여성에게서만 비롯된다"53)는

---

50) Stein, *Essays on Woman*, 145.
51) Ibid., 247, 248. (강조는 원문에).
52) Ibid., 73.
53) Illich, *Gender*, 122.

주장과도 맞닿아 있다.

그러나 슈타인에게 모성의 개념은 아이를 낳을 수 있는 신체적 능력보다는 여성의 타고난 모성적 양육과 공감 능력에 대한 성향이다. 그 때문에 여성의 공감적 민감성은 자신의 자녀에게만 국한되지 않으며, 타고난 "자각으로 인해 모든 생명에게 유익을 주며 단지 자신의 후손만이 아니라 모든 피조물의 필요를 인식한다."[54]

여성의 내재된 여성적 공감의 가치는 인류의 교육자로서의 그녀들의 운명을 결정한다. 따라서 직업적 성향 면에서, 여성은 대체로 교육 직종을 향하게 된다. 슈타인은 모성에 대해서와 마찬가지로, 여성의 직업적 역할에 대한 규범적 접근을 재정의한다. 가르치는 일은 진정한 여성적 소명이며, 단순히 여성에게 전통적으로 맡겨진 2차적 사회적 과업이 아니라, 인류를 새롭게 교육하기 위해 여성에게 맡겨진 수단이다.

따라서 교육이 반드시 교실 안에서만 이루어질 필요는 없다. 교육의 개념은 모든 형태의 전문적 담론을 강조하며, 여성은 자신의 전문적 지향과 선택이 어떠하든 "**남성적 객관성**의 또 다른 악화를 방지하기 위해"[55] 가르치고 교육해야 한다. 교사이든, 의사이든, 사회복지사이든, 과학자이든, 여성은 "그런 지식의 영역에서 자신이 가르치는 방식을 통해 자신의 독창성을 새롭게 드러낼"[56] 것이라고 슈타인은 주장한다. 즉, 전문 활동을 통해 여성은 공감적 주관성의 가치를 전달할 것이다.

슈타인이 여성은 인류 개혁자로서 사명을 갖고 있다고 자랑스럽게 주장하게 된 뿌리는 그녀 자신의 성장 배경에서 찾을 수 있다. 여성성을 원치 않는 약점으로 여긴 가정에서 자란 베유와 달리, 슈타인은 강인하

---

[54] Stein, *Essays on Woman*, 73.
[55] Ibid., 258 (강조는 원문에).
[56] Ibid., 257.

고 유능하며 지적인 여성들의 가정에서 성장했다. 그녀는 자서전에서 "중요한 조언이 필요할 때면, 할머니에게 갔다. 그의 남편과 자녀뿐만 아니라 형제자매, 그리고 많은 친구에게도 갔다"고 썼다.[57] 슈타인의 어머니는 남편과 사별한 후 "다른 어느 누구의 도움도 받지 않은 채 혼자 해결하기로" 결심했다.[58] 실제로 슈타인 부인은 작고한 남편의 목재상 사업을 매우 성공적으로 운영하여, 앞에서 언급한 것처럼, 남자들이 그녀를 "도시 전체에서 가장 유능한 상인"[59]으로 간주했다.

슈타인은 이처럼 자서전을 통해 자신의 유대인 과거와의 유대감을 재확인하며, 자신이 강한 모계 전통에 속한다는 것을 보여준다. 그녀가 자서전에서 역할 모델로 삼은 사람들이 하멜른의 글뤼켈과 폴린 벤저로프처럼 **모계 가정** 출신 작가들이라는 것은 다시 한번 그녀가 유대인 혈통에 충실하며, 또한 여성의 지성과 창의성을 높이 평가하고 있음을 확인시켜준다. 유대인, 여성, 그리고 딸로서의 슈타인의 자기 정체성은, 유대인, 여성, 그리고 딸로서의 베유의 자기 부정과 정면으로 대립되는 자기 수용의 차원을 드러낸다.

역설적으로, 베유가 몸의 파괴를 통해 자신의 민족성과 젠더로부터 자유를 얻고자 했던 욕망은, 실제로 유대인 개인들을 구별할 수 없는 말살의 집단적 대상으로 만들고자 했던 나치의 계획에 오히려 부합하게 되었다. 자신을 해방시키는 대신, 베유는 유대인과 여성이라는 이중의 주변성을 특징으로 하는 사회정치적 체제에 갇히게 되었다. 베유는 그 체제를 해체하고 중심부로 침투하기 위해 부질없는 전략을 감행했다. 유대인과 여성에 대한 세상의 편견과 차별을 내면화한 베유는, 평생 저

---

57) Stein, *Life in a Jewish Family*, 31.
58) Ibid., 42.
59) Ibid., 61.

항했던 바로 그 체제의 희생자가 되고 말았다. 유대인과 여성으로서의 베유의 침묵은 이처럼 그녀의 삶과 작업에 중요한 숨은 맥락을 이루는데, 이런 맥락은 자기 고통과 신비에 싸인 인물을 더욱 잘 이해할 수 있게 해준다.

    베유와는 반대로, 슈타인은 유대인 전통과 유대인 여성에 대한 문화적, 감정적 유대감을 갖고 있었던 것이 그녀가 민족 정체성과 젠더 정체성을 강조하게 했는데, 이런 태도는 가해자들이 피해자를 비인격화하려는 의도를 상쇄한 태도였다.

13장

지적이며 정서적인 성숙을 향하여

[여성은] 자신의 인격이 방해받지 않고 발전하기를 갈망하며, 다른 이가 같은 목표를 향해 나아가도록 돕는 일도 그만큼 갈망한다.

— 에디트 슈타인

베유가 여성의 지적, 윤리적, 예술적 능력에 대해 폄하하는 견해를 가진 것과는 대조적으로, 슈타인은 여성의 고유한 자질을 인류의 교육자로서 중요한 위치에 놓았다. 베유가 존경했던 몇몇 예외적인 여성들을 제외하면, 여성을 생물학적 재생산의 운명에 갇힌 존재로 보았던 것과 달리, 슈타인의 관점은 여성을 핵가족의 맥락에서 해방시켰다. 그녀는 "높은 소명"이란 "여성의 고유성에 속하는 것, 즉 자신과 타인 안에서 참된 인간성을 이루는 것"[1]이라고 주장했다.

이처럼 간결하게 여성의 소명을 주장한 것은 여성이 지녀야 할 두 가지 의무를 제시한다. 곧 자기 자신에 대한 의무와 타인에 대한 의무이다. 여성들은 다른 사람의 도덕적 잠재력을 실현하도록 돕기 전에, 먼저

---

1) Stein, *Essays on Woman*, 259.

자신의 잠재력을 실현해야만 한다. 인류의 교육자가 되기 위해서는 "[여성] 자신이 참된 인간성을 소유할 필요가 있다"2)고 슈타인은 주장한다. 비록 슈타인은 여성의 자연적 역량을 인정했지만, 엄격한 자기 교육 과정이 없다면 그런 역량이 충분히 개발되지 않는다고 생각했다.

슈타인은 여성들이 개선해야 할 영역을 적절히 지적한다. 타락 이후의 성적 문란은 타인들을 향한 **"올바른 개인적 태도"**를 가로막음으로써, 사람들은 지나치게 "자신의 개인적 중요성을 확보"하고, 또한 "타인의 사생활을 침범"하려는 욕구를 갖게 되었다. 한편으로 여성의 지나친 자기 집착은 "맹목적인 여성적 사랑"으로 나타나며, 이것은 자신의 삶과 자신에 대해 비현실적으로 미화한다. 다른 한편으로 타인들에 대한 여성들의 극단적인 관심은 타인을 자기가 전유하려는 욕구, 슈타인의 표현으로는, "사람을 몰수하려는 열망"으로 드러난다. 이러한 나르시시즘과 타인을 지배하려는 의지는 상대방에 대한 절박한 의존심과 개성상실을 드러낸다. 이처럼 타인들이 재확인해줄 필요가 있는 전형적인 여성적 욕구는 여성이 온전한 인격으로서 자기실현을 이루는 것을 방해하고, 따라서 인류의 속량자/구원자로서의 소명을 가로막는다.3)

이렇게 왜곡된 "올바른 개인적 태도"는 사랑하는 관계에서 소유욕이라는 일탈을 낳는다. 사랑받고자 하는 욕구는 여성이 사랑의 대상을 소유하기 위해 매우 노력하게 만드는데, 이것은 자기의 중요성을 느끼기 위해서다. 이런 태도는 자신과 인류에 대한 왜곡되고 피상적인 인식을 초래한다.

소유욕이라는 결함은 네 여성 모두의 관심사였다. 그들 모두 사랑의 대상을 전유하려는 본능적 성향에서 벗어나야 한다고 인식했다. 네

---

2) Ibid., 249.
3) Ibid., 250 (강조는 원문에).

사람 모두 권력 의지가 타인에 대한 올바른 혹은 "정당한" 태도를 방해한다고 보았다. 그리고 네 사람 모두 이기적인 만족을 추구하는 소유적 사랑에서 벗어나 무조건적인 헌신과 너그러움으로 변화시키는 길을 찾았다.

베유는 진정한 사랑은 정결한 사랑이라고 주장한다. 정결한 사랑은 단지 소유의 물리적 측면이 부재하기 때문만이 아니라, "환상"이나 "상상의 미래"가 부재하기 때문이기도 하다. 그녀에 따르면, 진정한 사랑은 "실재"와 "벌거벗은" 것에 집중해야 한다. 우리는 사랑의 순수한 실체를 욕망과 향락으로 오염시킨다.[4]

"소유하려는 욕망이 사랑을 훼손하는" 이유는 그것이 권력 의지를 드러내기 때문이다. 따라서 베유에 따르면, "순수하게 사랑한다는 것은 거리를 유지하는 데 동의하는 것이며, 우리가 사랑하는 것과 우리 사이의 거리를 기뻐하는 것"이다. 그것은 "죽은 자가 되는 것," 즉 소유하려는 욕망이 전혀 없는 상태가 되는 것이며, 그래야만 거리를 두고 사물을 사랑할 수 있고, 거리를 통해 소유적인 사랑이 되지 않게 된다. 그래서 베유는 "죽은 자에게 바치는 사랑은 완전히 순수하다"고 말한다. 그런 사랑은 "완결된 삶"을 향하기 때문에 소유하려는 욕망을 불러일으킬 수 없다.[5]

그녀의 개인적 삶에서, 베유는 육체와 연결된 모든 욕구를 소멸시킴으로써 순수한 사랑의 개념을 실현했다. 비유적인 의미와 문자적인 의미 모두에서, 베유의 탈창조/해체(de-creation) 신학을 기억하면, 베유는 자신의 육체와 영혼을 죽이며 모든 환상과 즐거움을 떼어내려 했다.

베유와는 대조적으로 슈타인은 여성들이 소유욕에서 해방되어 살

---

4) Weil, *Gravity and Grace*, 115.
5) Ibid.

아있는, 상호적인, 건설적인 관계 속의 현실에 도달하길 원했다. 그래서 그녀는 여성이 자신과 세계를 향한 "올바른 태도"를 풀어낼 수 있는 과정을 제시했다. "객관적"이 될 수 있는 능력은 "자아의 확실한 자유"를 향한 첫걸음이며, 이것은 "자기 통제의 기초"다. 일단 객관적 시각을 얻으면, 여성은 "가장 객관적인 태도이기도 한, 올바른 개인적 태도"로 나아갈 수 있다.

슈타인은 개인적 견해(outlook)가 "진정한 인간성의 실현"이라고 말한다. 왜냐하면 그 진정한 객관성은 우리로 하여금 "[인류의 이상적 이미지를] 향한 성향뿐 아니라, 우리 자신과 타인 안에서 그것과 어긋나는 부분까지" 보게 해주기 때문이다. 다시 말해서, 다른 사람들에 대한 나의 인식, 그리고 다른 사람들의 인식 속에 반영된 나의 의식에 대해 편견 없이 인정하는 것이, 인류의 미래 교육자의 자기 교육 목표를 구성한다는 것이다.6)

여성의 상호주관성에 이르는 자기 교육은 그녀의 온전한 개성, 즉 전인적 잠재력을 실현하는(bring out) 것을 목표로 한다. 온전함이란 감정의 발달―슈타인의 표현에 따르면, "[여성] 존재의 중심을 차지하는 것"―을 함축한다. 그러나 감정의 중심은 그 자체의 방향을 가리키지 않고 오히려 "이성의 통제와 의지의 방향을 필요로 한다." 따라서 여성의 감정적 온전함은 "지성과 의지의 협력"이 없이는 성취될 수 없다. 왜냐하면, "마음과 의지의 훈련이 부족하면, 감정생활은 안전한 방향이 없는 강박이 된다"7)고 슈타인은 말한다.

슈타인이 말하는 여성의 자기 발전에서 "마음의 훈련"이 인류에 미치는 속량/구원하는 영향은 여러 측면에서 중요하다. 여성이 마음의

---

6) Stein, *Essays on Woman*, 251.
7) Ibid., 96-97.

훈련을 통해 인격의 온전함을 인식한다는 관점에서, 슈타인은 여성을 사고하는 합리적 존재로 제시하는 데 성공하면서도 여성들의 세계를 향한 감정생활의 중요성을 인정한다.

여기서 주목해야 할 점은 슈타인이 말하는 것이 감정과 감정 표현의 억압이 아니라는 것이다. 프로이트가 주장한 것처럼, 문명이 생존하기 위해 감정의 억압이 필요한 것이 아니라, 슈타인은 에덴동산 이후의 세상에서 자기중심적 경향성에 의해 "차단되거나" 대체된 본래적 감정과 정서를 "억압하지 말아야" 한다고 주장하는 것이다. 슈타인에게 마음이란 자기중심성과 쾌락과 공격 본능을 억누르는 프로이트식 억압 기제(repressive mechanism)가 아니다. 또한 슈타인에게 마음이란 파괴 기제(destructive mechanism)도 아니다. 베유에 따르면, 마음은 "미래와 환상의 세계에 속하는 모든 향유의 욕망"을 제거해야 한다.8) 슈타인이 보기에, 마음은 여성이 독특하게 "세계를 향해 지니는 삼중적 태도, 즉 세계를 알기, 즐기기, 창조적으로 형성하기"9)를 회복할 수 있다. 슈타인에 따르면, "마음의 훈련" 또는 자기 교육은 인류 안에서 선한 것을 꺼낼 수 있는 해방적 체제(a liberating system)인데, 특히 악이 다스리는 시대에는 더욱 그렇다.

같은 시대에 프로이트가 인류에 대해 제시한 견해는 슈타인의 시각의 특수성을 부각시킨다. ≪문명 속의 불만≫(1929–30)에서 프로이트는 기본적인 인간의 본능 위에 놓인 얇은 문명적 행동의 층이 폭력의 증가하는 위협을 억제할 수 있을지에 대해 회의적 입장을 보인다. 그는 인간이 너무나 많은 기술적 지식을 얻게 되어 "마지막 사람까지 서로를 멸절시키는 데 아무 어려움이 없을 것"이라고 말한다. 프로이트는 "인

---

8) Weil, *Gravity and Grace*, 115.
9) Stein, *Essays on Woman*, 72.

류에게 운명적 질문은, 문화적 발전이 어느 정도까지 공동생활을 교란하는 인간의 공격성과 자기파괴 본능을 억제하는 데 성공할 수 있을 것인가"라고 했다.10) 프로이트의 비관적 전망은 문명사회와 압도적인 공격 본능이 양립할 수 없음을 지적한다. 따라서 프로이트에 따르면, 문명의 과정은 "인간의 정신적 구성(the mental constitution)"과의 끝없는 투쟁 위에 세워져 있다.11)

흥미롭게도, 베유 역시 문명의 자기 파괴적 구조를 부정적으로 묘사한다. 베유는 "억압의 분석"이라는 글에서 인류가 권력에 대한 내재적 욕망에 영원히 사로잡혀 있는 어두운 그림을 제시한다. "권력에 대한 경쟁은 강자와 약자를 가리지 않고 모든 사람을 노예로 만든다"고 하며, "모든 억압적 사회는 권력이라는 종교에 의해 단단히 고착된다"12)고 썼다. 문명의 진보는 인류를 끝없는 권력 투쟁 속에 노예가 되도록 만든다. 베유는 결론적으로 "인간은 노예로 태어났으며 … 예속은 그의 자연적 상태이다"13)라고 세상에 대한 침울한 그림을 제시한다.

프로이트와 베유와는 대조적으로 슈타인은, 개인의 정신적 구성 속에서 공감이라는 내재적 가치를 보고, 이것이 적절한 교육 체계를 통해 계발될 때 윤리적 사회를 가져올 수 있다고 본다. 프로이트가 예언한 문명의 붕괴가 비극적으로 실현되었음은 사실이다. 프로이트와 슈타인 모두 나치 정권의 끔찍한 폭력과 공격성의 희생자가 되었다. 그러나 우리는 심지어 오늘날에도, 홀로코스트 이후의 세계에서, 교육에 대한 우리의 관점이, 반드시 함양해야 할 근본적 윤리와 공감의 가치가 있다는

---

10) Sigmund Freud, *Civilization and Its Discontents*, trans. Joan Riviere (London: Hogarth Press, 1982), 82.
11) Ibid., 80.
12) Weil, "Analysis of Oppression," in *Simone Weil Reader*, 137, 142.
13) Ibid., 152.

전제에 달려 있다는 점을 기억하는 것이 중요하다. 억압적인 교육 제도를 시행하는 대신, 계몽된 세계에서의 교육은 인간의 내재적 공감 능력과 지적인 잠재력을 끌어내는 것을 목표로 한다.

우리가 논의하는 맥락에서, 슈타인의 페미니스트적 작품에 제시된 마음의 훈련 원칙은, 프랑크와 힐레숨이 여성으로서의 운명을 실현하려는 노력에서도 안내자 역할을 한다. 세상의 도덕적 개혁을 성취하기 위한 의도로 추진된 자기 교육이, 파괴로 치닫던 세상 속에서 일어나고 있었다는 사실은 물론 비극적 아이러니다. 프랑크의 성장 과정과 특히 힐레숨의 발전 과정에서, 우리는 그들이 붕괴의 현실, 끔찍한 희생양 만들기, 그리고 회피할 수 없는 죽음의 현실을 존엄성을 유지한 채 감당하기 위해, 여성으로서 자신의 온전한 잠재력을 실현하려는 통절한 투쟁을 목격한다.

슈타인은 여성과 그들의 사회적 운명에 대해 강연하면서 다가오는 위험을 감지했지만, 베스터보르크 수용소의 현실을 예견할 수는 없었다. 그곳에서 힐레숨은 유대인들의 운명을 공감하며 돕는 봉사자의 역할을 감당하게 될 터였다. 마찬가지로, 프랑크 역시 추방과 발각이라는 지속적 위협 속에서 은신처의 현실을 예견할 수 없었지만, 여성으로서 자신의 운명을 형성하려 했다. 그럼에도 불구하고, 프랑크의 성숙 과정은 여성이 세상의 속량자/구원자라는 슈타인의 인식과 놀라울 정도로 맞닿아 있다.

프랑크는 작가로서, 그리고 세계에 기여하는 개인으로서 자신의 지적 잠재력을 실현하기를 원했으며, 자신의 젠더를 성공의 장애물로 보지 않았다. 잠재력을 실현하기 위해 그녀는 어머니에게 맞서야 한다는 것을 알았다. 이미 1942년 11월에 프랑크는 이렇게 결심했다. "나는 나만의 어머니가 되어야 한다. … 나는 본보기 없이, 좋은 충고 없이도 나만의 노력으로 선해져야만 한다. 그러면 나중에 나는 훨씬 더 강해질 거다."14) 심지어 1944년 4월까지도 프랑크는 여전히 자신을 교육하고 목표를 성취하려는 결심을 유지했으며, 어머니의 부정적인 모델에도 불구하고 이렇게 썼다. "엄마보다 더 큰 용기로 인생을 맞선다. 내 정의감은 흔들림이 없고, 엄마보다 더 진실되다. … 나는 엄마보다 훨씬 더 많은 것을 성취할 거다."15)

프랑크는 독립을 주장하면서, 여성성과 운명에 대한 자각에서 힘을 얻었다. "나 자신이 되도록 놓아주면 나는 만족한다. 나는 여성이고, 내면의 힘과 충분한 용기를 가지고 있다는 걸 안다. 하느님이 나를 살게 하신다면, … 나는 세상에서 인류를 위해 일할 거다."16) 프랑크는 자신의 미래가 자신의 여성성과 밀접하게 연결되어 있다고 보면서, 그것이 인류에 공헌할 자신의 목표를 실현하는 데 도움을 줄 것이라 보았다. 현재의 관점에서는, 그녀의 힘이 "용기와 쾌활함"17)의 자질을 키우게 하여, 두려움과 절망으로부터 그녀를 지켜줄 것이다. 실제로 우리는 "내일, 내 희망, 내 사랑, 내 용기가 나를 계속 나아가게 하고 버티게 한다"18)라는 프랑크의 선언 속에서, 감정이 이성에 의해 지배된다고 보는 슈타인의 견해를 들을 수 있다.

프랑크가 지닌 능력과 이상을 지키려는 결심, 자기 통제력, 그리고 여성으로서의 독립심은 피터와의 관계에서 시험받았다. 특히 다락방이라는 상황 속에서, 피터에 대한 자신의 호감을 비판적으로 성찰하는 그녀의 모습은 놀랍도록 성숙한 통찰력과 자기 통제력을 보여준다.

---

14) Frank, *Diary*, 297.
15) Ibid., 601.
16) Ibid.
17) Ibid.
18) Ibid., 603.

피터와의 관계 초기 단계에서 프랑크는 약간의 자책을 담아 "나는 더 이상 피터로부터 독립적이지 않다"19)라고 깨달았다. 그러나 피터에 대한 호감은 그의 성격에 대한 명확한 평가를 방해하지 않았다. 그녀는 그의 약점을 보았고, 그가 "의지력이 충분하지 않고, 용기와 강인함이 너무 없다"고 보았다. 동시에, 그녀는 자신이 자기중심적이고 소유욕이 강하다는 것을 의식하며 이렇게 자신에게 고백한다. "너는 그와 결혼할 수 없을 것이지만 그를 떠나보내기란 어려울 거다."20) 마침내, 프랑크는 피터에 대한 신뢰를 거두며 자신의 정서적 독립을 주장한다. 그녀는 "그는 내 이해를 돕는 친구가 될 수 없었다"는 사실을 깨닫는데, 이는 전면적 도덕 붕괴라는 상황 속에서 그가 그녀의 용기와 이상을 지탱하는 데 도움을 줄 수 없다는 의미였다.21) 그녀는 결국 "그를 떠나보내고", 게슈타포에 의한 임박한 발각, 추방, 죽음이라는 상황 속에서도 자신의 이상과 원칙을 타협하지 않는 태도를 보인다. 이것은 자기주장과 저항의 매우 가슴 아픈 사례가 된다.

다른 사람을 붙잡고 싶은 욕망과 스스로를 강하고 원칙 있는 개인으로 확인하고자 하는 욕구 사이의 갈등은 프랑크의 성숙을 특징짓는다. 자신의 이상과 원칙에 충실하려는 명령이 그녀를 지켜냈다는 사실은 프랑크가 더 이상 소녀가 아니라, 도덕적, 지적, 정서적 잠재력을 자신의 운명을 결정짓는 요소로 여기는 성인이 되었음을 증명한다.

사랑의 관계에 대한 여성의 의존성 문제는 여성성의 의미를 성찰하는 힐레숨의 사유에서도 중심이다. 힐레숨은 여성이 "남성에게 매혹되고자 하는 욕망은 … 단지 원시적 본능일 뿐임"을 깨닫는다. 그것은,

---

19) Ibid., 566.
20) Ibid., 623.
21) Ibid., 693.

그녀의 표현대로, "장애(handicap), 여성의 장애"22)다. 힐레숨은 스스로 자문한다. 여성들의 성적인 예속과 소유욕이라는 "장애"는 "[여성이] 스스로를 해방시켜야 하는 고대의 전통"인가, 아니면 그것이 "여성 존재의 본질에서 너무 큰 부분을 차지하고 있어서, 한 남자 대신에 인류 전체에 사랑을 준다면 자기 자신에게 폭력을 행하는 것이 될 것인가?"23)

이 질문은 힐레숨을, 슈타인과 베유라는 양극단 사이에 위치시킨다. 슈타인은 여성이 세상의 공감적 속량자가 될 잠재력을 믿었던 반면에, 베유는 여성이 섹슈얼리티에 의존하도록 타고났다는 점에서 여성의 열등성을 주장했기 때문이다. 힐레숨은 "지금 나는 당장 그의 품에 뛰어들고 싶을 뿐이다. 그래서 단지 한 사람의 여인이거나, 어쩌면 그보다 덜한, 소중히 여겨지는 살덩어리의 한 조각이 되고 싶을 뿐이다"24)라고 고백한다. 이것은 힐레숨이, 여성은 성스러움에 이를 능력이 없다는 베유의 폄하적 견해와 맞닿아 있음을 보여준다. 그러나 다른 한편으로, 힐레숨에게서 "본질적 해방"(essential emancipation)이라는 개념이 등장한 것, 즉 성적 의존성이라는 "수 세기에 걸친 오랜 전통"으로부터 해방되는 것이 여성이 "완전한 인간"25)으로 재탄생한다는 뜻으로 생각하기 시작한 것은 힐레숨이 점점 슈타인의 관점과 가까워지는 것을 보여준다.

힐레숨은 "본질적 해방" 문제를 단순한 이론적 차원에만 머물게 하지 않는다. 성적 정복에 대한 강박적인 욕구에서부터 고통받는 인류를 향한 강박적인 사랑으로 나아가는 투쟁은 그녀가 여성으로서 자신의

---

22) Hillesum, *Diary*, 27.
23) Ibid.
24) Ibid., 42.
25) Ibid., 27-28.

잠재력을 실현해가는 과정의 특징적 모습을 보여준다. 그녀는 처음부터 목표를 세운다. "한 남자를 평생 소유하려는 충동—그것이 허구든 환상이든—을 나는 반드시 근절해야만 한다."[26]

그녀의 내적 갈등은 "그[스피어, 그녀의 연인]로부터의 완전한 해방감, 나 혼자서 계속할 수 있다는 갑작스러운 깨달음"[27]에 이르게 했다. 마침내 그녀의 내적인 해방은 "이제 자신이 '운명'에 대한 권리를 갖게 되었다는 것, 그것은 더 이상 모험이나 사랑에 대한 갈망이나 로맨틱한 꿈이 아니다. … 그것은 끔찍하면서도, 성스럽고, 내적으로 진지하며, 어렵지만 동시에 불가피한 것이다"[28]라는 사실을 이해하도록 이끌었다.

이처럼 힐레숨이 깊이 사랑했던 남자에 대한 열망을 대신하는 이 성스러운 운명은 무엇인가? 일기 마지막에서 힐레숨은 그 질문에 대해 이런 깨달음으로 대답한다. "나는 단지 한 사람에게만 주기에는 너무 많은 사랑을 갖고 있다. 한 사람만을 사랑할 수 있고, 단지 한 사람만의 평생을 사랑할 수 있다는 생각은 매우 유치하게 느껴진다. … 사람들은 언젠가 사랑이 성관계보다 훨씬 더 많은 행복과 보상을 준다는 것을 배울 수 있을까?"[29]

행복이란 자신을 고통받는 타인에게 내어주는 능력이다. 그러나 이 능력은 베유가 전쟁터에서 죽음을 각오한 의식적인 순교를 향하는 것이 아니다. 오히려 성적 관계의 한계를 넘어서는 사랑의 이타적 성질을 실천할 필요성은, 여성을 세계의 공감적 속량자/구원자로 보는 슈타

---

26) Ibid., 48.
27) Ibid., 53.
28) Ibid., 112.
29) Ibid., 193.

인의 개념을 떠올리게 한다.

베스터보르크 수용소에서 봉사하면서 힐레숨은 여성이 성적 대상이라는 제한적 사고방식에서 해방되었음을 증명했다. 그러나 강제수용소라는 상황 속에서, 여성의 예속과 의존이라는 "수 세기에 걸친 오랜 전통"에 맞선 그녀의 자기주장에는 더욱 깊은 의미가 있었다. 내적 해방의 지표로서, 힐레숨이 베스터보르크 수용소에서 자발적으로 봉사했다는 사실은 그녀를 고통받는 유대인들의 회색빛, 획일적인 집단 속에 구별할 수 없는 입자로 축소시키는 테러의 지배에 저항하는 표현이 되었다.

결론

저항의 유산

> 주체성의 매듭은, 나를 향한 타자의 움직임에 개의치 않고 내가 타자에게로 가는 데 있다.
>
> —에마뉘엘 레비나스

에디트 슈타인, 시몬 베유, 안네 프랑크, 그리고 에티 힐레숨의 사상과 작품 속에 나타나는 페미니스트적 측면은, 그들의 저항을 형성한 휴머니즘적 세계관을 다시금 강조한다. 슈타인, 프랑크, 힐레숨이 여성으로서의 운명을 실현하고자 애쓴 반면에, 베유는 여성이라는 사실에도 불구하고 자신의 운명을 실현하고자 노력했다. 그러나 네 여성 가운데 어느 누구도 자신의 운명을 성취하고자 하는 소망이 인격 형성(*Bildung*), 즉 자기 교육과 자기 계발에 대한 헌신을 방해하도록 두지 않았다. 그와 반대로, 세상에 대한 그들의 응답에서 페미니스트적 요소를 부정하는 경우에도, 그들 각자는 윤리적, 영적 자기 발전에 대한 책임감을 분명히 드러냈다. 그들의 자기 발전의 과정은 예외 없이 인류의 행복에 대한 깊은 관심과 맞물려 전개되었다.

그 여성들이 자신의 박해, 종교적 신념, 운명, 그리고 예술에 대해 가졌던 관점은 위기에 처한 세계에 대한 공감 어린 관심으로 가득 차 있었으며, 이러한 관심은 세 가지 차원에서 나타났다.

개인으로서, 그들은 전쟁으로 인해 고통받는 희생자들과의 연대, 연민, 동일시를 보였다(베유는 고통받는 프랑스인들과 동일시했으며, 다른 여성들의 연대는 "재앙의 유대인들"로서 박해받는 유대인들과의 연대였다). 해방 이후 유럽 사회와 문화에 동화된 유대인으로서, 네 사람 모두 전쟁 중인 세계의 휴머니즘적이고 계몽된 이미지를 파괴하는 사태에 대해 깊은 고통을 느꼈다. 그리고 휴머니즘의 이상을 신봉하는 자로서, 그들은 전후 세계를 구상하고 계획하는 데 몰두했으나, 자신들이 그것을 보지 못하고 죽으리라는 것을 알고 있었다.

이 네 여성이 당시와 미래 인류의 도덕적 상태에 대해 깊은 관심을 기울인 것은 테러에 대한 그들의 저항의 핵심이었다. 세계에 대한 그들의 관심은, 유럽의 모든 유대인과 마찬가지로 그들의 인간성을 말살하려 했던 나치의 계획과 정면으로 대립했다.

이 여성들은 유대인으로서 자신 역시 죽음이 예정되어 있다는 것을 알면서도, 나치의 피해자들과 연대했다. 파켄하임의 말처럼, "파괴의 저항할 수 없는 논리"에 저항하는 "비논리적 논리"로 그들은 계속해서 관심을 기울였다. 그들의 창조성이 절망을 상쇄한 이유는 그들의 의식 속에서 창조성이 세상에 대한 절망을 대체했기 때문이다. 세상에 마음을 여는 것은 책임감을 표명하는 행위였다. 그러나 이 네 여성은 반응하는 세상에 말을 거는 것이 아니었다. 그들은 자신들에게 더 이상 관심을 갖지 않는 세상에도 불구하고 인류를 돌보는 것을 멈추지 않았으며, 이것은 특히 베유와 힐레숨의 경우에 상호성보다 수용성의 관계를 보여주는 것이었다. 네 사람 모두, 관심과 돌봄에 대한 고집은 도전적인 휴머니즘의 입장을 드러냈다.

이 연구의 서두에서 우리는 물었다. 인류가 묵시 종말적 해체 과정에 진입한 때에, 어떤 힘이 그들의 인간성을 지켜주었는가? 이 질문은 홀로코스트라는 트라우마의 유산을 함축하며, 우리를 관련된 질문 앞에 서게 만든다. "홀로코스트라는 악에 대한 의식이 스며든 세상에서, 어떤 힘이 우리의 인간성을 지탱시킬 것인가?" 인류의 악이 묵시 종말적으로 폭발하는 것을 목격한 세상에서 윤리를 추구한다는 것은, 신 없는 세계에서의 신앙의 문제를 제기한다.

홀로코스트 이후, 에밀 파켄하임은 인간성을 잃은 세계에서 어떻게 행동할지를 두고 고심했다. 의미가 없게 된 세계에서 우리는 어떻게 의미를 다시 발견할 수 있는가? 미드라쉬(Midrash), 즉 유대교 랍비 전통에서 하느님의 지혜와 하느님의 질서를 해석하는 이야기는 침묵당해왔다. 미드라쉬가 반영하려 했던 세계는 창조 질서의 흉물스럽고 무시무시한 왜곡으로 둔갑했다. 세계의 질서가 산산조각이 남으로써 요구되는 것은 "미친 미드라쉬"(Mad Midrash), 즉 더 이상 볼 수 없는 것에 머무를 수 있는 미드라쉬이다. 파켄하임에 따르면, "미친 미드라쉬"는 "존재하지 말아야 하나 존재하는 반세계(anti-world)에서 들려오는 말씀"이다. "그것[미친 미드라쉬]이 가리키는 존재는, 있어야 하지만 없는 세계를 회복하려는 행위, 마땅히 있어야만 하고 반드시 있을 믿음에 헌신하는 행위이며, 이것이 바로 광기(madness)이다."[1]

이 네 명의 여성은 각자의 방식으로 파켄하임의 역설적인 지시를 예견했다. 그들 각자는 자신의 "미친 미드라쉬"를 썼으며, 한나 아렌트가 "세계와 인간화하는 대화"라고 부른 것을, 최종 해결책의 현실 속에

---

[1] Emil L. Fackenheim, *The Jewish Return to History* (New York: Schocken Books, 1978), 269.

서 수행할 수 있다는 터무니없는 생각에 집착했다.

그러나 이 네 여성의 글과 행동은 전 세계와 인간화하는 대화를 수행하려는 열망을 넘어섰다. 그들은 또한 고난받는 사람들과의 이타적이며 불일치하는 듯한 연대도 표현했다. 그들의 생각 속에서 에마뉘엘 레비나스가 말한 그들의 이타심에 대한 이론적 해석의 단초를 발견하는 것이 그리 무리한 일은 아닐 것이다.2)

개인이 타인과 이타적으로 연결된다는 것에 대한 인식은 새로운 것이 아니다. 예를 들어, 플라톤은 "타인과의 결합을 통해 온전함에 이르려는 열망은 필요보다 더 강한 힘"이라고 주장했다.3) 타인과의 관계성은 인간 존재에 필수적이지만, 홀로코스트 이후의 인간의 관계성에 대한 레비나스의 사유는 적절하다.

홀로코스트를 가리키며, 레비나스는 "도덕이 실패한 후에 도덕에 대해 말할 수 있는가?"4)라는 날카로운 질문을 던진다. 이에 대해 레비나스는 도덕적 관계를 역사 이전적이고, 지성 이전적이며, 타자를 **위한** 절대적으로 근본적인 것으로 정의한다. 타자와 **더불어** 존재하는 것과 달리, 타자를 **위한** 존재는 타자의 이익을 자기 이익보다 우위에 두는 돌이킬 수 없는 도덕적 책임성을 뜻한다. 레비나스는 다음과 같이 주장한다. "책임 있는 자아의 독특성은 다른 이에 사로잡힌 존재 안에서만 가능하다."5) 타자의 행복에 "사로잡히는" 것은 자신의 인간성을 결정하는데,

---

2) 지그문트 바우만은 레비나스를 "이 세기의 가장 위대한 도덕 철학자"로 본다. Bauman, *Mortality, Immortality, and Other Life Strategies* (Stanford, Calif.: Stanford University Press, 1992), 41.

3) Joseph Kats, "Altruism and Sympathy: Their History in Philosophy and Some Implications for Psychology," *Journal of Social Issues* 28, no. 3 (1972), 62-63.

4) Levinas, Morny Joy, "Levinas: Alterity, The Feminine and Women - A Meditation," *Studies in Religion* 22, no 4 (1993), 464에서 재인용.

5) Levinas, *Re-Reading Levinas*, ed. Robert Bernasconi and Simon Critchley

왜냐하면 레비나스가 말하듯이, "타자 없이는 아무도 자신을 구원할 수 없다"6)는 사실 때문이다.

따라서 이런 관점에서 볼 때, 타인에 초점을 맞춘 저항은 나치의 공포를 통한 비인간화 정치에 도전했다. 레비나스가 말하듯이, "공포 속에서, 주체는 그의 주체성을 박탈당하고, 사적으로 존재할 힘을 빼앗기고, 탈인격화된다."7) 네 여성이 마지막 순간까지 공감적 태도를 유지하려고 애를 쓴 것은 공포를 무력화하고, 탈인격화에 저항한 것이다.

슈타인, 프랑크, 힐레숨이 수용소에서 겪은 마지막 순간에 대해 우리는 결코 알 수 없다. 그러나 그들이 위기에 처한 세상에 헌신함으로써 두려움과 절망에 맞서는 투쟁을 계속했다는 것은 그들이 "타자를 위한 존재"였음을 증명한다. 슈타인이 고난받는 유대인들과 자신을 동일시한 것, 베유가 전쟁터에서 부상당한 군인들을 돌보다가 죽게 되기를 소망한 것, 프랑크가 집이 없는 유대인들을 도와줄 수 없다는 것 때문에 자신이 배신자라고 느낀 것, 힐레숨이 베스터보르크 수용소에서 자발적으로 봉사한 것 등의 사례들은 레비나스가 말한 책임성의 의미를 예상하고, 또한 확증해주는 것처럼 보인다.

레비나스는 "우리가 서로를 책임지는 가운데, 나에게는 항상 더 줄 수 있는 응답이 남아 있다"8)고 주장한다. 나는 타자의 "인질"(hostage)이라고 레비나스는 말하며, 이 조건은 "내 입에서 빵을 꺼내 타자에게 주고, 내 피부를 선물로 내어주도록"9) 명령한다. "다른 사람들의 고난을

(Bloomington: Indiana Univerity Press, 1991), 124에서 재인용.

6) Ibid.

7) Sean Hand, ed., *The Levinas Reader* (Oxford: Basil Blackwell, 1989), 33.

8) Emmanuel Levinas, *Otherwise Than Being; or, Beyond Essence*, trans. Alphonso Linges (The Hague: Martinus Nijhoff, 1981), 84.

지원하는 것은 나의 힘이다. 지금은 내가 이 힘과 나의 보편적 책임을 인식할 순간이다."10)

레비나스는 한편으로 "타자는 내 안에 있으며, 나의 동일시 한복판에 있다"11)고 말한다. 다른 한편으로 "타자와의 관계 자체가 미래와의 관계이다"라고 한다.12) 타자와의 접촉은 나를 나 자신을 넘어 확장시킨다. 타자를 위한 나의 존재는 자비의 문제가 아니라 절대적 필연성의 문제이다. 타자는 나의 내면적 자아의 일부일 뿐 아니라, 나의 "나"를 나 자신의 한계를 넘어 확장시키는 부분이기 때문이다.

이처럼 불가능해 보이는 도덕적 요구는 힐레숨이 베스터보르크 수용소에서 돌보는 이들뿐 아니라, 아우슈비츠로 실려 간 이들에 대해서도 실제적인 것으로 나타난다. "나는 결코 책상에만 조용히 앉아 있지 않을 것이다. 나는 전 세계를 여행하며 우리가 떠나보낸 모든 사람이 어떻게 떠났는지를 내 눈으로 보고, 내 귀로 듣고 싶다. … 내가 거기에 있어, 그 빽빽하게 실린 수천 명 가운데 단 몇 사람에게 물 한 모금만이라도 나눠줄 수 있다면."13) 힐레숨은 "단테의 지옥은 수용소와 비교하면 희극 오페라 같다"14)고 인정하면서도, "그 한가운데에 있으면서도 '인생은 아름답다'고 말할 수 있기를"15) 원한다고 주장한다.

우리는 더 이상 의미가 없는 이상들에 대해 동의하는 것만으로는 희망이 나타나지 않는다는 점에 주목한다. 그와 반대로, 힐레숨은 형언

---

9) Bernasconi and Critchley, *Re-Reading Levinas*, 125.

10) Levinas, Ibid., 125-26에서 재인용.

11) Levinas, *The Levinas Reader*, 114.

12) Ibid., 44.

13) Hillesum, *Diary*, 189, 192.

14) Ibid., 155.

15) Ibid., 192.

할 수 없는 참상의 현실을 잘 알고 있다. 그녀는 인간성을 유지하기 위해, 강제수용소의 참상과 아름다움을 모두 주장하는 "미친 미드라쉬"를 만든다. 이처럼 터무니없는 생각을 가능하게 하는 것은 인간에 대한 압도적인 사랑과 고통받는 사람들과의 연대가 불러일으키는 희망이다.

레비나스를 연구한 캐서린 샬리에는 힐레숨이 고통받는 사람들과 연대한 행위를 레비나스의 윤리의 한 사례로 본다. 샬리에는 힐레숨이 타자에게 보이는 태도가 "이해할 수 없는 사심 없음에서 비롯된 진정한 선행은 … 심지어 가장 어두운 시기에도 희망을 회복하고 세상 전체를 지원할 수 있다"16)는 증거를 제공한다고 주장한다.

고난받는 사람들에 대한 힐레숨의 무한한 연대에 관해서는 샬리에가 정확히 보았지만, 힐레숨이 홀로코스트 당시에 희망을 회복하고 세상 전체를 지원한 것으로 보는 샬리에의 관점은 그 참상을 추상화함으로써 사소한 것으로 만들 위험이 있다. 샬리에의 희망적인 주장은 힐레숨을 포함해 베스터보르크 수용소에 갇힌 모든 유대인의 절망적 상황을 무시하는 듯하다. "가장 어두운 시기"에 행한 힐레숨의 행동이 전 세계적인 영향을 끼친다는 식의 상투적이고 피상적인 낙관주의는 힐레숨의 저항의 영웅성을 단지 약화시키는 것을 넘어 부정적 효과를 낳는다.

그런 해석은 우리의 관심을 홀로코스트 세계 자체에 초점을 맞추는 것에서부터 홀로코스트 이후의 낙관주의적 재해석으로 관심을 옮겨, 그 참상을 휴머니스트의 희망의 관점에서 옮겨 적음으로써 최소화한다. 이러한 부당한 태도는, 홀로코스트 희생자를 감상적으로 신성시하는 방식으로 그 희생자가 겪은 참상을 회피하려는 욕구를 시사한다.

이런 식으로 성인으로 취급하는(hagiographical) 접근은 힐레숨에게만 국한되지 않는다. 제이콥 보아스는 힐레숨을 "이타심 속에서 성인과

---

16) Catherine Chalier, "Ethics and the Feminine," in *Re-Reading Levinas*, 126.

같은 인물"로, 다른 사람들에게 "따뜻함과 친절의 한 줄기 빛"을 전했다고 묘사한다.17) 다른 세 여성에게도 마찬가지다. 한나 아렌트는 "≪안네 프랑크의 일기≫가 전 세계적으로 성공한 것"은 "과거의 '부정적' 측면을 잊게 하고, 참상을 감상주의로 [축소하는]"18) 일반적 경향을 보여준다고 지적했다. 성인처럼 간주하는 경향은 베유의 경우에도 마찬가지다. 베유가 스스로 굶어 죽은 것 때문에 사람들은 베유를 성인과 같은 이타주의자로 확정했으며, 그녀의 철학적 글에 나타난 예언자적 비전에 주목했다. 슈타인은 교황에 의해 시복되었고, 가톨릭 신자들에게 공경의 대상으로 공식 인정받았다. 가톨릭교회는 그녀의 죽음을 그리스도인 순교의 상징적 행동으로 해석했다.19)

이 여성들을 지지하는 사람들은 그들을 이타심, 도덕적 용기, 인내의 전형으로 제시하는 반면, 반대자들은 그들의 행위와 태도의 상징성을 부정한다.20) 이 연구의 목적은 이 네 여성을 성인이나 이념 논쟁의

---

17) Jacob Boas, *Boulevard des Miseres: The Story of Transit Camp Westerbork* (Hamden, Conn.: Archon, 1985), 92.
18) Arendt, *Men in Dark Times*, 19.
19) 슈타인의 시복과 아우슈비츠에서 카르멜 수녀원과의 연결성에 대한 논란은 Harry James Cargas, *The Unnecessary Problem of Edith Stein* (Lanham, Md.: University Press of America, 1994)를 보라.
20) 슈타인의 죽음, 베유의 죽음, 프랑크의 죽음에 대한 모순적인 반응은 예를 들어, Neville Braybrooke는 "두 사람[슈타인과 베유] 모두를 20세기의 영적인 영웅으로 둔갑시킨 것은 히틀러가 나치를 박해한 것"이라고 주장한다(Neville Braybrooke, "Edith Stein and Simone Weil," *Hibbert Journal* 64 [Winter 1956-57], 75-80). Cecilia McGowan은 베유가 순교했다는 생각을 거절하며, 그녀의 죽음은 프랑스를 위해 죽겠다는 교만과 자기 운명의 주인이 되려는 좌절된 욕망이 그 죽음을 초래했다고 주장한다. 맥고완은 슈타인의 순교에 대해서는 의심하지 않는다. "죽음을 받아들이고, 육체적으로나 심리적으로 도망치지 않기로 선택한 것이다."(Cecilia MaGowan, "Simone Weil and Edith Stein: Two Great Women of Our Century," *Desert Call* 24 [Summer 1989], 4-6; 24 [Fall 1989], 16-19; 24 [Winter 1989], 16-18). 이런 입장과 대조적으로 홀로코스트 생존자인 Emanuel Tanay는 슈타인의 순교를 무시하며, 그녀가 순교자 반열에 오른 것은 아우슈비츠를 탈출하지 않았기 때문이라고 주장한다(Emanuel

상징으로 재현하는 것이 아니라, 테러에 맞서 자기 인간성을 주장한 개인으로 그리는 데 있다. 그들의 절망의 강렬함뿐 아니라 점점 심해지는 낙심을 떨쳐버리려는 욕망도 똑같이 강렬했다는 사실은 분명하다. 그들이 글을 쓰는 지적 활동에서 보인 소통의 개방성, 관심과 절망, 희망 없음과 희망 사이에 흔들림은 세상이 "마땅히 그래야만 하고, 반드시 그럴 것이다"라는 부조리한 믿음을 잘 보여준다. 비록 논쟁의 여지가 있더라도, 이 여성들의 글쓰기는 세상과 타자에 대한 비범한 책임감과 동일시를 가리킨다.

이 여성들이 세상에 몰두한 것은 최종 해결책에 도전한 것이었다. 그들이 성인이어서가 아니라 인간이었기 때문이다. 세상의 고통과 연대함으로써, 그들은 세상이 묵시 종말로 끝나는 것에 대한 공포에서 벗어나는 해방감을 얻을 수 있었다. 도덕이 실종된 세상에서 도덕을 구출하려면, 미래를 현재 속에 확립해야 한다. 네 여성이 보았듯이, 미래는 인류와 휴머니즘에 대한 우선적 관심으로, 글쓰기를 통해 현재화했다.

한나 아렌트는 말한다. "행동은 고립 속에서는 결코 가능하지 않다. 고립된다는 것은 행동할 수 있는 능력을 박탈당하는 것이다. … 행동은 … 언제나 관계를 수립하며, 따라서 모든 한계를 열어젖히고 모든 경계를 가로지르는 본래적 경향을 지닌다."21) 네 명의 여성은 글쓰기를

Tanay, "Is There Honor Only After Death for Survivors of the Holocaust?" *Opinion*, February 28, 1988). 안네 프랑크에 대한 전형적인 아동 순교자 이미지를 부정하는 것은 Bruno Bettelheim인데, 그는 프랑크의 죽음은 피할 수 있었던 것이라고 주장한다(Bruno Bettleheim, "The Ignored Lesson of Anne Frank," *Surviving, and Other Essays* [New York: Seabury Press, 1982], 251-75). 우리는 이미 샌더 길먼을 논의했는데, 그는 프랑크의 유대인 특수성을 부인한다. 프랑크가 동화된 유대인이었으며 "유대인 악센트로 말하지 않았다"는 이유 때문이다(Gilman, *Jewish Self-Hatred*, 349-50). 그리고 제임스 영은 프랑크의 동화된 세계관 때문에 프랑크를 유대인 희생자로 볼 수 없다고 주장한다(Young, *Writing and Rewriting the Holocaust*, 28).

21) Arendt, *The Human Condition*, 188, 190.

통해 폭압적 제한을 거부하고, 명령의 경계선들을 넘어섰으며, 고립을 부정했으며, 테러에 저항하는 휴머니즘의 언어를 말해주는 관계를 확립했다. 겉보기에는 터무니없는 그들의 도전은, 행위로뿐 아니라 지적인 글쓰기의 행위 속에서도 드러나며, 도덕이 완전히 해체된 세상에서 도덕적 관심이 어떤 의미를 지니는지를 묻는다.

우리는 그들의 지적인 몰입과 영적인 민감성을 그 참상으로부터 자신을 지키는 심리적 보호 장벽으로 보아야 하는가? 아니면 가해자들에 대한 영웅적이지만 비극적으로 헛된 반감으로 보아야 하는가? 아니면 이미 무의미한 것으로 판명된 휴머니즘과 계몽주의적 이상에 대한 믿음의 흔적들로 보아야 하는가? 아니면 그들의 이런 대응을 휴머니즘에 의미를 회복하려는 진지한 시도로 보아야 하는가? 전쟁이 끝난 후의 사회적, 신학적, 윤리적 관심을 예견한 것인가? 전후 세계관과 연관된 유산으로 보아야 하는가?

공감과 그 적용에 대한 슈타인의 견해는 그녀의 페미니즘 사유 속에서 등장하는데, 우리가 지금 이 책의 결론에서, 네 여성의 페미니스트적, 신학적, 윤리적 지향에 대한 전쟁 후의 적절성에 대한 논의를 열어준다. 슈타인이 여성의 운명을 인류의 교육자로 본 관점은 오늘날 특히 "문화적 페미니즘"의 학파의 지향에서 강하게 울려 퍼지고 있다. 안네 프랑크와 에티 힐레숨의 페미니즘적 지향성에도 나타났듯이, 슈타인이 여성에게서 본 돌봄의 특별한 능력은 현대 페미니스트 사상가들 ― 낸시 초더로(Nancy Chodorow), 사라 러딕(Sara Ruddick), 캐럴 길리건(Carol Gilligan), 넬 나딩스(Nel Noddings) ― 에 의해 상당한 지지를 받았다.

슈타인이 제시한 모녀 관계에 대한 전제, 즉 여성이 관계 지향성을 갖게 되는 요인으로서의 모녀 사이의 유대는 낸시 초더로의 정신분석학적 작업에서도 반향을 일으킨다. 슈타인에게 모녀 관계는 "돌봄의 사랑"(caring love)에 기초하며, "모녀 사이의 생명력 있는 연대, … 거의 끊어지지 않는 영적-지적 유대"를 창출한다.22)

초더로는 ≪모성의 재생산≫에서, 어머니가 자신의 딸과 관계를 맺으면서 어떻게 "자신의 어머니와의 내면화된 초기 관계 경험"을 딸과 공유함으로써 연결성과 지속성, 그리고 타인에 대한 인식을 강조하는 모델을 제공하는지를 보여준다.23) 나아가 초더로는 어머니와의 동일시가 딸이 갖게 되는 "자아의 일차적 정의"24) 속에 나타나는 "공감의 감정"을 설명한다고 주장한다.

하지만 슈타인을 현대 페미니스트 사상과 연결하는 것은 세대 간의 유대에 대한 개인적, 심리적 관찰만이 아니다. 슈타인이 모성을 보편적 가치로 이해한 것은 사라 러딕의 "모성적 사고"(maternal thinking)라는 사회적 개념을 예견한다. 슈타인의 견해에 따르면, 여성의 공감적 이해는 인류 전체로 확장된다. 러딕은 "모성적 사고"가 본질적으로 여성적인 것임을 인정하며, "우리는 모두 딸이기 때문"이라고 말한다. 어머니가 자신의 자녀들에게만 관심을 갖는 것을 넘어, 모든 자녀에 대한 관심을 자기 자신의 관심으로 만드는 것은 바로 "성찰, 판단, 감정의 통합"이다.25)

슈타인이 말한 여성들의 공감 성향은, 여성이 상호주관적 관계를

---

22) Stein, *Essays on Woman*, 214.
23) Nancy Chodorow, *The Reproduction of Mothering: Psychoanalysis and the Sociology of Gender* (Berkeley and Los Angeles: University of California Press, 1978), 166-67.
24) Ibid., 167.
25) Sara Ruddick, "Maternal Thinking," in *Philosophy, Children, and the Family*, ed. Albert C. Cafagna, Rochard T. Perterson, and Craig A. Staudenbaur (New York: Plenum Press, 1982), 105-6.

형성하게 하는 능력인데, 캐럴 길리건이 여성의 "관계지향성과 상호의 존성"을 여성의 윤리적 자아의 기초로 본 입장26)을 예견한다. 길리건이 강조하는 여성의 세계 속 위치는 여성 젠더에 관한 심리학 이론의 관점을 강화하는데, 그 관점은 "자아에 대한 여성의 기본적 감각은 세계와 연결되어 있다"고 주장하며, "여성적 성격은 근본적으로 자아를 관계 속에서 정의하는 것을 포함하게 된다"고 말한다.27)

이러한 상관성은, 프랑크가 인류를 위해 일하고자 하는 여성으로서 자기주장을 한 것, 그리고 힐레숨이 인간에 대한 사랑의 능력을 키우려는 열망을 가진 것에서도 암시되는데, 이것은 전쟁 전의 페미니스트들이 관계성에 대한 여성들의 성향을 미리 생각했다는 선견지명을 보여준다. 그러나 이러한 사회적 관계성에 대한 성향을 단순히 여성적 가치로 범주화하는 것은 부정확하며 심지어 현명하지 못한 판단이다. 이를 설명하기 위해 E. M. 포스터(E. M. Forster)가 ≪하워드 엔드≫(*Howards End*) 책 앞에 붙인 "단지 연결하라"(Only connect)는 말을 상기하면 충분하다. 즉 공감적 관계는 보통 "여성적"이거나 "페미니스트"라는 이름표를 붙이지만, 사실상 그것은 젠더와 상관없이 모든 인류에게 적용되는 사회적 교류의 필수 요소라는 것을 깨닫기 위해 "단지 연결하라"는 것으로 충분하다는 말이다.

관계성을 강조하는 사회적 행동을 (여성) 젠더 특유의 것으로 규정하는 것은 불필요한 일반화로 이어질 수 있다. 어쩌면 제2차 세계대전 이후 페미니스트들이 관계성을 강조한 것은 문화적 인식에서의 중요한 변화—칸트의 (정의의 원칙이라는) 절대적 "완전한 의무"(perfect duties)

---

26) Carol Gilligan, *In a Different Voice: Psychological Theory and Women's Development* (Cambridge: Harvard University Press, 1982), 22.
27) Chodorow, *The Reproduction of Mothering*, 169.

개념에서부터 책임, 돌봄, 자비라는 "불완전한 의무"(imperfect duties) 개념으로 바뀐 것—를 시사한다고 주장할 수 있을 것이다. 즉 모든 도덕적 가치와 규범이 붕괴한 상황에서, 소위 "여성적" 관계성의 가치가 "남성적" 정의의 원칙보다 더 큰 중요성을 얻게 되는데, 칸트에 따르면, 정의의 원칙은 "불완전한 의무들보다 절대적 우선권을 누린다."28)

이 가설을 여기서 더 충분히 전개할 수는 없지만, 우리는 네 여성의 저항적 입장이 전후 페미니즘적 지향뿐 아니라, 신학적, 윤리적 지향—즉 개인이 하느님, 세계, 그리고 타자에 대해 가지는 "불완전한 의무"로서의 책임과 돌봄—의 분명한 전조가 되었다고 주장할 수 있다.

동시에 몇 가지 주목할 만한 차이점도 있다. 예를 들어 넬 나딩스의 돌봄 현상학은 돌봄의 상호성과 수용성 방식을 강조하는데, 이것은 반응하지 않는 세계 속에서 네 여성이 보인 반응을 이해하는 데 도움이 되며, 이러한 반응은 홀로코스트 이후의 세계와 연관되어 있다.

나딩스는 관계성이 "돌보는 사람"이자 "돌봄을 받는 사람"으로서의 자기 이해에서 생긴다고 주장한다.29) 그녀가 정의하는 윤리적 자아는 "현재의 나의 자아와, 돌보는 사람이자 돌봄을 받는 사람으로서의 이상적 자아 사이의 능동적 관계이다."30) 그러나 상호성을 전제하지만, 나딩스는 "윤리적 자아는 오직 타인을 돌봄으로써만 생길 수 있으며," 또한 돌봄이 가능한 이유는 "내가 타인을 내 안으로 받아들이고, 그와 함께 보고 느끼는"31) 공감적 수용성의 가치 때문임을 강조한다.

---

28) See Gertrud Nunner-Winller, "Two Moralities? A Critical Discussion of an Ethic of Care and Responsibility Versus an Ethic of Rights and Justice," *In An Ethics of Care: Feminist and Interdisciplinary Perspectives*, ed. Mary Jeanne Larrabee (New York: Routledge, 1993), 144-46.

29) Nel Noddings, *Caring: A Feminine Approach to Ethics and Moral Eduction* (Berkeley and Los Angeles: University of California Press, 1984), 24.

30) Ibid., 49.

나딩스의 "돌보는 사람과 돌봄을 받는 사람"이라는 개념의 균형은, 이 책에서 다룬 네 여성이 세계와 맺은 관계의 비대칭성과 대조를 이룬다. 홀로코스트와 그 "파괴의 논리" 속에서는 돌보는 것과 돌봄을 받는 것의 개념은 무의미해졌다. 나는 이 연구에서 상호성의 가치가 어떻게 수용성의 가치로 변형되는지를 탐구해왔다.

또 다른 흥미로운 비교는 신학자 폴 틸리히의 사상과 연결된다. 이 연구 속의 여성들은 더 이상 믿을 수 없게 된 휴머니즘의 가치와 신념을 위해서, 결코 무시할 수 없는 것, 즉 직접적인 말살 위협을 무시할 것을 주장했다. 이런 태도를 틸리히는 분명 "존재하려는 용기"(courage to be)라고 불렀을 것이다.

파켄하임의 "미친 미드라쉬" 개념처럼, 틸리히의 "존재하려는 용기" 개념은, 의미 없는 세계 속에서 윤리적으로 의미 있는 삶을 지탱하려는 부조리하면서도 절대적으로 필수적인 의지를 나타낸다. 이 희망은 윤리와 믿음이 사라졌다는 것을 의식함에도 불구하고 윤리와 믿음을 회복하려는 노력에 있다. 틸리히는 **"존재하려는 용기"**가 **"의심의 불안 속에서 하느님이 사라졌을 때 나타나는 하느님에 뿌리를 내리고 있다"**[32]라고 강조한다.

정의와 섭리의 하느님은 더 이상 우리와 함께하지 않는다. 신이 없는 세계에서 인간답게 존재할 수 있기 위해서 우리는 사라진 하느님을 그분의 존재에 대한 감각(a sense of his existence)으로 대체해야만 한다. 틸리히와 파켄하임 모두에게, 하느님의 존재는 더 이상 그분의 명령하는 현존 안에 있는 것이 아니라, 마치 하느님과 그분의 명령이 존재하는

---

31) Ibid., 14.
32) Paul Tillich, *The Courage to Be* (London: James Nisbet, 1961), 180 (강조는 원문에).

것처럼 생각하고 행동하는 인간의 용기, 즉 신적인 존재의 지원이 없어도 그 가치를 지키려는 용기에 있다.

홀로코스트 상황에서, 네 여성의 "존재하려는 용기"는 역사적 시간과 사회적 공간이 더 이상 존재하지 않는다는 사실을 알면서도 사회적 공간과 역사적 시간 속에 남아 있는 "미드라쉬적 광기"로 나타났다. 그들의 "존재하려는 용기"는 세상이 "다른 행성"이 되어버렸지만, 그럼에도 불구하고 그들이 확인한 세상은 "다른 행성"의 세상이 아니라, 마땅히 그래야 하는 당위의 세상이었다. 그 여성들이 현재와 미래를 성찰하고 또한 펼쳐지는 파국을 문서로 남기려 했던 용기는, 유대인의 역사와 따라서 문명의 역사가 묵시 종말론적 종말을 향해 나아가던 시점에 그들을 역사 속에 위치시켰다.

마땅한 당위의 세상에 대한 이처럼 완강한 믿음은 윤리적 순진함이나 이데올로기적 근시안과는 거리가 있다. "존재하려는 용기"를 지키기 위해, 그 여성들은 하느님이 역사적 현재의 지평에서 사라졌을지라도 하느님을 재확인할 필요가 있었다. 하느님이 역사적 미래에 자리를 차지할 수 있다는 가능성을 부인하지는 않지만, 그들이 향한 것은 역사의 하느님이 아니었다. 실제로 그들이 미래에 대해 표현했던 희망은 자신들이 경험하고 있던 참상이 역사의 마지막 말이 되지 않을 것이라고 믿었음을 보여주지만, 그들이 의지했던 하느님은 더 이상 역사의 하느님이 아니었다. 그런 하느님은 더 이상 확신과 내적인 평화를 불어넣을 수 없었다. 그들이 추구한 하느님과의 교제는 보다 자기 성찰적이고 윤리적인 경로를 따라 진행되었다. 우리는 이미 슈타인이 자기 민족을 위해 십자가를 지고자 하는 열망, 베유가 탈창조/해체를 통해 하느님에게 도달하려는 집착, 프랑크가 자연이라는 매개를 통해 위로해 주는 하느님을 찾는 노력, 그리고 힐레숨이 보호를 필요로 하는 연약한 하느님을 인식한 것을 주목한 바 있다.

힐레숨의 "연약한 하느님" 신학은 위르겐 몰트만의 "신적 취약성의 신학"에 비유될 수 있다. 몰트만은 십자가 사건에서 하느님은 절대적이거나 활동적이거나 승리하는 분이 아니라고 주장한다. 그리스도의 십자가 역시 강력한 사후 이미지(postfiguration)를 지닌 것이 아니다. 그와 반대로 홀로코스트는 십자가 해석에서 가장 극적인 사건인데, 그 이유는 십자가를 통해 하느님이 피해자들의 고통에 참여하셨음을 증명하기 때문이다. 몰트만은 "하느님 자신이 아우슈비츠에서 순교자들과 살해당한 자들과 함께 고통을 받고 계셨다"라고 말한다.[33]

폴 반 뷰렌 역시 그리스도교의 하느님이 홀로코스트 속에서 어떤 역할을 하셨는지에 대해 씨름한다. 몰트만과 달리, 반 뷰렌은 하느님이 고난받는 자들과 함께하신 것이 아니라, 그리스도를 믿는 신자들이 자행하고 있었던 범법 행위들로 고난당하고 계셨다고 본다. "하느님은 뒤로 물러나셔서 우리가 그분의 뜻을 자유롭게 행하도록 내버려두시고, 만일 우리가 실패한다면, 우리의 모든 실패 속에서, 우리와 함께, 고난을 받으신다." 반 뷰렌은 인간들이 하느님에게 고난과 고뇌를 안겨주는 것은 하느님이 인간에게 부여하신 자유를 남용할 때라고 주장한다. "[우리 그리스도인들은] 정확히 십자가의 고난과 실패 속에서 하느님을 볼 담대함이 없었다"[34]고 주장한다.

저명한 유대인 신학자 어빙 그린버그는 하느님의 미래 결정권을 차단하는 유대교적 관점을 제시한다. 그의 입장은, 현재 하느님이 역사

---

33) Jürgen Moltmann, discussed in John T. Pawlikowski, "The Shoah: Continuing Theological Challenge for Christianity," in *Contemporary Religious Responses to the Shoah*, ed. Steven L. Jacobs, 154.

34) Paul Van Buren, Michael McGarry, "A Contemporary Religious Response to the Shoah: The Crisis of Prayer," in ibid., 133에서 재인용.

에서 사라졌음에도 불구하고 미래에 다시 나타나실 것이라는 네 여성의 지속적인 희망을 강조한다. 그는 먼저 언약 문제에 주목한다. 홀로코스트 사건은 유대 민족을 위한 언약의 실행 가능성을 약화시켰고, 그 여파로 그리스도인들과 무슬림들에게도 영향을 끼쳤다. 하느님은 더 이상 유대 민족을 자신의 백성이라 주장할 수 없게 되었다. 하느님은 더 이상 명령하는 하느님일 수 없다. 이제 언약은 "자발적인" 것이 되어, 유대 민족은 "행동에서 선임 파트너"(a senior partner in action)가 되었다. 그린버그는 홀로코스트에서 하느님이 절대적 통치자의 역할을 포기했다고 주장한다. 이제 하느님은 "인간"에게 말씀하신다. "너희가 홀로코스트를 멈춰라. … 너희는 행동하여 그것이 다시는 일어나지 않도록 해야 한다. 무슨 일이 일어나든 내가 완전히 너희와 함께하겠지만, 너희는 반드시 그 일이 다시는 일어나지 않도록 행동해야만 한다."[35]

사실상, 그린버그는 미래 인류 역사에서 하느님의 적극적인 역할을 부정한다. 그린버그 같은 사상가들에 따르면, 세상의 복지를 책임지는 일은 따라서 더 이상 신성의 영역에 머물 수 없다. 홀로코스트 이후의 세계에서 인류에 대한 책임은 전적으로 인류 자신의 몫이 된다.

반면에 이 연구에서 다룬 네 여성은 또 다른 방식으로 자신을 이해하고 표현했다. 그들이 하느님과 연대한 것, 특히 그분의 연약함 속에서도 연대한 것은 절대적이었다. 베유의 경우에는 자기 소멸을 강력하게 추구할 정도였다. 그들의 공감은 주변의 고통받는 사람들을 넘어, 하느님 자신에게까지 뻗어 있었다. 그들은 (프랑크의 경우가 아마 예외였지만) 고통받는 사람 안에서 하느님을 보았다. 고통에 대한 그들의 헌신은 곧 하느님에 대한 헌신으로 이해되었다. 동시에, 고통받는 하느님이라는 새롭게 떠오르는 하느님 이미지와, 그분을 보호해야 한다는 의무감

---

[35] Irving Greenberg, discussed in Pawlikowski, "The Shoah," in ibid., 147-48.

은 그들의 휴머니즘이 지닌 복합성을 드러낸다.

　매우 끔찍한 상황에서도 세상과 자기 자신, 그리고 하느님과 연대할 인간의 의무는 힐레숨의 꾸짖음 속에서 가장 잘 드러난다. "하느님은 우리에게 책임지지 않는다. … 우리가 그분께 책임을 지는 것이다! 나는 이미 천 개의 강제수용소에서 천 번의 죽음을 겪었다."36) 혹은 베유의 고백 속에서처럼, "세상 전체의 고통은 내 정신 전체를 사로잡아 나를 짓누르며, 나의 모든 능력을 말살시키는 지경에 이르게 한다. 그리고 내가 그 강박으로부터 나 자신을 해방시킬 수 있는 유일한 길은, 나 스스로에게 큰 위험과 고난의 몫을 떠맡기는 것이다."37) 또는 슈타인의 선언처럼 "이 [유대인] 민족의 운명은 나의 운명이었다." 혹은 프랑크가 자신이 안전한 동안 다른 사람들이 고통받고 있다는 사실을 깨닫고 느낀 절망 속에서도 드러난다. 이러한 사례들은, 그 저항의 유산이 신성의 불꽃인 자신의 인간성을 재확인하는 데서 계속 지속되고 있음을 우리에게 보여준다.

---

36) Hillesum, *A Diary*, 127.
37) Weil, *Seventy Letters*, 156.

참고문헌

슈타인, 베유, 프랑크, 힐레숨의 작품들

Stein, Edith. *Edith Stein: Life in a Jewish Family, 1891–1916*. Trans. Josephine Koeppel. Washington, D.C.: ICS Publications, 1986.
———. *Essays on Woman*. Trans. Freda Mary Oben. Washington, D.C.: ICS Publications, 1987.
———. *On the Problem of Empathy*. 3rd ed. Trans. Waltraut Stein. Washington, D.C.: ICS Publications, 1989.

Weil, Simone. *First and Last Notebooks*. Trans. Richard Rees. London: Oxford University Press, 1970.
———. *Gateway to God*. Ed. and trans. by David Raper. London: Fontana Books, 1974.
———. *Gravity and Grace*. Trans. Arthur Wills. New York: G. P. Putnam's Sons, 1952.
———. *Letter to a Priest*. Trans. A. F. Wills. London: Routledge & Kegan Paul, 1953.
———. *The Need for Roots: Prelude to a Declaration of Duties Toward Mankind*. Trans. Arthur Wills. New York: G. P. Putnam's Sons, 1952.
———. *The Notebooks of Simone Weil*. Trans. Arthur Wills. London: Routledge & Kegan Paul, 1956.
———. *Oppression and Liberty*. Trans. A. Wills and J. Petrie. New York: Routledge & Kegan Paul, 1958.
———. *Seventy Letters*. Trans. Richard Rees. London: Oxford University Press, 1965.
———. *Simone Weil: Anthology*. Ed. Sian Miles. London: Virago Press, 1986.
———. *The Simone Weil Reader*. Ed. George A. Panichas. New York: David McKay Company, 1977.
———. *Simone Weil: Selected Essays, 1934–1943*. Trans. Richard Rees. London: Oxford University Press, 1962.
———. *Waiting for God*. Trans. Emma Craufurd. New York: G. P. Putnam's Sons, 1951.

Frank, Anne. *The Diary of Anne Frank: The Critical Edition*. Ed. David Barnouw and Gerrold van der Stroom. Trans. Arnold J. Pomerans and B. M. Mooyaart-Doubleday. New York: Doubleday, 1989.
———. *Tales from the House Behind: Fables, Personal Reminiscences, and Short Stories*. Trans. H. H. B. Mosberg and Michel Mok. Kingswood: The World's Work, 1960.

Hillesum, Etty. *Etty: A Diary, 1941-1943.* Trans. Arnold J. Pomerans. London: Jonathan Cape, 1983.
———. *Letters from Westerbork.* Trans. Arnold J. Pomerans. New York: Pantheon Books, 1986.

기타 자료들

Agus, Jacob B. *Jewish Identity in an Age of Ideologies.* New York: Frederick Ungar Publishing Company, 1978.
Améry, Jean. *At the Mind's Limits: Contemplations by a Survivor on Auschwitz and Its Realities.* Trans. Sidney Rosenfeld and Stella P. Rosenfeld. Bloomington: Indiana University Press, 1980.
Arendt, Hannah. *The Human Condition.* Chicago: University of Chicago Press, 1969.
———. *The Jew as Pariah: Jewish Identity and Politics in the Modern Age.* New York: Grove Press, 1978.
———. *Men in Dark Times.* 1955. Reprint, New York: Harcourt, Brace & World, 1968.
Aristotle. "Poetics." In *Criticism: The Major Texts*, ed. Walter Jackson Bate, 13-19. New York: Harcourt, Brace & Company, 1952.
Barber, Michael D. *Guardian of Dialogue: Max Scheler's Phenomenology, Sociology of Knowledge, and Philosophy of Love.* Lewisburg, Pa.: Bucknell University Press, 1993.
Baron, Lawrence. "The Dynamics of Decency: Dutch Rescuers of the Jews During the Holocaust." In *The Nazi Holocaust*, ed. Michael R. Marrus. 9 vols., 5:608-25. Westport, Conn.: Mecklermedia, 1989.
Baskin, Judith R., ed. *Women of the Word: Jewish Women and Jewish Writing.* Detroit: Wayne State University Press, 1994.
Bauman, Zygmunt. *Modernity and Ambivalence.* Ithaca: Cornell University Press, 1991.
———. *Modernity and the Holocaust.* Ithaca: Cornell University Press, 1989.
———. *Mortality, Immortality, and Other Life Strategies.* Stanford, Calif.: Stanford University Press, 1992.
Benjamin, Walter. *Illuminations.* Trans. Harry Zohn. New York: Schocken Books, 1969.
Bergson, Henri. *Creative Evolution.* London: Macmillan & Company, 1911.
Bernasconi, Robert, and Simon Critchley, eds. *Re-Reading Levinas.* Bloomington: Indiana University Press, 1991.
Berryman, John. "The Development of Anne Frank." In *The Freedom of the Poet*, 91-107. New York: Farrar, Straus & Giroux, 1976.
Bettleheim, Bruno. "The Ignored Lesson of Anne Frank." In *Surviving, and Other Essays*, 251-75. 1979. Reprint, New York: Seabury Press, 1982.
Blum, Lawrence A., and Victor J. Seidler. *A Truer Liberty: Simone Weil and Marxism.* New York: Routledge, 1989.
Boas, Jacob. *Boulevard des Misères: The Story of Transit Camp Westerbork.*

Hamden, Conn.: Archon, 1985.
Braybrooke, Neville. "Edith Stein and Simone Weil." *Hibbert Journal* 64 (Winter 1956–57): 75–80.
Brenner, Rachel F. "Edith Stein: A Reading of Her Feminist Thought." *Studies in Religion* 23 (1994): 43–57.
Buber, Martin. "The Silent Question: On Henri Bergson and Simone Weil." In *The Writings of Martin Buber*, ed. Will Herberg, 306–15. New York: New American Library, 1956.
Camus, Albert. *The Plague*. Trans. Stuart Gilbert. New York: Random House, 1972.
Cargas, Harry James. *The Unnecessary Problem of Edith Stein*. Lanham, Md.: University Press of America, 1994.
Chalier, Catherine. "Ethics and the Feminine." In *Re-Reading Levinas*, ed. Robert Bernasconi and Simon Critchley, 119–30. Bloomington: Indiana University Press, 1991.
Chodorow, Nancy. *The Reproduction of Mothering: Psychoanalysis and the Sociology of Gender*. Berkeley and Los Angeles: University of California Press, 1978.
Cohen, Richard A. *Elevations: The Height of the Good in Rosenzweig and Levinas*. Chicago: University of Chicago Press, 1994.
Coles, Robert. *Simone Weil: A Modern Pilgrimage*. Reading, Mass.: Addison-Wesley Publishing Company, 1987.
Cutting-Gray, Joanne. "Hannah Arendt, Feminism, and the Politics of Alterity: 'What Will We Lose If We Win'?" *Hypatia* 8 (Winter 1993): 35–54.
Earle, William. *The Autobiographical Consciousness*. Chicago: Quadrangle Books, 1972.
Eliot, T. S. Preface to Simone Weil, *The Need for Roots: Prelude to a Declaration of Duties Toward Mankind*, v–xii. New York: G. P. Putnam's Sons, 1952.
Ergas, Yasmine. "Growing Up Banished: A Reading of Anne Frank and Etty Hillesum." In *Behind the Lines: Gender and the Two World Wars*, ed. Margaret Randolph Higonnet et al., 84–99. New Haven: Yale University Press, 1987.
Ezrahi, Sidra DeKoven. *By Words Alone: The Holocaust in Literature*. Chicago: University of Chicago Press, 1980.
Fackenheim, Emil L. *God's Presence in History: Jewish Affirmations and Philosophical Reflections*. New York: New York University Press, 1970.
———. *The Jewish Return to History*. New York: Schocken Books, 1978.
———. *To Mend the World: Foundations of Future Jewish Thought*. New York: Schocken Books, 1982.
Felman, Shoshana, and Dori Laub. *Testimony: Crises of Witnessing in Literature, Psychoanalysis, and History*. New York: Routledge, 1992.
Finch, H. L. "Simone Weil: Harbinger of a New Renaissance." In *Simone Weil's*

Philosophy of Culture: Readings Toward a Divine Humanity, ed. Richard H. Bell, 295–310. Cambridge: Cambridge University Press, 1993.

Fink, Carole. *Marc Bloch: A Life in History*. New York: Cambridge University Press, 1989.

Fiori, Gabriella. *Simone Weil: An Intellectual Biography*. Trans. Joseph R. Berrigan. Athens, Ga.: University of Georgia Press, 1982.

Frankl, Viktor. *Man in Search of Meaning*. Trans. Ilse Lasch. 1946. Reprint, New York: Washington Square Press, 1984.

Freud, Sigmund. *Civilization and Its Discontents*. Trans. Joan Riviere. 1930. Reprint, London: Hogarth Press, 1982.

Friedlander, Saul. "Introduction." In *Probing the Limits of Representation: Nazism and the "Final Solution,"* ed. Saul Friedlander, 1–22. Cambridge: Harvard University Press, 1992.

Gilman, Sander L. *The Jew Body*. New York: Routledge, 1991.

———. *Jewish Self-Hatred: Anti-Semitism and the Hidden Language of the Jews*. Baltimore: Johns Hopkins University Press, 1986.

Gilligan, Carol. *In a Different Voice: Psychological Theory and Women's Development*. Cambridge: Harvard University Press, 1982.

Giniewski, Paul. *Simone Weil ou la haine de soi*. Paris: International Editeurs, 1978.

Glatzer, Nahum. *Franz Rosenzweig: His Life and Thought*. New York: Schocken Books, 1953.

Gossman, Lionel. "Philhellenism and Antisemitism: Matthew Arnold and His German Models." *Comparative Literature* 46 (Winter 1994): 1–40.

Graeff, Hilda C. *The Scholar and the Cross: The Life and Work of Edith Stein*. London: Longmans, 1955.

Gusdorf, Georges. "Conditions and Limits of Autobiography." In *Autobiography: Essays Theoretical and Critical*, ed. James Olney, 28–48. Princeton: Princeton University Press, 1980.

Hand, Sean, ed. *The Levinas Reader*. Oxford: Basil Blackwell, 1989.

Hartman, Geoffrey. "The Book of Destruction." In *Probing the Limits of Representation: Nazism and the "Final Solution,"* ed. Saul Friedlander, 318–37. Cambridge: Harvard University Press, 1992.

Hellman, John. *Simone Weil: An Introduction to Her Thought*. Waterloo, Ont.: Wilfred Laurier University Press, 1982.

Herbstrith, Waltraud. *Edith Stein: A Biography*. Trans. Bernard Bonowitz. San Francisco: Harper & Row, 1983.

Howarth, William L. "Some Principles of Autobiography." In *Autobiography: Essays Theoretical and Critical*, ed. James Olney, 84–114. Princeton: Princeton University Press, 1980.

Hyman, Paula. *From Dreyfus to Vichy: The Remaking of French Jewry, 1906–1939*. New York: Columbia University Press, 1979.

Illich, Ivan. *Gender*. New York: Pantheon Books, 1982.

Iser, Wolfgang. *The Implied Reader: Patterns of Communication in Prose Fiction*

　　　　　　from Bunyan to Beckett. Baltimore: Johns Hopkins University Press, 1974.
Joy, Morny. "Levinas: Alterity, the Feminine, and Women—A Meditation." *Studies in Religion* 22, no. 4 (1993): 463–87.
Kagle, Steven E. *American Diary Literature, 1620–1799*. Boston: Twayne Publishers, 1979.
Kahn, Gilbert, ed. *Simone Weil: Philosophe, historienne et mystique*. Paris: Aubier Montaigne, 1978.
Katz, Joseph. "Altruism and Sympathy: Their History in Philosophy and Some Implications for Psychology." *Journal of Social Issues* 28, no. 3 (1972): 59–69.
Kermode, Frank. *The Sense of an Ending*. New York: Oxford University Press, 1967.
Langer, Lawrence L. *Admitting the Holocaust: Collected Essays*. New York: Oxford University Press, 1995.
―――. "In the Beginning Was the Silence." In *The Holocaust and the Literary Imagination*, 1–31. New Haven: Yale University Press, 1975.
Lejeune, Philippe. *On Autobiography*. Trans. Katherine Leary. Minneapolis: University of Minnesota Press, 1989.
Levinas, Emmanuel. *Otherwise Than Being: or, Beyond Essence*. Trans. Alphonso Linges. The Hague: Martinus Nijhoff, 1981.
―――. "Simone Weil Against the Bible." In *Difficult Freedom: Essays on Judaism*, trans. Sean Hand, 133–42. Baltimore: Johns Hopkins University Press, 1990.
Little, J. P. "Simone Weil's Concept of Decreation." In *Simone Weil's Philosophy of Culture: Readings Toward a Divine Humanity*, ed. Richard H. Bell, 25–52. Cambridge: Cambridge University Press, 1993.
―――. *Simone Weil: Waiting on Truth*. New York: St. Martin's Press, 1988.
Mandel, Barret J. "Full of Life Now." In *Autobiography: Essays Theoretical and Critical*, ed. James Olney, 49–73. Princeton: Princeton University Press, 1980.
Maritain, Jacques. *A Christian Looks at the Jewish Question*. New York: Longmans, Green, 1939.
Marrus, Michael R., and Robert O. Paxton. *Vichy France and the Jews*. New York: Basic Books, 1981.
McFarland, Dorothy Tuck. *Simone Weil*. New York: Frederick Ungar Publishing Company, 1983.
McGarry, Michael. "A Contemporary Religious Response to the Shoah: The Crisis of Prayer." In *Contemporary Christian Religious Responses to the Shoah*, ed. Steven L. Jacobs, 123–39. Lanham, Md.: University Press of America, 1993.
McGowan, Cecilia. "Simone Weil and Edith Stein: Two Great Women of Our Century." *Desert Call* 24 (Summer 1989): 4–6; 24 (Fall 1989): 16–19; 24 (Winter 1989): 16–18.
McLane-Iles, Betty. *Uprooting and Integration in the Writings of Simone Weil*.

New York: Peter Lang, 1987.
Mosse, George. *Germany Beyond Judaism*. Bloomington: Indiana University Press, 1985.
Nevin, Thomas R. *Simone Weil: Portrait of a Self-Exiled Jew*. Chapel Hill: University of North Carolina Press, 1991.
Niewyk, Donald L. *The Jews in Weimar Germany*. Baton Rouge: Louisiana State University Press, 1980.
Noddings, Nel. *Caring: A Feminine Approach to Ethics and Moral Education*. Berkeley and Los Angeles: University of California Press, 1984.
Nolan, Mary. "'Housework Made Easy': The Taylorized Housewife in Weimar Germany's Rationalized Economy." *Feminist Studies* 16, no. 3 (1990): 579–606.
Nota, John H. *Max Scheler: The Man and His Work*. Trans. Theodore Plantinga and John H. Nota. Chicago: Franciscan Herald Press, 1983.
Nunner-Winkler, Gertrud. "Two Moralities? A Critical Discussion of an Ethic of Care and Responsibility Versus an Ethic of Rights and Justice." In *An Ethic of Care: Feminist and Interdisciplinary Perspectives*, ed. Mary Jeanne Larrabee, 143–57. New York: Routledge, 1993.
O'Brien, Conor Cruise. "Patriotism and The Need for Roots: The Antipolitics of Simone Weil." In *Simone Weil: Interpretations of a Life*, ed. George Abbott White, 95–111. Amherst: University of Massachusetts Press, 1981.
Olney, James. "Some Versions of Memory / Some Versions of Bios: The Ontology of Autobiography." In *Autobiography: Essays Theoretical and Critical*, ed. James Olney, 236–67. Princeton: Princeton University Press, 1980.
Oesterreicher, John M. *The Walls Are Crumbling: Seven Jewish Philosophers Discover Christ*. London: Hollis & Carter, 1952.
Perrin, Joseph-Marie, and Gustave Thibon. *Simone Weil as We Knew Her*. Trans. Emma Craufurd. London: Routledge & Kegan Paul, 1953.
Perrin, Norman, and Dennis C. Duling. *The New Testament: An Introduction*. San Diego, Calif.: Harcourt Brace Jovanovich, 1974.
Perrin, Ron. *Max Scheler's Concept of the Person: An Ethics of Humanism*. New York: St. Martin's Press, 1991.
Pétrement, Simone. *Simone Weil: A Life*. Trans. Raymond Rosenthal. New York: Pantheon Books, 1976.
Rabi, Wladimir. "La conception weilienne de la Création: Rencontre avec la Kabbale juive." In *Simone Weil: Philosophe, historienne et mystique*, ed. Gilbert Kahn, 141–53. Paris: Aubier Montaigne, 1978.
Rees, Richard. *Simone Weil: A Sketch for a Portrait*. Carbondale: Southern Illinois University Press, 1966.
Ricœur, Paul. *Time and Narrative*. Trans. Kathleen McLaughlin and David Pellauer. 3 vols. Chicago: University of Chicago Press, 1984.
Rosenfeld, Alvin H. *A Double Dying: Reflections on Holocaust Literature*. Bloomington: Indiana University Press, 1980.
Rosenwald, Lawrence. *Emerson and the Art of the Diary*. New York: Oxford

University Press, 1988.
Rosenzweig, Franz. *The Star of Redemption.* Trans. William W. Hallo. Notre Dame, Ind.: University of Notre Dame Press, 1985.
Royal, Robert, ed. *Jacques Maritain and the Jews.* Notre Dame, Ind.: American Maritain Association, 1994.
Ruddick, Sara. "Maternal Thinking." In P*hilosophy, Children, and the Family*, ed. Albert C. Cafagna et al., 101–27. New York: Plenum Press, 1982.
Schall, James V. "The Mystery of the Mystery of Israel." In *Jacques Maritain and the Jews*, ed. Robert Royal, 51–72. Notre Dame, Ind.: American Maritain Association, 1994.
Schumann, Maurice. *La Mort née de leur propre vie: Péguy, Simone Weil, Gandhi.* Paris: Fayard, 1974.
Smith, Sidonie. *A Poetics of Women's Autobiography: Marginality and the Fictions of Self-Representation.* Bloomington: Indiana University Press, 1987.
Stein, Waltraut J. "Edith Stein, Twenty-Five Years Later," *Spiritual Life* 13 (1967): 244–51.
———. "Reflections on Edith Stein's Secret." *Spiritual Life* 34 (Fall 1988): 131–36.
Steiner, George. "Sainte Simone: The Jewish Bases of Simone Weil's *Via Negativa* to the Philosophic Peaks." *Times Literary Supplement*, June 4, 1993, 3–4.
Tanay, Emanuel. "Is There Honor Only After Death for Survivors of the Holocaust?" *Opinion*, February 28, 1988, 2.
Teresia de Spiritu Sancto. *Edith Stein.* Trans. Cecily Hastings and Donald Nicholl. London: Sheed & Ward, 1952.
Tillich, Paul. *The Courage to Be.* London: James Nisbet, 1961.
———. *Love, Power, and Justice: Ontological Analyses and Ethical Applications.* London: Oxford University Press, 1967.
Trible, Phyllis. "Eve and Adam: Genesis 2–3, Reread." In *Womanspirit Rising*, ed. Carol P. Christ and Judith Plaskow, 74–84. San Francisco: Harper & Row, 1979.
Umansky, Ellen M., and Dianne Ashton, eds. *Four Centuries of Jewish Women's Spirituality: A Sourcebook.* Boston: Beacon Press, 1992.
Vico, Giambattista. *The New Science of Giambattista Vico.* Trans. Thomas Goddard Bergin and Max Harold Fisch. Ithaca, N.Y.: Cornell University Press, 1968.
"Wengerof, Pauline." *Encyclopaedia Judaica.* 16 vols. Jerusalem and New York: Macmillan, 1971–72.
White, George Abbott, ed. *Simone Weil: Interpretations of a Life.* Amherst: University of Massachusetts Press, 1981.
Young, James. *Writing and Rewriting the Holocaust: Narratives and the Consequences of Interpretation.* Bloomington: Indiana University Press, 1988.

옮긴이의 말

모든 것이 드러나는 묵시의 시간이며, 마침내 "하느님의 세상 대청소"(크로산) 시간이다. "신의 생명사 시리즈"로 이름을 정한 이유는 오늘날처럼 인류가 초래하는 전대미문의 대멸종 시대에는 인류 역사를 주관하는 하느님이라는 고백을 확대할 때라고 생각한 때문이다. 전지전능한 하느님에 대한 믿음에 근거한 인간중심의 낙관적 역사관을 자연의 역사까지 포함하는 "신의 생명사"로 확대할 필요성 때문이다. 자멸의 길로 치닫는 인류의 책임과 소망을 "신의 생명사"에서 찾기 위해서다.

유대인들의 전설에 따르면, 하느님이 인간을 창조하기로 결정한 후 천사들에게 의견을 물으셨다. 사랑의 천사는 인간이 사랑할 것이라며 인간 창조에 찬성했다. 그러나 진리의 천사는 인간이 거짓이 가득할 것이라며 반대했다. 정의의 천사는 인간이 정의를 실천할 거라며 찬성했다. 평화의 천사는 인간이 많이 싸울 거라며 반대했다. 진리의 천사는 하늘에서 땅으로 쫓겨났다. 하느님은 그들에게 경건한 인간만 말하고, 악한 자들에 대해서는 숨기셨다. 마찬가지로 반대했던 대천사 미카엘과 가브리엘의 부하들은 모두 하느님의 불길에 타서 죽었다. 대천사 라파엘은 상황을 파악하고 찬성했다(Ginzberg, *The Legends of Jews*, I, 52-53).

반대하는 천사를 모두 죽인 후 인간을 창조할 만큼 "동산지기"가 절실했던 하느님은 노아 홍수에도 불구하고 인류가 제국의 도시(바벨) 문명을 통해 당신이 지으신 세상을 완전히 파괴할 것을 염려하여 아브라함을 부르셨다. 고대 메소포타미아 문명의 중심지 우르(오늘날 뉴욕)

를 떠나, "정의와 공도"(창 18:19)를 실천하여 "복의 근원"(창 12:12)이 되도록 당부하심으로써 인류를 자멸에서 구원하실 대행자로 선택하셨다. 제국은 정복 전쟁, 노예제도, 가부장제, 위계질서, 빈부격차, 생명보다 이윤 추구, 노동 착취와 같은 약육강식 체제를 "신의 이름으로" 정당화하면서, "하느님의 형상"으로 지어진 인간의 거룩한 존엄성과 찬란한 잠재력을 파괴하기 때문이다. 또한 기술문명을 통해 자연환경을 대규모로 파괴하는 테러 통치체제이기 때문이다. 만물의 성스러운 신비와 각자의 잠재력을 극대화하는 거룩한 사명, 만물이 서로 하나로 연결됨에 대한 인식과 고통받는 이들에 대한 공감이 사라지면, 인류 공동체와 문명은 유지될 수 없고, 야만과 지옥, 자멸을 초래하기 때문이다.

그러나 이렇게 인류를 제국 문명의 자멸에서 구원하라는 하느님의 사명을 받은 이스라엘 백성은 우선 이집트에서 노예 생활을 직접 경험해야 했으며, 광야의 방랑, 포로 생활도 겪어야만 했고, 2,500년 가까이 나라 없는 민족으로 떠돌이 생활을 해야 했다. 가난하고 약하고 병든 사람들의 처지에 대해 뼛속 깊이 배우고, "정의와 공도," 즉 제국의 지배에 대항하는 생명의 다양성, 형평성, 포용성(DEI) 원칙이 왜 그토록 중요한지를 직접 체험을 통해 배우도록 철저히 단련시킨 세월이었다.

그러나 나치에 의해 6백 만 명이 학살당한 홀로코스트의 비극을 겪고도 이스라엘은 가자지구에서 제노사이드를 자행하고 있으며, "팔레스타인 국가"를 지구상에서 지워버리려 획책하고 있다. 성서 최초의 신학자가 활동한 솔로몬 왕 시대 전후처럼, 하느님의 백성이 "복의 근원"은커녕 "저주의 근원"으로 둔갑한 것이다. 또한 세상에 본보기가 되는 "산 위의 등불"(마태 5:14)이라는 청교도 소명감으로 출발한 미국은 기후위기 자체를 부인하며, 다양성, 형평성, 포용성(DEI)의 문명을 파괴하는 것을 목표로 삼고, 팔레스타인 학살을 반대하는 대학생들의 시위를 "반유대주의"로 낙인찍고, 미국의 정책에 비판적인 국가들에 대해서 높은 관세율을 부과함으로써 국제적 테러를 자행하고 있다.

"홀로코스트 산업"(노르만 핀켈슈타인)이 이스라엘과 미국의 이런 악랄한 테러의 근거가 되고 있을 것이다. 홀로코스트의 끔찍한 피해를 정치적 무기로 활용하여, 이스라엘의 국가 안보와 국토 팽창을 정당화하며, 이스라엘의 전쟁범죄에 대한 비판조차 "반유대주의"라고 낙인을 찍는 현실이다. 과거의 제노사이드를 기억하는 것이 약자들에 대한 잔인한 제노사이드를 정당화하는 수단으로 악용되는 것이다.

이처럼 성서에 근거해서 자신들과 국가의 정체성을 확립한 나라들의 반성서적이며 비인도주의적이며 반생태적 태도는 이스라엘과 미국에만 국한되지 않는다. 성서를 읽고 폭력적인 인간이 되는 이유는 예수의 비폭력의 상징인 십자가조차 "구원하는 폭력"(redemptive violence)으로 둔갑시키기 때문이다. 유대교-그리스도교 제국들의 이런 자기 배반과 보수적인 한국교회의 우경화 현실에서 홀로코스트에 맞선 여성들의 믿음과 사랑, 저항에 대해 새롭게 배워야만 하는 이유는 무엇인가?

첫째로, 마음의 문제다. 임박한 죽음의 위협 앞에서 불안과 절망에 저항한 젊은 여성 작가들의 극도로 예민한 감수성과 생명에 대한 헌신을 통해 개인적 자기만족과 감정적 마비 상태에서 깨어나야 할 필요성 때문이다. 경제 성장률이 1% 이하로 떨어진 저성장 시대에는 대다수 사람에게 "먹고사니즘"이 가장 긴급한 관심이 되었다. 한국인 가운데 무종교인 비율이 60%(19-29세는 78%, 성해영)가 넘어, 공산국가들을 제외하면 세계 최고 수준이라는 사실은 그만큼 "궁극적 관심"이 없다는 뜻으로 풀이된다. 특히 아동과 청소년의 마음의 병이 이미 심각한 문제가 된 사회에서, 차별과 혐오, 타인과 미래에 대한 무관심과 무감각은 우리 모두의 마음공부가 얼마나 시급하고 어려운 상황인지를 보여준다.

둘째로, 머리의 문제다. 세계에서 가장 많은 무속인, 신천지를 비롯한 많은 유사종교 집단은 불안과 외로움, 욕망의 지표다. 부정 선거론과 비상계엄을 지지한 핵심 세력이 개신교인들이다. 현실 착각과 분노는 극단주의의 발판이다. "동성애 반대"에 올인하는 대다수 교회의 근본주의적 혐오 역시 나치 시대처럼 매우 위험한 "생각 없음"(thoughtlessness)을 보여준다. 무종교인 비율보다 더 심각한 건 평균 독서량이다. 한국인의 연간 독서량(2023년 정부조사)은 3.9권(독일 48권, 미국 12권, 중국 8권, 프랑스 7권)이다. 기후 파국과 문명 붕괴가 다가올수록, 비극적 역사에 대한 기억, 혐오와 "생각 없음"과 분노를 초래하는 근본주의 신앙의 위험성, 파시즘의 작동방식에 대한 현실 인식이 시급히 요청된다.

셋째로, 행동의 문제다. 화석연료 사용으로 인해 지구에 추가되는 열량이 "매일 히로시마 원폭 80만 개"(제임스 핸슨)에 달하며, 그 열량의 90%가 바다에 흡수되어 바다가 끓고 있다. 섭씨 40도가 넘는 살인적 폭염과 산불, 가뭄과 폭우로 인한 막대한 피해와 식량 생산 감소는 해가 갈수록 더욱 심해지고 있다. 2040년대에는 "북반구에서 동시다발적 식량 폭동"(나오미 오레스케스)이 예상된다. 이처럼 문명의 파국이 빠르게 다가오는 현실에도 불구하고, 근시안적인 생존 불안과 절망은 극단주의자들의 온상이다. 우리는 어떻게 식량과 에너지 자급 생태마을을 만들며, 재난에 대해 효과적으로 대처할 수 있는 지역적 비상대응체제를 만들 것인가(데이비드 스즈키) 하는 절박한 과제 앞에 서 있다.

홀로코스트에 저항한 네 여성의 믿음과 사랑, 저항에 관한 이 책이 제국의 논리와 가치 속에 살아가는 우리의 깊이 병든 마음을 치유하고 머리를 깨우치는 데 도움이 되면 좋겠다. 우리 후손들에게 무슨 일이 벌어진다 해도, 믿음과 사랑을 통해 야만의 체제에 맞서 치열하게 저항하면서 인간다움을 유지하는 데 작은 도움을 줄 수 있기를 기도한다.

저자 소개

레이첼 펠데이 브레너(1946-2021)는 폴란드에서 태어나 예루살렘의 히브리대학교와 텔아비브대학교에서 영문학을 전공하고, 토론토의 요크대학교에서 문학으로 박사학위를 받았다. 위스콘신-매디슨 대학교에서 30년 간 히브리 문학 교수로 봉직했으며 이스라엘 연구협회 회장을 역임했다. 일곱 권의 책과 80여 편의 논문을 발표한 그는 학제 간 연구에 탁월한 학자로 인정받았다. 홀로코스트 당시의 게토 일기들과 자서전들을 중점적으로 연구한 그는 홀로코스트의 윤리적 및 심리적 결과, 공포 통치 시대의 저항과 무관심, 계몽주의 사상의 붕괴, 윤리학과 정치학, 야만의 시대에 글쓰기가 '티쿤 올람'(*tikkun olam*)의 과정에서 불꽃이 되는지에 관해 중점적으로 연구했다.